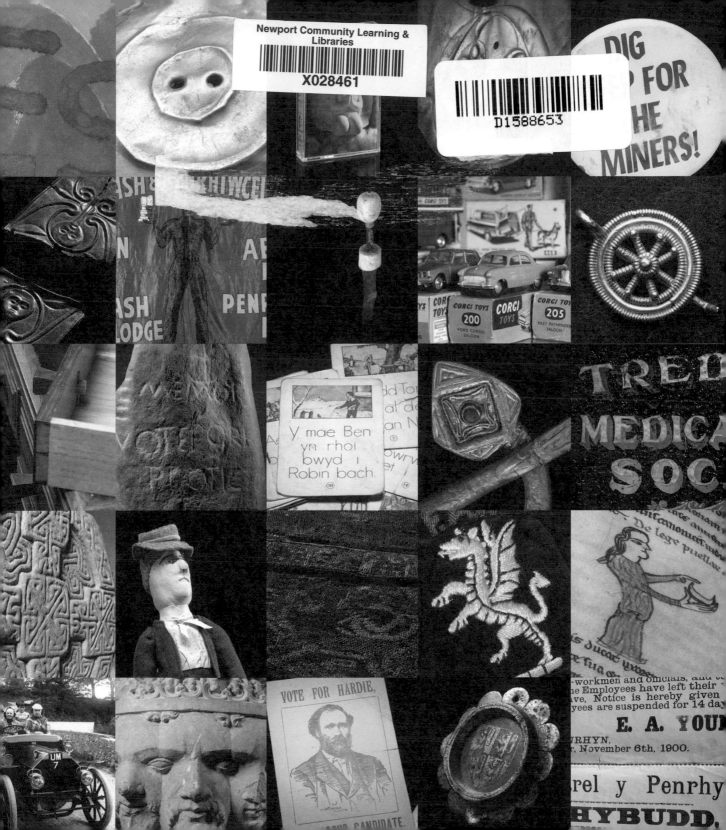

CYMRU MEWN 100 GWRTHRYCH

Cyhoeddwyd gyntaf yn 2018 gan Wasg Gomer,
Llandysul, Ceredigion SA44 4JL
www.gomer.co.uk

ISBN 978 1 78562 144 4

Cyhoeddwyd gyda chymorth ariannol
Cyngor Llyfrau Cymru.

Dylunio: Rebecca Ingleby Davies

Argraffwyd a rhwymwyd yng Nghymru gan Wasg Gomer,
Llandysul, Ceredigion SA44 4JL

Mae **Andrew Green** wedi gweithio fel llyfrgellydd a chyfarwyddwr gwybodaeth mewn prifysgolion yng Nghymru a Lloegr. Roedd yn Llyfrgellydd yn Llyfrgell Genedlaethol Cymru rhwng 1998 a 2013. Cyfrannodd at waith sawl corff, gan gynnwys y Cyngor Prydeinig, Llywodraeth Cymru a'r Coleg Cymraeg Cenedlaethol. Mae'n llywydd Sefydliad Brenhinol De Cymru ac yn gadeirydd Bwrdd y New Welsh Review. Mae'n cyhoeddi blog wythnosol o dan yr enw 'gwallter', ac yn mwynhau ysgrifennu a theithiau cerdded.

Ffotograffydd annibynnol yw **Rolant Dafis** gyda dros ugain mlynedd o brofiad ym meysydd hysbysebu a marchnata, pensaernïaeth, celfyddyd gain a chyfoes, a'r wasg. Dechreuodd ei yrfa yng Nghymru ym mwrlwm sîn roc Gymraeg yr wythdegau ac y mae wedi gweithio fel prif ffotograffydd i Sotheby's. Mae ei restr o gleientiaid eclectig yn cynnwys *The Independent*, *The Guardian*, Christie's a Creation Records.

CYMRU MEWN 100 GWRTHRYCH

ANDREW GREEN

Ffotograffau Rolant Dafis

CYNNWYS

CYFLWYNIAD

Mae'r llyfr hwn yn adrodd rhai o straeon Cymru, o'r Neanderthaliaid hyd heddiw, trwy ddefnyddio fel man cychwyn gant o wrthrychau y gall unrhyw un fynd i'w gweld.

Gall gwrthrychau, hyd yn oed y rhai sy'n ymddangos yn ddibwys, gyflawni pethau mawr. Ambell waith, dangos grym yw eu bwriad, fel yn achos cleddyf neu deyrnwialen brenin sy'n cyfleu awdurdod. Gallant ennill statws dros amser, trwy fod yn hynafol, neu'n brin, neu'n gysylltiedig â digwyddiad allweddol. Neu gallant aros yn gyffredin, ond eu bod, am ryw reswm neu'i gilydd, yn helpu i adrodd stori nodedig.

Nid testunau hanesyddol mo gwrthrychau. Tra bydd hanes yn tueddu i adlewyrchu safbwynt y teyrnaswyr a'r buddugwyr, gall gwrthrychau helpu i unioni'r fantol. Trwyddynt, gallwn gael cipolwg ar fywydau'r bobl gyffredin, y menywod a'r plant, a'r rhai sydd wedi'u trechu, y mae eu lleisiau'n aml wedi methu â chyrraedd y cofnod ysgrifenedig. Mae yna wahaniaeth arall. Fel arfer, bwriad llyfrau yw adrodd stori unigol, fel 'hanes' y wlad neu 'gofiant' y person. Gall hanes y gwrthrychau, ar y llaw arall, gael ei 'adrodd' mewn sawl ffordd, sydd weithiau'n tynnu'n groes i'w gilydd. Ni allant siarad eu hunain, ond gall rhywun eu dehongli o sawl safbwynt gwahanol – sy'n mynd â ni nôl at ystyr gwreiddiol y gair Groeg 'historia', sef ymchwiliad.

Anaml y bydd gwrthrych yn dweud un stori'n unig. Yn amlach, bydd yn eich tynnu i sawl cyfeiriad, weithiau dros gyfnodau hir o amser. O degan bach a'r blwch y mae ynddo (Gwrthrych 91), mae modd dilyn y llinyn o fywyd y plentyn, i'r ffoadur o Almaen y Natsïaid, i brofiad y weithwraig mewn ffatri, i ddatblygiad y diwydiant ceir yng Nghymru. Nid perthyn i'r amser y'u crëwyd yn unig y mae gwrthrychau – gall eu bywyd ymestyn ymhell tu hwnt i'r cyfnod hwnnw. Gall eu pwrpas gwreiddiol fynd yn angof, neu gael ei gamddehongli'n ddifrifol. Gallant fagu arwyddocâd symbolaidd newydd na fu ganddynt o'r blaen.

Gwrthrychau cyhoeddus yw'r holl wrthrychau yn y llyfr hwn. Ond er y bwriadwyd i lawer ohonynt gael defnydd cyhoeddus neu effaith gyhoeddus, cychwynnodd eraill fel pethau preifat, ac roedd gan lawer ohonynt gysylltiadau personol iawn. Roeddent, chwedl Sherry Turkle, yn 'gymdeithion i fywydau emosiynol' unigolion y gorffennol. Heddiw, mae gan bob un ohonynt y potensial i'n cyffwrdd, ac i ysgogi ein meddyliau, trwy ddileu, am eiliad o leiaf, y pellter sydd rhwng eu hamser a'n hoes ni.

Y tegan Corgi cyntaf a wnaed gan Gwmni Mettoy Cyf. yn Fforest fach, Abertawe yn 1956

CORGI TOYS

200

FORD CONSUL
SALOON

CORGI
TOYS

FORD CONSUL SALOON

200

CYFLWYNIAD

Gŵyr athrawon a churaduron ers tro mai un o'r ffyrdd gorau o ennyn diddordeb mewn hanes a'i syniadau yw cychwyn gyda pheth go iawn: 'dim syniadau ond mewn pethau', fel ysgrifennodd y bardd William Carlos Williams. Y lle gorau i weld y 'pethau go iawn' hyn yw mewn sefydliad cof. Mae pob gwrthrych yn y llyfr hwn i'w weld mewn amgueddfa, archif, llyfrgell neu le arall sydd ar agor i'r cyhoedd yng Nghymru. Does dim byd gwell na chael gweld y gwrthrychau gwreiddiol wyneb yn wyneb, yn y man lle maen nhw'n cael eu cadw. Ond gobeithiwn y bydd y llyfr hwn yn gwneud y tro fel eilydd neu arwyddbost. Mae ffotograffau Rolant Dafis yn cyflwyno'r gwrthrychau yn fanwl ac yn fyw. Ar bwys pob delwedd mae testun sy'n rhoi ychydig wybodaeth am gefndir, cysylltiadau a hanes y gwrthrychau, ac yn nodi ble gellir eu gweld 'yn y cnawd'.

Nid tasg hawdd o bell ffordd fu dewis y gwrthrychau, a mwy anodd fyth fu cyfyngu eu nifer i gant. Dylanwadwyd ar y dewis, i raddau, gan yr angen i gadw cydbwysedd – o ran cyfnod, lle a thestun. Cynrychiolir y rhan fwyaf o gyfnodau hanes a chynhanes, ond wedi'i bwysoli tuag at wrthrychau sy'n dyddio o 1800 ymlaen. Mae'r pwyslais hwn yn adlewyrchu nid yn unig cymhlethdod cynyddol y gymdeithas Gymreig o ddechrau'r bedwaredd ganrif ar bymtheg, ond hefyd proffil oedran eitemau yn y casgliadau mewn amgueddfeydd, archifau a llyfrgelloedd. Cymerwyd gofal i ddewis gwrthrychau a wnaed neu a ddarganfuwyd ar draws holl ardaloedd daearyddol Cymru. Yn yr un modd, tra bod tua thraean o'r gwrthrychau yn dod o gasgliadau Amgueddfa Cymru a Llyfrgell Genedlaethol Cymru, mae'r gweddill yn dod o sefydliadau lleol ym mhob cornel o'r wlad (*gweler t. 209 am restr gyflawn*).

Mae'r ystod o themâu mor eang ag y gall fod, gyda'r nod o daflu goleuni ar sawl agwedd o fywyd gwleidyddol, economaidd, cymdeithasol a diwylliannol Cymru. Ymysg y testunau, mae rhyfel a gwrthryfel, crefydd a chred, ffyrdd a rheilffyrdd, cerddoriaeth ac addysg, chwaraeon a diwylliant poblogaidd. Mae math arall o gydbwysedd, sef yn ôl cyfrwng. Yn ogystal â gwrthrychau tri dimensiwn, gan gynnwys offer ac arfau, cerrig a cherfluniau, darnau arian a phapurau punnoedd, peiriannau a theganau, mae yma ddarluniau, paentiadau a ffotograffau, dogfennau archifol ac argraffedig, mapiau a chynlluniau.

Mae yna ychydig o gyfyngiadau. Mae'r gwrthrychau i gyd yn 'wrthrychau gwneud': nid oes pethau naturiol heb eu gweithio gan law dynol wedi'u cynnwys. Mae adeiladau yn rhy fawr ac yn rhy gymhleth i'w hystyried fel 'gwrthrychau'. Ni wnaed ymgais penodol i ymdrin â'r Cymry y tu allan i Gymru, er bod rhyngweithio rhwng Cymru a'r byd yn thema gyson. Cynhwysir dim ond gwrthrychau y gall unrhyw un ymweld â nhw ac edrych arnynt, fel arfer mewn casgliad sydd ar agor i'r cyhoedd.

Nid trysorfa o wrthrychau 'gorau' neu 'fwyaf adnabyddus' Cymru mo'r llyfr hwn. Efallai y bydd rhai ohonynt yn gyfarwydd neu'n hardd, ond nid felly y mae gyda llawer ohonynt. Ond fe'u dewiswyd i gyd oherwydd eu diddordeb cynhenid a chyfoeth eu cysylltiadau. Mae rhai o'r straeon neu'r bobl a grybwyllir yn ailymddangos fwy nag unwaith drwy'r llyfr. Ymddengys bod gwrthrychau yn 'siarad â'i gilydd' ar draws amser a lle. Nodir rhai o'r cysylltiadau hyn yn y testun trwy groesgyfeirio o un gwrthrych i'r llall. Tynnu sylw y mae'r rhain at y nifer syfrdanol o themâu sy'n ailymddangos, yn aml sawl gwaith, drwy'r canrifoedd – er enghraifft, y Derwyddon, gwrthwynebu anghyfiawnder, a'r cysylltiadau rhwng Cymru a chaethwasiaeth.

Rwy'n ddiolchgar i lawer o bobl am awgrymu gwrthrychau. Yn y pen draw, fodd bynnag , mae'r dewis terfynol wedi bod yn un personol. Er imi geisio plesio y sawl a ddadleuai o blaid gwrthrychau penodol, nid oeddwn wastad wedi gwrando ar eu cyngor, a'u cynnwys. Yn anochel, felly, mae'r dewis yn adlewyrchu fy niddordebau, fy chwilod a fy rhagfarnau fy hun.

Rwy'n fodlon amddiffyn fy newisiadau a'r geiriau a ysgrifennais amdanynt ond bydd gan bob person ei ddewis ei hun o'i gan gwrthrych gan fod pob gwrthrych yn ysgogi ymateb gwahanol iawn ymhob un ohonom. Bydd y llyfr hwn wedi cyflawni un o'i ddibenion os yw'n ysgogi'r darllenwyr i feddwl am y pethau maen nhw'n meddwl sy'n cynrychioli Cymru a'i hanesion orau.

Yr ail nod yw annog darllenwyr i ymweld ag archifau, amgueddfeydd a llyfrgelloedd Cymru. Mae gan ein gwlad nifer fawr o sefydliadau cof – nid yn unig y sefydliadau cenedlaethol mawr fel Llyfrgell Genedlaethol Cymru, ond cannoedd o rai lleol, ar wasgar trwy'r siroedd i gyd. Gyda'i gilydd mae eu casgliadau'n cynnwys miliynau o wrthrychau, sydd ar gael i bawb i'w gweld, yn uniongyrchol neu ar gais. Mae'r rhan fwyaf o'r sefydliadau yn ddibynnol ar arian cyhoeddus. Mae eu gwasanaethau a'u staff wedi dioddef yn ystod blynyddoedd maith o 'galedi' economaidd dan law llywodraethau'r DU, ac o o ddiffyg ymrwymiad i wasanaethau cyhoeddus. Ond trwy ddyfeisgarwch a phenderfyniad maent yn parhau i roi cartref a llwyfan

i olion materol gorffennol Cymru. Mae eu casgliadau yn bell o fod yn rhai statig. Mae gwrthrychau hynafol yn cael eu darganfod bob mis, er enghraifft drwy ddatgelyddion metel, ac ychwanegir pethau o'n hoes ni at gasgliadau yn barhaus. Gall gwrthrychau sydd eisoes mewn casgliadau ddatgelu gwybodaeth newydd, diolch i ddadansoddiadau gwyddonol a gwaith cadwraeth.

Heddiw, gallwn ni i gyd fynd ar drywydd gwrthrychau a'u hanesion cymhleth. Gallwn gasglu gwybodaeth trwy ddefnydd call o'r rhyngrwyd a'i beiriannau chwilio. Gallwn bori a chwilio trwy ffynonellau fel testunau papurau newydd a chyfnodolion, mewn ffyrdd oedd yn amhosibl dim ond ugain mlynedd yn ôl. Nid yw gwybodaeth ar-lein, fodd bynnag, wedi dileu'r angen i archwilio adnoddau printiedig ac archifol. Mae llyfrgelloedd ac archifau'n dal i fod yn dir ffrwythlon i'r heliwr gwrthrychau, ac yn cynnig inni eu pleser arbennig o ddarganfod gwybodaeth newydd.

Gobeithiaf y cewch ryw flas o'r mwynhad a gefais yn ystod y broses o ymchwilio i'r gwrthrychau yn y llyfr hwn, ac y cewch eich ysbrydoli i ddethol eich gwrthrychau eich hun, a'u harchwilio yn yr un modd.

Andrew Green
Gorffennaf 2018

1 Llawfwyell Ogof Pontnewydd

c230,000 CC

Yn y dechrau, roedd iâ yn allweddol. Iâ oedd yn penderfynu a oedd modd cynnal bywyd dynol yn y wlad a elwir heddiw'n Gymru. Pan fyddai'r rhewlifau'n gorchuddio'r tir a'r tymheredd prin yn codi'n uwch na'r rhewbwynt, roedd bywyd yn amhosibl. Ond yn ystod y cyfnodau prin pan enciliai'r iâ a chynhesai'r hinsawdd, ffynnai planhigion ac anifeiliaid, a gallai homininau – ffurf gynnar o'n rhywogaeth ddynol fodern – oroesi a chenhedlu.

Tua 230,000 o flynyddoedd yn ôl, yn ystod un cyfnod cynhesach o'r fath, roedd ogof yn Sir Ddinbych yn lloches i fodau dynol rydym yn adnabod fel pobl fwyaf hynafol Cymru. Rhwng 1978 a 1995 datgelodd archaeolegwyr a oedd yn gweithio mewn ogof ym Mhontnewydd, yng nghwm Elwy ger Llanelwy, ddannedd dynol, oedd yn perthyn i o leiaf bump unigolyn, yn cynnwys plant yn ogystal ag oedolion. Gellid eu dyddio trwy astudio'r gwaddodion y cawsant eu darganfod ynddynt. Dangosodd dadansoddiad laborffy eu bod yn rhannu nodweddion, fel siambr bywyn mawr a gwreiddiau byrion ('taurodontism'), sy'n nodweddiadol o ffurf gynnar o Neanderthal.

Roedd Neanderthaliaid, a enwyd ar ôl y safle yn yr Almaen lle'u hadnabuwyd gyntaf, yn ddisgynyddion o'r un hynafiaid â'n rhywogaeth ni, sef *Homo sapiens sapiens*. O'u cymharu â ni, roeddent yn fyr ond yn gyhyrog iawn, ac felly wedi eu haddasu'n dda i dywydd oer. Roedd eu talcennau yn wrymiog o dan eu haeliau, ac roedd ganddynt drwyn mawr, eang, genau sgwâr, estynedig, yn ogystal â dannedd mwy. Cerdded i Gymru o Ewrop a wnaethant – nid oedd y Sianel yn bod eto – ac Ogof Pontnewydd yw'r man mwyaf gogledd-orllewinol iddynt gael eu cofnodi hyd heddiw. Yma gallent gynnal eu hunain trwy hela a chwilio am sborion ar y gwastatiroedd isel lle'r oedd bywyd gwyllt yn gyffredin.

Mae'n debyg mai lloches dros dro oedd Ogof Pontnewydd yn hytrach na chartref parhaol. Mae'n rhoi llawer o gliwiau am ffordd o fyw ei thrigolion. Darganfuwyd y dannedd gydag offer a ddefnyddiai'r perchnogion i hela a pharatoi'r anifeiliaid ar gyfer eu bwyta: blaenau gwaywffyn, cyllyll, llawfwyelli a chrafwyr. Gwnaed y rhain yn fedrus i gyflawni eu dibenion amrywiol. Gwnaed y llawfwyell gyferbyn trwy naddu talp o garreg folcanig leol. Fe'i defnyddiwyd ar gyfer torri cig, tra bod y crafwyr ar gyfer tynnu croen, ar gyfer bwyta a dillad. Ymysg yr anifeiliaid y byddai'r Neanderthaliaid yn eu dal a'u bwyta roedd eirth, ceffylau a buail (cafwyd hyd i esgyrn arth a cheffyl yn yr ogof, pob un yn dangos marciau cigydd), er ei bod yn fwy na thebyg eu bod yn bwyta llysiau hefyd. Ni wyddys p'un ai oedd y sgerbydau Neanderthalaidd wedi'u claddu yn Ogof Pontnewydd ai peidio; llifodd dŵr o rewlifau diweddarach trwy'r ogof, gan ddileu'r dystiolaeth ynglŷn â'u gwersylloedd.

Roedd Neanderthaliaid yn byw mewn rhannau o Gymru dros gyfnod o filoedd o flynyddoedd. Oddeutu 50,000 o flynyddoedd yn ôl, defnyddiai grŵp ohonynt Ogof Coygan ger Talacharn yn Sir Gaerfyrddin. Ni chanfuwyd unrhyw esgyrn dynol yno, ond daethpwyd o hyd i ddwy lawfwyell drionglog o garreg leol ar bwys wal yr ogof. Yn ddiweddarach, hienas yn hytrach na phobl oedd yn byw yn yr ogof. Ond, am resymau sy'n aneglur, bu farw Neanderthaliaid fel rhywogaeth tua 30,000 o flynyddoedd yn ôl. Tuag at ddiwedd eu hamser, gwnaethon nhw orgyffwrdd â phobl fodern, a gallai hyn fod wedi chwarae rhan yn eu dirywiad. Ond mae yna ddamcaniaethau eraill, gan gynnwys eu methiant i addasu i newid hinsawdd cyflym. Mae astudiaethau DNA diweddar wedi awgrymu rhyng-genhedlu rhwng y ddwy rywogaeth. Am ba reswm bynnag, dychwelodd y llenni iâ ac roedd y tir yn anghyfannedd unwaith eto.

2 Fflintiau Ogof Paviland

c32,000 CC

Nid yw'n hawdd cyrraedd Ogof Paviland heddiw. Rhaid wrth amseru da i ddal y llanw isel, a chyhyrau cryf i ddringo dros greigiau, drwy ddŵr ac i fyny at agoriad cul yn wyneb y calchfaen. Ond 30,000 o flynyddoedd yn ôl edrychai clogwyni de Gŵyr, nid dros Fôr Hafren ond dros wastadedd eang oedd yn llawn hienas, bleiddiaid, buail, rhinoserosod gwlanog, ceirw ac eirth brown. Gadawodd yr anifeiliaid hyn olion eu hesgyrn yn yr ogof. Ond esgyrn dynol a wnaeth enw Ogof Paviland yn enwog trwy Ewrop.

Yn 1822, darganfu dau drigolyn lleol, y Parch. John Evans a Daniel Davies, esgyrn anifeiliaid ac ysgithr mamoth yn yr ogof. Hysbyswyd William Buckland, y Darllenydd cyntaf mewn Daeareg ym Mhrifysgol Rhydychen, am y darganfyddiadau, ac ym mis Ionawr 1823 cyrhaeddodd yntau i oruchwylio'r cloddio. Datgelodd ei dîm sgerbwd dynol, wedi'i osod allan ac wedi'i 'orchuddio â haenen o gochliw o ryw fath', llifyn coch oedd wedi staenio'r esgyrn a'r ddaear gerllaw. Ym marn Buckland, nid oedd y sgerbwd yn un hynafol. I ddechrau, awgrymodd ei fod yn perthyn i swyddog tollau wedi'i lofruddio gan smyglwyr, yna ei fod yn butain fenywaidd Rufeinig, neu'n wrach. Trefnodd i'r sgerbwd gael ei gludo i Rydychen, lle cafodd y llysenw 'Y Fenyw Goch' - er y profwyd yn nes ymlaen ei fod yn perthyn i ddyn.

Mae dyddio'r esgyrn yn anodd, ond awgryma'r dadansoddiad isotop mwyaf diweddar fod y Fenyw Goch yn byw tua 32,000 o flynyddoedd yn ôl, yn yr Oes Uwch-Balaeolithig Gynnar - y dyn modern hynaf i'w ganfod yng Nghymru, ac un o'r rhai hynaf ym Mhrydain. (Tua'r adeg hwn diflannodd Neanderthaliaid [1] o'r cofnod archaeolegol.) Yr oedd yn ddyn ifanc, wedi ei gladdu'n seremonïol ar hyd wal yr ogof, a slabiau

calchfaen wrth ei ben a'i draed. Roedd addurniadau personol - esgyrn, cyrn carw, rhodenni ifori a mwclis cregyn môr tyllog - wedi eu gosod gyda'r corff, a oedd wedi'i orchuddio ag ocr coch, a ddaeth, yn ôl pob tebyg, o ffynhonnell o ocsid haearn ar y gwastatir islaw. Roedd yn unigolyn o bwys anarferol yn ei gymuned.

Mae'n debyg nad oedd Ogof Paviland yn gartref parhaol ond yn hytrach yn lle i ddefodau neu'n storfa ddiogel i eiddo a gafodd ei ddefnyddio dros gyfnod hir mewn hanes. Mae nifer o gloddiadau wedi datgelu nid dim ond esgyrn a dannedd yn unig ond hefyd dros 4,000 o fflintiau a gwrthrychau wedi'u siapio a'u gweithio dros filoedd o flynyddoedd. Canfu Odo Vivian, a ddaeth yn ddiweddarach yn Farwn Abertawe, y fflintiau gyferbyn wrth gloddio yn ystod 'helfa ogof' yn 1909. Awgryma naddyn Mousteraidd a rhai llafnau fod Neanderthaliaid wedi bod yn bresennol yn yr ogof. Ond defnyddid yr ogof yn bennaf gan ddynion modern yn ystod y cyfnod Uwch-Balaeolithig. Gwnaed rhai o'r gwrthrychau cynharaf - llafnau Aurignacaidd, biwrinau a chrafwyr - cyn i'r Fenyw Goch gyrraedd. Mae rhai o'r fflintiau eraill yn dyddio o'r un cyfnod ag ef, eraill eto o'r amser ar ôl i'r iâ ddychwelyd am y tro olaf yn ystod yr Oes Uwch-Balaeolithig ddiweddar, a hyd yn oed wedi hynny. Credir bod llawer o'r fflintiau wedi cael eu mewnforio i'r ardal.

Dangosodd dadansoddiad o esgyrn y Fenyw Goch fod ei ddeiet yn cynnwys pysgod. Roedd yr afon fawr agosaf filltiroedd lawer i ffwrdd, a'r môr hyd yn oed ymhellach, felly mae'n bosibl mai nomadiaid oedd pobl o'r cyfnod, yn byw gryn bellter oddi wrth glogwyni Gŵyr, yn defnyddio Ogof Paviland yn achlysurol ac at ddibenion arbennig.

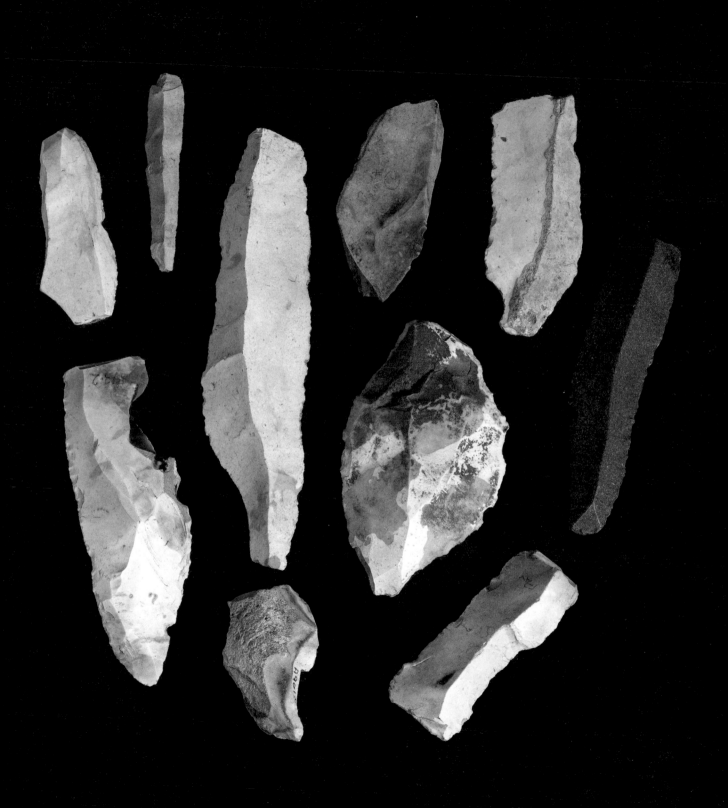

Mae'n demtasiwn i ni gredu fod pobl yng Nghymru yn gorfod crafu bywoliaeth syml, gyda chymorth ambell offeryn carreg cyntefig cyn iddynt ddatblygu'r gallu i weithio gyda metel. Mae'r pen byrllysg neolithig o Faesmor yn awgrymu mai gorddweud yw hyn.

Gweithiwr a oedd yn clirio tir mewn coedwig ar ystâd Maesmor ger Y Rug, Sir Ddinbych a ddaeth ar draws y gwrthrych hwn yn 1840. Offeryn bychan ydyw, 76mm o hyd, wedi'i wneud o fflint hufennog – carreg brin iawn yn yr ardal honno. Gwnaeth ei wneuthurwr dwll crwn, taclus trwy'r garreg, ychydig allan o'r canol, ar gyfer carn pren. Yna llyfnhaodd y garreg galed i siâp rheolaidd, a chreu patrwm cymhleth a chain o'i gwmpas - gan adael un nam bach lle mae'r wyneb olaf yn methu â chwrdd â'r un cyntaf. Er mwyn llunio gwrthrych mor gywrain a chaboledig, byddai'r gwaith wedi galw am lygad a llaw brofiadol, a'r gallu i ganolbwyntio dros gyfnod hir.

Pastynau a ddefnyddid i ryfela, debyg iawn, oedd pwrpas gwreiddiol y pen byrllysg. Ond ychydig o arwyddion o draul sydd i'w gweld ar enghreifftiau eraill ohonynt o tua'r un cyfnod a ddarganfuwyd yng Nghymru a thu hwnt. Defnyddid hwn, mae'n ymddangos, fel symbol cyhoeddus o rym neu fawredd ei berchennog, a'i arddangos efallai mewn seremonïau yn brawf o statws uchel pennaeth neu ŵr pwysig arall. Ar sail arddull, gellir dyddio'r pen byrllysg i tua 3000 CC, yng nghanol y cyfnod neolithig.

Ffermwyr yn ogystal â helwyr oedd trigolion neolithig Cymru, mae'n debyg. Roedd eu heconomi yn seiliedig, yn rhannol, ar gnydau ac anifeiliaid dof, ac yn dra datblygedig. Gallent reoli rhannau o'u hamgylchedd, gan glirio coetir ar gyfer trin y tir a phori anifeiliaid. Gallent gynhyrchu mwy na'u hangen a masnachu'n ehangach na phobloedd cynt. Roedd eu cymunedau yn fwy sefydlog, cynyddodd poblogaethau, a daeth y gymdeithas yn fwy cymhleth. Daeth technolegau newydd i'r amlwg, megis gwneud crochenwaith ar gyfer storio a choginio bwyd.

Yr arwyddion amlycaf heddiw o gymhlethdod cymdeithasau neolithig yng Nghymru yw'r beddau megalithig o gwmpas y wlad, rhyw gant ohonynt i gyd. Ni fyddai'n bosibl codi'r strwythurau mawr ym Mharc le Breos yng Ngŵyr, Tinkinswood ym Mro Morgannwg a Phentre Ifan yn Sir Benfro oni bai am y cymunedau trefnus iawn hynny oedd yn gweithio at ddibenion cyffredin. Nid yw'n amlwg sut cafodd eu cymdeithasau eu strwythuro, ond gwyddom rywbeth am eu heconomi. Cynhyrchent a dosbarthent offer cerrig, yn enwedig pennau-bwyelli, ar raddfa fawr. Ar Graig Lwyd uwchlaw Penmaenmawr, mae olion 'ffatri fwyeill', lle câi offer eu hollti o'r graig igneaidd frodorol. Oddi ar y safle, cawsant eu siapio, eu llyfnhau a'u hallforio: cafwyd hyd i offer o'r safle ym mhob rhan o Brydain ac yn Iwerddon. Byddai'n deg galw Graig Lwyd yn un o'r canolfannau diwydiannol cyntaf yng Nghymru.

Mae'r pen byrllysg yn dal yn symbol o awdurdod yng Nghymru heddiw. Pan agorodd sesiwn newydd Cynulliad Cenedlaethol Cymru yn 2006, gosodwyd pen byrllysg newydd yn y Siambr, wedi'i roddi gan lywodraeth De Cymru Newydd, Awstralia.

Byrllysg yn Siambr y Senedd (Cynulliad Cenedlaethol Cymru)

4. Heulddisg aur
2500-2000 CC

Christian Thomsen o Ddenmarc oedd yr archaeolegydd cyntaf, yn y 1820au, i rannu cynhanes yn oesoedd cerrig, efydd a haearn. Diau fod ei syniad, a oedd yn seiliedig ar wrthrychau go iawn a ddarganfuwyd yn y ddaear, yn gorsymleiddio'r gwahaniaethau rhwng yr oesoedd, ond mae wedi goroesi hyd heddiw. Yn sicr, yn sgil darganfod a lledaenu ffyrdd o weithio efydd, daeth newidiadau cymdeithasol ac economaidd mawr. Gydag offer metel, gallai pobl weithio pren a deunyddiau eraill, ac felly gwella eu bywydau bob dydd. Gwnaethent arfau mwy effeithlon fel y gallai cymunedau ymosod ar grwpiau eraill ac ymestyn eu pŵer. Efallai fod y boblogaeth wedi tyfu cryn dipyn.

Yn ogystal â thoddi a gweithio copr a thun i wneud efydd, gallai technolegwyr hefyd weithio'n fedrus gyda metelau eraill, fel aur. Cafodd yr heulddisg aur o Fryn Copa ei ddarganfod yn 2002 gan archaeolegydd oedd yn archwilio aelwyd Rufeinig a chanoloesol ger Cwmystwyth, Aberystwyth. (Mae mwynglawdd copr brig o'r Oes Efydd lai na 200m i ffwrdd). Daeth y ddisg o safle claddu a ganfuwyd gerllaw, efallai'n fotwm mawr 39mm o ddiamedr, ynghlwm wrth wisg angladdol deiliad y bedd, gan ddefnyddio'r ddau dwll ynddo. Gellir ei ddyddio i'r cyfnod rhwng 2500 a 2000 CC – yr Oes Gopr, cyn dechrau'r Oes Efydd – o'i gymharu â 'heulddisgiau' tebyg sydd wedi'u darganfod mewn mannau eraill, yn enwedig yn Iwerddon. Ni wyddys o ble y daeth yr aur sydd bron yn bur yn wreiddiol. Efallai iddo ddod o rywle arall, er bod aur hefyd ar gael yng Nghymru, sydd wedi esgor ar nifer o wrthrychau aur eraill, gan gynnwys torchau, breichledau, modrwyau a'r bowlen ar ffurf cwch o Gaergwrle.

Ni fyddai'n syndod pe bai'r ddisg yn dod o'r tu allan i Gymru. Ymestynnai teithio a masnach, a chwilota am fetel, dros bellteroedd ehangach nag o'r blaen, yn enwedig ar draws Môr Iwerddon ac ar hyd arfordir yr Iwerydd. Roedd teithio ar y dŵr yn llawer haws nag ar dir, ac roedd pobl o'r Oes Efydd yn forwyr profiadol.

Mae arwyddocâd symbolaidd y disg yn aneglur. Efallai nad yw ei debygrwydd i haul yn gyd-ddigwyddiad, a bod ystyr anghofiedig i'r cylchoedd tair llinell a dwy wedi'u dotio a wnaed trwy ddefnyddio techneg *repoussé* (trwy bwnsio addurniad o'r tu ôl i'r ddalen denau sydd wedi'i morthwylio a'i sgleinio.) Yr hyn sy'n glir yw bod ei berchennog yn berson o statws a sylwedd. Roedd yr ychydig rai ffodus, fel y sawl a wisgai'r clogyn egsotig, seremonïol o'r Wyddgrug, sydd bellach yn yr Amgueddfa Brydeinig, yn falch o arddangos eu cyfoeth euraid.

Gwyddom lawer mwy am farw nag am fyw yn ystod Oes Efydd Cymru. Mae olion yr aneddiadau yn brin, ond mae'r safleoedd claddu, y 'carneddau' a'r 'beddrodau,' yn niferus ac yn aml wedi'u clystyru mewn grwpiau mewn lleoliadau ucheldirol, ledled y wlad. O fewn y twmpathau crwn o gerrig neu bridd, ceir olion un neu fwy nag un person, wedi'u claddu ac yn nes ymlaen wedi'u hamlosgi, ynghyd â'u heiddo.

Cawn gipolwg ym Mryn Copa a safleoedd mwyngloddio copr eraill, fel gweithfeydd tanddaearol y Gogarth ger Llandudno, ar sut roedd rhai pobl yn ennill bywoliaeth. Byddent yn defnyddio technegau soffistigedig i gloddio'r copr: tân a dŵr i hollti'r creigiau, cerrig morthwylio a cheibiau corn carw i'w torri, a draeniau i dynnu dŵr. Nid oedd unrhyw dun i'w ganfod yng Nghymru, felly roedd angen trafnidiaeth i gyfuno copr o Gymru â thun o Gernyw i wneud aloi efydd.

5 Celc Llyn Cerrig Bach

c400 CC - 100 OC

Roedd Ynys Môn, yn ôl yr hanesydd Rhufeinig Tacitus, yn ganolbwynt i wrthwynebiad pobl Prydain i rym milwrol y Rhufeinwyr. Roedd yr ynys yn boblog, a dywedwyd ei bod yn lloches i ffoaduriaid ac yn ganolog i rym y 'Druidae' neu'r Derwyddon. Wrth iddynt baratoi i ymosod yn y flwyddyn 60 OC, gallai'r milwyr Rhufeinig weld, ar draws Afon Menai, 'rengoedd o ddynion arfog, ac yn eu plith ferched a chanddynt wisg ddu fel Ellyllod, eu gwallt yn chwifio'n yr awyr a chanddynt ffaglau tân; ac o'u cwmpas roedd Derwyddon, yn codi eu dwylo i'r nefoedd, ac yn bwrw melltithion dychrynllyd'. Croesodd y Rhufeiniaid Afon Menai, gan ladd y sawl a ddalion nhw, a dinistrio'r llwyni cysegredig lle, yn ôl y sôn, byddai'r brodorion yn aberthu eu carcharorion a thawelu eu duwiau.

Yn nes ymlaen, tyfodd llawer o chwedlau [49] am y Derwyddon, ond gwyddom o ffynonellau llenyddol eraill eu bod yn grŵp cymdeithasol penodol, a ddaliai safle anrhydeddus mewn cymdeithasau Celtaidd. Ymddengys bod Tacitus yn iawn i feddwl bod gan Ynys Môn le arbennig yn niwylliant crefyddol trigolion Cymru'r Oes Haearn.

Yn 1943, roedd William Owen Roberts yn helpu i baratoi llwybr glanio newydd yn RAF y Fali. Roedd yn codi mawn o lan ddeheuol Llyn Cerrig Bach pan ddaeth ar draws cadwyn haearn. Methodd â sylweddoli ei harwyddocâd i ddechrau, a defnyddiodd y gadwyn i dynnu lori o'r mwd. Wedi rhagor o chwilota yn y mawn gwlyb daeth celc cyfoethog i'r amlwg yn cynnwys dros 160 o wrthrychau haearn ac efydd cynhanesyddol. Mae'n debyg iddynt gael eu gosod yn y llyn dros gyfnod o gan mlynedd o leiaf, yn anrhegion i'r duwiau dŵr. Roedd rhai o'r gwrthrychau wedi eu torri yn fwriadol.

Dyluniwyd y gadwyn haearn er mwyn hualu pum carcharor, neu, yn fwy tebygol, pum caethwas. Roedd caethwasiaeth yn gyffredin ymysg y rhan fwyaf o gymdeithasau hynafol, a gwyddom gan yr awdur Strabo fod caethweision yn cael eu hallforio o Brydain i'r ymerodraeth Rufeinig cyn y goncwest. Ymhlith y gwrthrychau eraill roedd cleddyfau, pennau gwaywffyn, darnau o darian, rhan o utgorn efydd, darnau o ddeg o leiaf o gerbydau rhyfel neu wagenni gwahanol, offer ceffylau, offer gof, crochanau a phedwar bar haearn ar gyfer masnachu. Y gwrthrych mwyaf trawiadol oedd plac efydd ar ffurf lleuad, o bosibl wedi'i osod ar darian neu gerbyd. Fe'i haddurnir â 'thrisgel', neu droell driphlyg gymesur. Mae'r trisgel yn amrywiad nodweddiadol Brydeinig o arddull 'La Tène', a enwyd ar ôl safle yn y Swistir, ond a oedd yn gyffredin ar draws y byd Celtaidd.

Yn y blynyddoedd diwethaf mae ymchwilwyr wedi cwestiynu'r defnydd o'r term 'Celtiaid' wrth gyfeirio at drigolion Ewrop yn yr Oes Haearn. Efallai nad oedd y Celtiaid yn perthyn i grŵp ethnig unigol, ac erbyn hyn ychydig sy'n credu mewn mewnlifiad i Brydain o'r cyfandir gan Geltiaid neu yn ystod yr Oes Haearn. Ond yn sicr roedd sawl parth yng Ngogledd Ewrop yn rhannu'r un diwylliant artistig, gydag amrywiadau rhanbarthol, ac yn rhannu teulu cyffredin o ieithoedd, y mae'r ieithoedd Celtaidd modern yn deillio ohonynt.

Awgryma'r amrywiaeth a'r cyfoeth sydd i'w gweld yng nghelc Llyn Cerrig Bach fod y llyn yn safle seremonïol o bwys y tu hwnt i'r ardal leol. Daeth rhai o'r gwrthrychau o Gymru, ond daeth eraill o dde Lloegr, Iwerddon neu hyd yn oed ymhellach i ffwrdd. Mae rhai yn dangos arwyddion o ddylanwad Rhufeinig, ac mae'n debyg y rhoddwyd y gwrthrychau yn y llyn dros gyfnod hir, cyn ac ar ôl y goresgyniad. Gyda'i gilydd mae'r gwrthrychau yn adlewyrchu cymdeithas drefnus, dechnegol soffistigedig, â chyfarpar milwrol da a chysylltiadau cryf gyda llawer o ganolfannau eraill.

6 Pentan haearn Capel Garmon

1-100 OC

Cyn 1000 CC roedd Cymru yn dod yn wlypach ac yn oerach. Byddai'r newid hwn yn yr hinsawdd a ffactorau dynol eraill yn cael effaith ar ble roedd pobl yn byw. Tueddent i symud o'r ucheldiroedd i ardaloedd mwy isel. Eu haneddiadau arferol oedd y clostiroedd a ymddangosodd ar draws y wlad, neu'r 'bryngaerau' fel y'u gelwid. Mae dros 1,000 ohonynt wedi goroesi. Er bod rhai yn amddiffynfeydd, nid ar fryniau yr adeiladwyd llawer ohonynt, ac ychydig oedd yno yn bennaf at bwrpas milwrol. Defnyddid nhw fel clostiroedd anifeiliaid, storfeydd grawn neu ganolfannau crefyddol, yn ogystal â bod yn ffermydd a phentrefi bychain gyda thai crwn pren. Er bod aneddiadau'n fach ac yn wasgaredig, erbyn i'r Rhufeiniaid gyrraedd roedd grym gwleidyddol Prydain wedi ymganoli mewn grwpiau mwy o faint neu 'lwythau', yr oedd eu harweinwyr yn rheoli rhanbarthau helaeth o Gymru.

Bu newid arall. Erbyn tua 800 CC roedd haearn yn dechrau cael ei ddefnyddio yng Nghymru. Gydag offer haearn roedd yn haws gweithio'r tir a chydag arfau haearn daeth rhyfela'n fwy angheuol. Toddid mwyn haearn mewn clystyrau o ffwrneisi ym Meirionnydd ac mewn mannau eraill, mae'n debyg. Byddai gofaint medrus yn gweithio'r metel i wneud offer ac arfau i gymunedau bach ledled Cymru. Bu un ohonynt, crefftwr dawnus iawn, yn weithgar ar ryw adeg yn ystod y ganrif gyntaf OC ger Capel Garmon, Betws-y-coed.

Yn 1852 canfu gwas fferm oedd yn cloddio tir mawnog yng Ngharreg Goedog ger Capel Garmon wrthrych haearn, tua metr o hyd. Fe'i claddwyd yn fwriadol, ar ôl cael ei osod ar ei ochr ac wedi'i binio ar bob pen gan ddwy garreg fawr. Pentan haearn hynod addurnedig oedd hwn – yn ôl pob tebyg yn un o bâr, wedi'i osod yn wreiddiol ar bwys aelwyd yng nghanol tŷ crwn.

Daeth pentanau haearn eraill o'r un cyfnod i'r golwg, yn bennaf yn ne-ddwyrain Lloegr, ond mae'r un o Gapel Garmon yn ddigymar oherwydd ei gywreinrwydd lliwgar a'i feistrolaeth dechnegol. Ar ben y ddau bostyn mae delwedd anifail, sy'n cyfuno pen corniog ych gyda mwng ceffyl addurnedig. Yn aml byddai artistiaid arddull La Tène **[5]**, oedd yn gyffredin trwy'r Oes Haearn ddiweddar, yn trin anifeiliaid mewn ffurf syml, arddullaidd, ond mae hwn yn esiampl hynod rococo. Yn 1991, gwnaeth David Petersen, y cerflunydd a gof o Sir Benfro, ddau gopi o bentan haearn Capel Garmon, yn seiliedig ar belydrau-x o'r gwreiddiol. Defnyddiodd 85 o ddarnau, gan gynnwys 30 rhybed a 34 o bennau gosod. Heb os, mae'r pentan haearn yn dangos gwaith crefft blaengar a dychymyg artistig ac roedd yn hynod werthfawr. Yn ôl pob tebyg cymerodd y broses dair blynedd, o smeltio hyd at gwblhau'r eitem orffenedig.

Mae'r ffaith iddo gael ei gladdu yn ofalus mewn lleoliad dyfrllyd yn awgrymu y gallai'r pentan haearn fod yn anrheg i dduw afon neu lyn, efallai ar ôl marwolaeth ei berchennog cefnog. (Yn wahanol i bentanau eraill, ymddengys nad oedd yn rhan o amlosgiad dynol.) Mae sawl enghraifft arall yng Nghymru, fel celc Llyn Cerrig Bach **[5]**, o wrthrychau mawreddog yn cael eu rhoi mewn llynnoedd neu yn agos atynt.

Lai na milltir o Gapel Garmon, mae beddrod siambr mawr. Fe'i codwyd yn wreiddiol yn yr oes neolithig, ond dangosa crochenwaith iddo gael ei ddefnyddio o hyd yn yr Oes Efydd gynnar. Mae 3,000 o flynyddoedd rhwng y bedd a'r pentan haearn, ond nid yw'n amhosib bod y gof haearn a defnyddwyr y bedd yn perthyn i gymuned a oedd wedi setlo ac aros yn y lleoliad hwnnw.

7 Tancard Langstone
40-70 OC

Byddai awduron Rhufeinig yn aml yn sylwi gyda diflastod fod y pobloedd a oedd yn byw tu hwnt i ffiniau gogleddol eu hymerodraeth yn hoff o yfed a gwledda gyda'i gilydd. Byddai'r Galiaid, medden nhw, yn yfed gwin wedi'i fewnforio, heb ddŵr, a chwrw haidd a gwenith. Byddent yn cymryd drachtiau, ychydig ond yn aml, o gwpan cyffredin, a byddent yn aml yn feddw.

Roedd gan Brydeinwyr yr Oes Haearn hefyd flas difrifol ar ddiod. Mae tystiolaeth archaeolegol o ddysglau yfed yn gyffredin, yn enwedig yn ne a gorllewin Prydain. Daw dau dancard o ansawdd rhagorol o Gymru, un gydag ochrau ceugrwm a dolen wedi'i haddurno'n gywrain a ddarganfuwyd ger Trawsfynydd yn y bedwaredd ganrif ar bymtheg, a'r llall a ddarganfuwyd gan Craig Mills â'i ddatgelydd metel yn 2007 mewn cae ger Langstone, i'r dwyrain o Gasnewydd.

Ar ôl bod yn llonydd am ganrifoedd mewn pridd llawn dŵr, roedd tancard Langstone mewn cyflwr eithriadol. Fe'i gwnaed o sawl elfen. Yn gyntaf, cerfiwyd chwe striped o bren ywen i siâp crwm. Gosodwyd nhw ynghyd yn ofalus cyn cael eu slotio i mewn i sylfaen bren gron. Yna ychwanegwyd casin allanol o ddwy ddalen o aloi copr. Cynheswyd y cylchau hyn fel eu bod yn toddi at ei gilydd wrth iddynt oeri, ac yn ffitio'n dynn am y craidd pren. Yn olaf, gosodwyd striped copr cul ar ymyl y tancard, a chysylltwyd dolen sengl blaen o aloi copr wrth y corff â dau blât a rhybedi efydd.

Gallai'r tancard fod wedi dal tua phedwar peint o gwrw. Nid oedd at ddefnydd personol, ond fe'i daliwyd mewn dwy law a'i basio o gwmpas grŵp o bobl, a phob person yn cymryd dracht cyn ei basio ymlaen i'r nesaf. Efallai fod yr achlysur yn ffurfiol neu yn seremonïol, gan ei bod yn amlwg nad llestr bob dydd mo tancard Langstone. Roedd gan wleddoedd, lle roedd yfed yn rhan annatod ohonynt, arwyddocâd cymdeithasol. Achlysuron ar gyfer atgyfnerthu bri, teyrngarwch a chyfoeth oeddent, gan gynnwys hefyd weithgareddau fel rhoi anrhegion.

Anodd iawn dweud pryd gwnaed y tancard, a phryd y'i gadawyd yn ei le. Efallai y cafodd ei wneud cyn neu wedi ymosodiad y Rhufeinwyr ar Brydain yn 43 OC. Tua 13m i ffwrdd o'r man ble cafodd hyd i'r tancard, darganfu Craig Mills gelc bach, yn cynnwys dwy bowlen efydd a hidl win efydd. Mae'n debyg i'r llestri hyn gael eu rhoi yno tua'r un cyfnod, ond ychydig yn haws yw eu dyddio'n bendant. Efallai eu bod yn perthyn i'r cyfnod yn union cyn y Rhufeinwyr: mae eu harddull yn frodorol – ceir patrwm trisgel ar sylfaen yr hidlydd [5]) – ac ymddengys iddynt gael eu gosod yn ymyl llyn neu nant fel offrwm addunedol, yn ôl arfer yr Oes Haearn.

Ond os ydynt yn gyn-Rufeinig, roedd oes newydd ar fin dechrau. Lleolir Langstone ychydig filltiroedd yn unig o Gaerllion, y gaer fawr a adeiladwyd yn 74-5 OC i gartrefu'r Ail Leng Awgwstaidd fel safle i goncro a thawelu de Cymru [12]. Wedi i'r Rhufeinwyr feddiannu'r ardal yn filwrol, tyfodd datblygiadau sifil. Dim ond 350m o safle Langstone, yn Ford Farm Villa, adeiladwyd fferm Rufeinig ei golwg cyn diwedd y ganrif gyntaf OC, yn ôl pob tebyg. Yn nes ymlaen fe'i datblygwyd yn fila go iawn, gyda dau lawr mosäig. Roedd yr hen drefn ar droi - ond nid, debyg iawn, yr hen flas ar yfed gwin a chwrw. Ond dylanwadai'r boblogaeth leol ar y Rhufeiniaid hefyd: mae sôn mewn tabledi ysgrifennu o gaer Vindolanda ar Fur Hadrian am gwrw lleol yn cael ei fwynhau gan filwyr Rhufeinig.

8 Cerfwedd Tal-y-llyn
50-80 OC

Mae un o'r teithiau cerdded gorau yng Nghymru yn dechrau ym Minffordd, i'r gogledd-ddwyrain o Dal-y-llyn, yn dringo'n serth drwy'r coed i Lyn Cau, ac yn parhau i fyny at Graig Cau a Phen y Gadair, sef copa Cadair Idris. Un diwrnod o haf yn 1963 gwyrodd dau gerddwr oddi ar y llwybr i gael picnic ar bwys Nant Cadair, sy'n llifo trwy'r coed. Sylwodd un ohonynt ar swp o wrthrychau metel yn sownd mewn twll o dan garreg rewlifol fawr. Roeddent yn amlwg yn hynafol iawn.

Ymhlith darganfyddiadau'r cerddwyr roedd pâr cydwedd o blaciau cain siâp trapesoid, a fu ynghlwm, yn ôl pob tebyg, wrth darianau pren neu ledr. Addurnwyd y ddwy ddalen denau pres (aloi o gopr a sinc) 127mm o hyd â delweddau arddulliedig o bennau dynol yn troi oddi wrth ei gilydd ond wedi'u cysylltu gan wddf hir sengl. Yn y pennau lled grwn, mae llygaid mawr syllol, ceg agored, a gwallt wedi'i ysgythru'n gain. Mae llinellau o amgylch y ffigurau mewn dolennau a chwyrliadau.

Ar sail eu thema a'u haddurnau, gellir priodoli'r placiau'n ddiamau i arddull celf La Tène [5, 6], oedd yn gyffredin ledled gogledd Ewrop yn y canrifoedd olaf CC. Mae pennau wedi'u cerfio o garreg yn ddarganfyddiadau cyffredin ar safleoedd archaeolegol o'r Oes Haearn yn Ffrainc a Phrydain, yn aml wedi'u gosod ar eu pennau eu hunain mewn cilfachau, ac mae'n hysbys o ffynonellau Rhufeinig fod gan bennau toredig arwyddocâd cymdeithasol mewn rhyfel. Ond y tu hwnt i hynny mae'n anodd dweud rhagor. Mae rhai awduron wedi ysgrifennu am 'ddiwylliant cwlt pennau Celtaidd', ond heb fawr o dystiolaeth. Mae'n bosibl bod y ddau ben ar blaciau Tal-y-llyn yn cynrychioli duw deuben, oedd yn amddiffyn perchennog y darian. Efallai mai bwriad y pennau oedd gwarchod perchennog y darian rhag niwed, dychryn ei elynion a'u hatgoffa am y dynged arswydus a oedd yn eu haros pe baent yn cael eu trechu.

Ymysg y gwrthrychau eraill yng nghasgliad Tal-y-llyn, roedd bogeiliau tarian addurnedig â phatrwm trisgel [5], a phlatiau oddi ar gert neu elor. Gwnaed llawer o'r gwrthrychau o bres, aloi a oedd yn brin cyn y cyfnod Rhufeinig, a cheir gwrthrych a ddehonglwyd fel plât o glo Rhufeinig. Mae'n debyg y cuddiwyd y celc ar ôl neu o bosibl yn union cyn i'r Rhufeinwyr ddechrau meddiannu Cymru ar ddiwedd y 70au OC.

Ni all ymchwilwyr ond dyfalu pam y gadawyd y gwrthrychau lle cawsant eu darganfod. Efallai fod eu perchnogion wedi'u cuddio i'w diogelu a'u casglu yn ddiweddarach, mewn amser peryglus – o bosibl wrth i'r llengoedd Rhufeinig nesáu. Neu, yn fwy tebygol, gosodwyd y celc fel rhodd i dduw dŵr, gan nad yw Nant Cadair yn bell i ffwrdd, ac mae hen ffynhonnell yn codi gerllaw.

Anoddach byth yw penderfynu pryd a lle y gwnaed y gwrthrychau. Mae'r rhan fwyaf ohonynt yn debyg i'w gilydd o ran arddull, ac mae'n bosibl iddynt oll gael eu cynhyrchu yn yr un gweithdy, yng Nghymru neu yn yr ardal lle y canfuwyd nhw.

Awgryma lleoliad y darganfyddiad fod llwybr Minffordd i fyny'r mynydd yn cael ei ddefnyddio yn y cyfnod cynhanes. Ni fyddai'n syndod pe bai pobl yr Oes Haearn yn dringo yn rheolaidd i fyny'r llwybr i ymweld â Llyn Cau, sy'n gorwedd yn ddwfn ac yn dywyll yn ei beiran dan y creigiau sy'n amgylchynu Cadair Idris a Mynydd Moel, i adael anrhegion ar gyfer y duwiau oedd yn byw yno.

9 Cleddyf Segontium

Diwedd y ganrif gyntaf - dechrau'r ail ganrif OC

Trais milwrol pwrpasol oedd y dull Rhufeinig o drin gelynion herfeiddiol. Ar ôl yr ymosodiad ar Brydain dan yr ymerawdwr Claudius yn 43 OC ehangodd grym Rhufeinig yn raddol ar draws Lloegr. Roedd ucheldiroedd Prydain yn anos i'w trechu ac yn ddrutach i'w gwarchod. Yng Nghymru, ymladdodd y ddau lwyth mwyaf, y Silwriaid a'r Ordoficiaid, yn ôl yn ffyrnig am dros ddeng mlynedd ar hugain. Ar ôl eu concwest cododd y Rhufeiniaid ddwy gaer leng, yng Nghaer a Chaerllion (ym Mrynbuga i ddechrau), yn ogystal â rhwydwaith o gaerau llai ledled Cymru, wedi'u cysylltu gan ffyrdd newydd.

Yn Segontium y codon nhw eu prif gaer yn y gogledd-orllewin, uwchben y lle sydd bellach yn Gaernarfon. Fe'i sefydlwyd gan Agricola, llywodraethwr Prydain (a thad-yng-nghyfraith yr hanesydd Tacitus), yn y 70au hwyr OC, wedi iddo drechu'r Ordoficiaid. O fanna, gallai'r Rhufeiniaid reoli'r gefnwlad, arfordiroedd a thir ffrwythlon Môn, a fu gynt yn ganolbwynt i wrthwynebwyr [5]. Roedd hyd at fil o filwyr yn trigo yno. Troedfilwyr 'cynorthwyol' oeddent, o fannau eraill yn yr Ymerodraeth ac felly nid oeddent yn ddinasyddion. Ym mlynyddoedd cynnar y drydedd ganrif, Sunici oedd y milwyr hyn, pobl o ardal sydd bellach ar y ffin rhwng Gwlad Belg a'r Almaen.

Canfuwyd y cleddyf yn 1879 ar ffordd o fewn terfyn allanol y gaer neu gerllaw. Mae'n un o'r enghreifftiau mwyaf cyflawn a geir ym Mhrydain o *gladius* haearn, cleddyf ysgafn safonol y milwr Rhufeinig. Yn 50cm o hyd, byddai wedi bod yn arf angheuol, gyda'i bwynt miniog a llafn dwyochrog min rasel. Gallai milwr ei ddefnyddio naill ai mewn trefniant rhyfel clòs, neu mewn gornest wyneb yn wyneb i drywanu ac i hacio ei wrthwynebydd. Mae'r carn, sydd mewn cyflwr da, yn cynnwys dyrnfol, dwrn a wnaed o bren ac esgyrn, a chnepyn siâp ŵy a wnaed o ifori walrws.

Y tu allan i'r gaer, i'r gorllewin ac i'r de, datblygodd anheddiad sifil neu *vicus* i wasanaethu anghenion y milwyr. Ar ddechrau'r drydedd ganrif roedd ynddi deml i Mithras, duw o'r dwyrain a addolid yn aml gan filwyr Rhufeinig, ac roedd llawer o'r trigolion, yn ôl pob tebyg, yn filwyr wedi ymddeol a'u teuluoedd. Yn ne Cymru tyfodd ambell anheddiad yn drefi helaethach, mwy ffurfiol, megis Caerwent [11] a Chaerfyrddin, ond yn y gogledd, lle'r oedd dylanwad Rhufeinig yn wannach, methodd trefi a filas â datblygu. Parhâi llawer o'r bobl frodorol i fyw yn yr aneddiadau yr oeddent wedi'u defnyddio cyn i'r Rhufeiniaid ddod, megis bryngaer Tre'r Ceiri yn Llŷn a Din Silwy ar Ynys Môn.

Cadwyd garsiwn yn Segontium, yn anarferol, drwy gydol y cyfnod Rhufeinig. Efallai fod angen milwyr yn y bedwaredd ganrif i frwydro yn erbyn ymosodwyr Gwyddelig ar hyd yr arfordir, ac roedd y gaer yn dal ar waith yn 394 OC. Mae'n debyg bod pobl yn parhau i fyw yn Segontium ac o'i chwmpas ar ôl i'r milwyr ymadael. Cafodd yr eglwys gyfagos, ychydig i'r de o'r Mithraeum Rhufeinig, ei chysegru i Sant Peblig, sef ffurf ar yr enw Lladin Publicus.

Roedd Segontium hefyd yn dal i fyw yn nhraddodiad llenyddol Cymru. Mae'n ymddangos yn *Breuddwyd Macsen Wledig*, un o straeon y Mabinogi, a ysgrifennwyd efallai yn gynnar yn y drydedd ganrif ar ddeg. Mae Macsen – adlais o Magnus Maximus, llywodraethwr Rhufeinig Prydain a gyhoeddwyd yn Ymerawdwr yn 383 OC – yn breuddwydio am wraig hardd. Daw'r ferch, o'r enw Elen, i'r golwg yn Aber Saint (aber afon Seiont), ac mae Macsen yn adeiladu caer yno ar ei chyfer. Yn ôl y traddodiad diweddarach, roedd Peblig Sant yn fab i Macsen ac Elen.

10

Crogdlws olwyn aur a chadwyn Dolau Cothi

Ail ganrif neu drydedd ganrif OC

Ar ôl iddynt orchfygu Cymru, yng nghanol y 70au OC, cododd y Rhufeiniaid gaer filwrol newydd ym Mhumsaint yn nyffryn afon Cothi yn Sir Gaerfyrddin. Roedd pwrpas arbennig iddi: gwarchod un o'u hasedau diwydiannol mwyaf gwerthfawr ym Mhrydain, y mwyngloddiau aur 800m i ffwrdd yn Nolau Cothi.

Mae'n debyg bod y Rhufeiniaid yn gwybod bod aur wedi cael ei gloddio yma cyn iddynt ddod. Cyn hir roeddent yn defnyddio eu sgiliau technolegol datblygedig i'w gloddio. Cloddient greigiau oedd yn cynnwys aur ar yr wyneb, neu mewn ceuffyrdd, ond hefyd suddent bonciau, neu gloddiadau ar ffurf camau, i ddilyn yr wythïen eurddwyn o dan y ddaear. Mewn un ohonynt canfuwyd darn o olwyn bren a ddefnyddid yn ôl pob tebyg i ddraenio dŵr o'r gweithfeydd. Chwaraeodd dŵr ran bwysig yn y broses ddiwydiannol – yn y lle cyntaf, i olchi'r mwyn trwy ddileu'r pridd a cherrig rhydd a datgelu'r graig; wedyn, wrth dynnu'r graig, i olchi'r mwyn i lawr y llethr; ac wrth ei brosesu, i hidlo'r mwyn mathredig a gwahanu'r aur trwchus. Mae'n bosibl i garreg fawr â tholciau crwn, 'Carreg Pumsaint', gael ei defnyddio gan beirianwyr Rhufeinig fel einion â phŵer dŵr mewn melin falu mwyn.

Er mwyn casglu dŵr, adeiladodd peirianwyr Rhufeinig gamlesi. Gellir olrhain lle buont yn rhedeg heddiw. Câi un ohonynt ei dŵr o afon Cothi, 11km i fyny'r dyffryn, tynnai un arall ei dŵr o Nant Dar, llednant i afon Cothi, a tharddodd trydedd, o bosibl, o afon Gwenlais. Yna, rhyddhawyd dŵr oedd wedi'i storio mewn cronfeydd i lawr rhigolau i'w ddefnyddio yn y gloddfa. Sextus Julius Frontinus, llywodraethwr Prydain, oedd yn gyfrifol, yn ôl pob tebyg, am godi caer Pumsaint; fe'i penodwyd yn ddiweddarach yn gomisiynydd y traphontydd dŵr yn Rhufain ac ysgrifennodd adroddiad amdanynt sy'n goroesi hyd heddiw.

Byddai'r mwynglawdd aur wedi bod o dan reolaeth filwrol uniongyrchol, a diau mai caethweision neu garcharorion oedd y mwyngloddwyr. Dichon fod llawer o'r aur yn cael ei allforio i'r bathdy ymerodrol yn Lyon er cynhyrchu darnau arian. Gallai peth aur gael ei weithio gan ofaint aur ar bwys y safle, i'w ddefnyddio at ddibenion gwahanol iawn. Ar ddiwedd y ddeunawfed ganrif a dechrau'r bedwaredd ganrif ar bymtheg daeth nifer o addurniadau personol aur i'r golwg yn Nolau Cothi. Yn eu plith, roedd cadwyn, a bwcl neu dlws crog ar ffurf olwyn ag wyth adain (ceir crogdlysau a breichledau o'r un darganfyddiad yn yr Amgueddfa Brydeinig). Darganfuwyd crogdlysau Rhufeinig tebyg mewn mannau eraill yng ngogledd Ewrop. Dichon fod y ddyfais yn cyfeirio at dduw taranau'r Celtiaid, Taranis, yr oedd ei symbol yn olwyn cerbyd rhyfel (cyfunwyd Taranis â'r duw Rhufeinig Iau).

Roedd y gaer filwrol, islaw pentref Pumsaint, yn mesur llai na dau hectar, ac yn gartref i filwyr cynorthwyol. Tua 120 OC cafodd ei lleihau mewn maint i lai na hectar, gyda wal gerrig newydd, cyn cael ei gadael ychydig flynyddoedd yn ddiweddarach. Tyfodd aneddiadau y tu allan i'r muriau i'r dwyrain ac i'r de o'r gaer, ac i'r de o afon Cothi, yn nes at y mwyngloddiau aur, lle yn 1831 daethpwyd o hyd i faddondy bychan, wedi'i gynhesu gan system hypocawst. Parhaodd yr anheddiad deheuol am gyfnod byr wedi i'r gaer gael ei gadael. Efallai y meddylid nad oedd amddiffyniad milwrol yn angenrheidiol bellach; sut bynnag, roedd angen milwyr i feddiannu gogledd Lloegr. Parhawyd i weithio'r mwyngloddiau aur yn ôl pob tebyg, efallai hyd yn oed i mewn i'r drydedd ganrif. Rhoddwyd cynigion ar ailagor y mwyngloddiau yn y 19eg ganrif.

11 Dau dduw Caerwent

Cyfnod Rhufeinig

'Anialwch maen nhw'n ei greu, ac yn ei alw yn heddwch', meddai Calagacus, arweinydd yng ngogledd Prydain, am ddulliau ymerodrol y Rhufeiniaid, yn ôl yr hanesydd Tacitus. Ond roedd gan y Rhufeiniaid ffyrdd eraill o dawelu'r bobloedd a drechwyd ganddynt. Un o'r rhain oedd datblygu trefi, fel canolfannau hunan-lywodraethu lleol ac i hybu integreiddio diwylliannol a chrefyddol. Yng Nghaerwent, yn nhiriogaeth y Silwriaid, fu gynt yn wrthwynebwyr ffyrnig i'r goresgyniad Rhufeinig, datblygodd tref Venta Silurum. Dichon mai anheddiad ar ochr y brif ffordd rhwng Caerloyw a Chaerllion tua diwedd y ganrif gyntaf ydoedd, ac mai cyn-filwyr a masnachwyr oedd yn byw ynddi i ddechrau. Yn y pen draw, ymestynnodd y dref dros oddeutu 18 hectar. Ynddi, o fewn grid o strydoedd a rhyw 20 o *insulae* neu flociau, roedd marchnad a neuadd y dref, baddondai, siopau a thai, rhai ohonynt â lloriau mosäig. Yn y drydedd ganrif, amgylchynwyd y dref gan wal gerrig sylweddol, y mae rhannau helaeth ohoni yn goroesi hyd heddiw. Ar arysgrif garreg o tua 220 OC cofnodir bodolaeth *ordo*, neu gyngor tref hunan-lywodraethol. Daeth trigolion Venta Silurum yn ddinasyddion Rhufeinig ar ôl i ddinasyddiaeth gael ei hymestyn i bob dyn a menyw rhydd trwy'r ymerodraeth yn 212 OC [12].

Daeth crefyddau i Gaerwent o fannau eraill yn yr ymerodraeth Rufeinig, gan gynnwys Cristnogaeth erbyn y bedwaredd ganrif. Ond goroesodd duwiau hŷn, Prydeinig. Cafodd rhai eu cymathu gyda duwiau Rhufeinig: darganfuwyd teml Geltaidd-Rufeinig, ac, mewn man arall, dwy arysgrif sy'n crybwyll duw sy'n cyfuno'r Mawrth Rhufeinig gyda'r Ocelus brodorol. Mae'n bosibl mai duwiau cyn-Rufeinig a bortreadir mewn dau gerflun cerrig a ddarganfuwyd yn y dref.

Canfuwyd y cerflun cyntaf, pen tua 23cm o uchder, wedi'i wneud o dywodfaen cwarts lleol, yn agos i adeilad bychan y tu ôl i dŷ mawr o'r bedwaredd ganrif. Roedd wedi'i osod ar weddillion allor, yr oedd tri gris isel yn arwain ato. Gyda'i ffurfiau syml sy'n ymdebygu i fwgwd – llygaid chwyddedig, ceg gymesur, trwyn a chlustiau cilfachog – perthyn y pen i draddodiad artistig Celtaidd cyffredin. Mae'r cerflunydd wedi cerfio'r cefn a'r gwaelod yn wastad, fel y gallai fynd i mewn i gilfach yn y wal neu ar bedestal yn erbyn wal. Nid oes arwydd bod y pen yn perthyn i gorff. Credai'r Celtiaid mai yn y pen dynol y trigai'r enaid. Barn rhai yw bod y cerflun o Gaerwent yn 'ben toredig' wedi'i drosi i garreg [8]. Ond mae'n debycach mai delwedd o dduw lleol ydyw, a addolid o hyd, ganrifoedd wedi dyfodiad y Rhufeiniaid.

Mae gan yr ail gerflun arddull debyg i'r pen; dichon i'r ddau ddod o'r un gweithdy lleol. Tua 27cm o uchder, mae'n portreadu mamdduwies, o fath sy'n adnabyddus yng nghelf y Celtiaid. Eistedda, yn noeth ond am gwcwll am ei phen, ar yr hyn sy'n edrych fel cadair freichiau â chefn uchel. Mae'n dal ffrwyth crwn yn ei llaw chwith a changen, o bosibl o goeden binwydden, yn ei llaw dde. Daethpwyd o hyd i'r cerflun wedi'i osod ar waelod pwll dwfn yn agos i safle'r deml. Efallai ei bod yn ymgorffori grym ffrwythlondeb. Neu efallai ei bod yn meddu ar bwerau iacháu, fel duwiesau Celtaidd eraill y mae eu henwau yn hysbys, fel Coventina, Arnemetia a Sulis, a roes ei henw i Aquae Sulis, sef Caerfaddon y Rhufeiniaid.

Am 300 o flynyddoedd, roedd Caerwent yn ddigymar yng Nghymru fel canolfan drefol fawr, lle trigai pobl o lawer o genhedloedd, hiliau a chrefyddau.

12 Cofeb Rufeinig o Gaerllion

3edd ganrif OC, yn ôl pob tebyg

Penderfynodd menyw o'r enw Tadia Exuperata, yn gynnar yn y drydedd ganrif OC yn ôl pob tebyg, y byddai'n cofféu ei mam a'i brawd a fu farw. Ger Pil-bach, mewn mynwent ar yr hyn a elwir yn Lodge Hill heddiw, lai na milltir o gadarnle lleng Caerllion, talodd am arysgrif Ladin mewn priflythrennau eglur, ar garreg â thalcen:

I ysbryd yr ymadawedig. Bu Tadia Vallaunius fyw am 65 mlynedd, a bu Tadius Exuper[a]tus, ei mab, fyw am 37 mlynedd, bu farw ar y daith i'r Almaen. Cododd Tadia Exuperata, y ferch ffyddlon, hwn er cof am ei mam a'i brawd wrth fedd ei thad.

Milwr oedd tad Tadia Exuperata, debyg iawn, yn yr Ail Leng Awgwstaidd, oedd wedi'i lleoli yng Nghaerllion. Efallai ei fod yn swyddog yn y lleng, a oedd yn cynnwys, mewn theori o leiaf, tua 5,500 o filwyr a 120 o farchfilwyr. Roeddent yn byw mewn barics o fewn y gaer, ond roedd gan rai berthynas, a phlant, gyda menywod a oedd yn byw yn yr aneddiadau sifil neu *canabae* a dyfodd y tu allan.

Merch leol, o bosibl, oedd Tadia Vallaunius, cymar y milwr – mae'r enw Vallaunius yn Geltaidd. Gallai enw eu mab, Exuperatus, hefyd fod yn Geltaidd. Dichon i Tadius ddilyn ei dad i'r bywyd milwrol. Os mai'r ymgyrch filwrol a lansiodd yr ymerawdwr Caracalla yn erbyn yr Alemanni (pobl oedd yn byw yn rhan uchaf dyffryn Rhein) yw'r 'daith Almaenig' y mae Tadia'n sôn amdani , yna efallai y bu farw yn 212-3 OC.

Roedd y flwyddyn 212 yn un arwyddocaol i'r byd Rhufeinig cyfan. Dyna pryd estynnodd yr ymerawdwr Caracalla ddinasyddiaeth Rufeinig y tu hwnt i Eidalwyr, cyn-filwyr lleng, swyddogion trefi lleol a grwpiau eraill, i holl drigolion rhydd-anedig yr ymerodraeth. Ni wyddys i sicrwydd pam gwnaeth e hyn, sef y rhodd unigol fwyaf o ddinasyddiaeth mewn hanes, ond ei effaith oedd rhoi cyfran bersonol yng nghyfansoddiad a chyfreithiau Rhufain i tua 30 miliwn o bobl.

Yn gynharach cyflwynodd tad Caracalla, Septimius Severus, ddiwygiadau i wella amodau gwasanaethu milwyr. Oddeutu 197 OC, rhoddodd yr hawl cyfreithiol iddynt briodi a'r hawl i'w gwragedd a'u plant etifeddu eu harian a'u heiddo (rhoddwyd pensiwn i lengfilwyr wedi ymddeol ar ôl 25 mlynedd o wasanaeth). Daeth y newid hwn yn rhy hwyr i dad Tadia, ond yn aml, goddefid bywyd teuluol 'answyddogol'. Nid oedd y teulu hwn yn dlawd: roedd arysgrifau cerrig yn rhy ddrud i lawer o'r rhai oedd yn byw yn aneddiadau allanol Caerllion. Mae cofeb Tadia, gyda'i rhosaddurnau a lleuad gorniog wedi'u cerfio, yn un o ychydig a oroesodd yn gyfan o Gaerllion. Mae'r rhan fwyaf o'r claddiadau a gloddiwyd hyd yma heb gofeb, neu'n sicr heb gofeb mewn carreg.

Roedd gyrfa filwrol yn sefydlog ac yn dwyn buddion, ond roedd bywyd yn beryglus. Ymddengys i Julius Valens, milwr a grybwyllir mewn arysgrif arall o Gaerllion, fyw i fod yn 100 mlwydd oed, ond bu eraill, fel Tadius, farw'n ifanc. Bu farw Aurelius Herculanus, marchfilwr, yn 28 mlwydd oed, a Titus Flavius Candidus, troedfilwr, yn 27 mlwydd oed.

Ailadeiladwyd rhannau o'r gaer, yn ôl pob tebyg, pryd roedd Tadia a'i theulu'n byw yng Nghaerllion. Mae arysgrif i Severus a'i feibion yn cofnodi adfer adeilad, efallai'r pencadlys, 'a oedd wedi pydru trwy henaint'. Ond erbyn dechrau'r bedwaredd ganrif ychydig o filwyr oedd ar ôl, neu ddim o gwbl, a dichon fod sifiliaid wedi meddiannu rhannau o'r gaer.

D M

TADAVALLAVNVSVIXIT
ANN·LXV·ET·ADVSEXVPERTVS
FLVSVIXTANXXXVIIDTVN
TVSEXEDTONEGERMNICA
TADAEXVPERATAFLA
MATRETFRATRPIISSMA
SECVSTVMVLVM
PATRIS POSVIT

13 Celc darnau arian Rogiet

295-6 OC

Prin y defnyddiwyd arian cyn i'r Rhufeiniaid ddod. Ar ôl eu goresgyniad, daeth darnau arian Rhufeinig yn gyffredin mewn ardaloedd milwrol oherwydd yr angen i dalu'r milwyr a hwyluso masnachu rhwng y fyddin a'i chyflenwyr. Ymledai eu defnydd yn raddol i aneddiadau caer a threfi, er mai anaml y byddai eu hangen ar gymunedau brodorol, mwy anghysbell.

Yn 1998 canfu dyn â datgelydd metel yn Rogiet, tua 3km i'r de-orllewin o dref Rufeinig Caerwent yn Sir Fynwy **[11]**, gelc o 3,813 o ddarnau arian o'r drydedd ganrif OC.

Nid yw celciau'n anghyffredin. Gwyddys am dros 200 ohonynt o Gymru Rufeinig, a daeth cyfanswm o dros 66,000 o ddarnau arian ohonynt. Mewn cyfnodau ansicr a pheryglus, roedd rhesymau da dros guddio cyfoeth yn ddisymwth. Mae'n debyg bod celc Rogiet o ddarnau arian aloi copr yn bennaf wedi cael ei gladdu tua 295-6 OC, pan oedd Prydain a'r ymerodraeth yng ngafael argyfwng gwleidyddol. Ymestynna'r darnau arian dros gyfnod o ddeugain mlynedd. Daw'r gyfres o dros 20 o ymerawdwyr i ben gyda darnau arian a gyhoeddwyd gan ymerawdwyr a oedd wedi cipio grym, Carausius (teyrnasodd 287-93) ac Allectus (293-6) – ceir dros 750 o ddarnau Allectus.

Bu Carausius, a aned o dras werinol mewn ardal sydd bellach yn Wlad Belg, yn rheolwr ar y llynges Brydeinig oedd yn gyfrifol am blismona'r moroedd. Daeth dan amheuaeth o roi rhwydd hynt i fôr-ladron yn gyfnewid am arian, a gorchmynnodd Maximian, yr ymerawdwr gorllewinol, ei farwolaeth. Gan gredu mai'r ffordd orau o amddiffyn oedd ymosod, datganodd Carausius ei hun yn ymerawdwr Prydain a gogledd Gâl. Gyda chefnogaeth ei lynges a llengoedd o Brydain a gogledd Ffrainc, llwyddodd i wrthsefyll ymosodiadau. Am rai blynyddoedd, rhannai rym gyda'r ddau ymerawdwr arall i bob pwrpas, cyn iddo gael ei atal gan Maximian ac yna ei lofruddio gan ei is-gadfridog, Allectus. Cafodd Allectus yntau ei drechu a'i ladd yn 296. Felly y darfu'r 'wladwriaeth Brydeinig annibynnol' gyntaf. Daeth yr ynys o dan reolaeth Rhufain unwaith eto.

Defnyddid darnau arian at ddibenion hysbysebu a phropaganda yn ogystal â chyfnewid. Nid oedd darnau Carausius, y bathwyd llawer ohonynt yn ei fathdy yn Llundain, yn eithriad. Mae un ohonynt yn honni ei fod yn gyfartal o ran statws â'r ddau ymerawdwr arall, Diocletian a Maximian. Dangosa'r darn broffiliau'r tri dyn yn gorgyffwrdd, ynghyd â'r geiriau 'Carausius â'i frodyr'. Ar y tu chwith, mae 'Victoria Auggg' – cyfeiria'r tri 'g' eto at y tri chyd-'Augustus'. Ymddengys fod darnau eraill, er nad oes esiamplau ohonynt yng Nghelc Rogiet, yn ceisio manteisio ar deimladau o blaid annibyniaeth Brydeinig. Ar un ohonynt, mae'r geiriau 'Restitutor Britanniae' (Adferwr Prydain), ar un arall 'Genio Britanni' (i Ysbryd Prydain). Ar drydydd, mae'r talfyriad ('RSR') o ddyfyniad gan y bardd Fyrsil sy'n dechrau 'Redeunt Saturnia regna' (daw'r oes aur yn ôl). Fyrsil eto yw'r ffynhonnell ar gyfer bathiad arian prin, 'Expectate veni' ('tyrd, Ddisgwyliedig Un') o dan ddarlun o Britannia yn croesawu Carausius. Awgryma'r negeseuon hyn ei fod yn gallu apelio at gefnogwyr ym Mhrydain a oedd yn llythrennog iawn ac yn falch o'u hunaniaeth ynysol.

Rhywsut, goroesodd yr atgofion am Carausius yng Nghymru. Mae'␣enw, sydd heb ei gofnodi cyn yr ymerawdwr, yn ailymddangos ar garreg fedd a ddarganfuwyd 4.1km o Benmachno. Ar y llech, sy'n dyddio o'r bumed neu'r chweched ganrif, mae arysgrif Ladin, 'Yma gorwedd Carausius yn y pentwr hwn o gerrig', o dan symbol Cristnogol 'chi-rho'.

14. Carreg Voteporix

c550 OC

Daeth y cyfnod Rhufeinig i ben ym Mhrydain ar ddechrau'r bumed ganrif. Y dyddiad confensiynol yw 410 OC, pan ddywedodd yr ymerawdwr Honorius wrth y Prydeinwyr na allent ddibynnu rhagor ar y llengoedd Rhufeinig i'w diogelu. Ond roedd y newid i'r 'oesoedd tywyll' a ddilynodd yn raddol, nid yn sydyn. Nid oes llawer o dystiolaeth hanesyddol neu archaeolegol ar gyfer y cyfnod ar ôl tua 400 OC – dyna yw arwyddocâd yr ansoddair 'tywyll' – ond ceir rhai olion yng Nghymru sy'n taflu goleuni awgrymus ar y gymdeithas ôl-Rufeinig.

Darganfuwyd 'carreg Voteporix' yn 1895, wedi'i hailddefnyddio fel rhan o gamfa ar draws wal y fynwent yng Nghastell Dwyran, ym mhen gorllewinol Sir Gaerfyrddin. Mae'n graig folcanig ac yn sefyll tua 2m o uchder. Ar ei hwyneb, mae croes gylchol â phedair cangen, cyhyd â'i gilydd, ac ar un ymyl cerfiwyd cyfres o ricynnau neu linellau byrion. O dan y groes, mae tri gair: MEMORIA VOTEPORIGIS PROTICTORIS. Lladin yw'r iaith, ac ystyr y geiriau yw 'cofeb Voteporix, Gwarchodwr'. Voteporix yw ffurf ei enw yn y Frythoneg, rhagflaenydd y Gymraeg. Ysgrifennir y rhicynnau mewn gwyddor Wyddelig a elwir yn 'Ogam'. Maent yn rhoi'r enw fel 'Votecorigas', sef ffurf ar yr enw Gwyddelig 'Votecorix'.

Mae'r garreg, felly, yn coffáu dyn a oedd yn amlwg yn Gristion, yn ddigon pwysig i haeddu cofeb barhaol – a Gwyddel, neu un o dras Wyddelig. Bu'r Déisi, pobl o dde-ddwyrain Iwerddon, yn ymosod ar rannau gorllewinol Cymru ers canol y bedwaredd ganrif, gan fanteisio ar wendid rheolaeth y Rhufeiniaid. Yn 367 OC, ymunon nhw â'r Eingl-Sacsoniaid a'r Pictiaid mewn ymosodiad ar Brydain, a adnabyddir fel y 'Cynllwyn Barbaraidd'. Parhaodd eu hymosodiadau

i'r bumed ganrif, yn enwedig yn ne-orllewin Cymru, lle mae dros 60 o gerrig Ogam wedi dod i'r amlwg. Ymgartrefon nhw a sefydlu llinach a reolai'r ardal am sawl canrif.

Er mai o Iwerddon, gwlad na fu erioed yn rhan o'r Ymerodraeth Rufeinig, yr hanai Voteporix neu ei gyndeidiau, roedd e'n llwyr ymwybodol o dreftadaeth Rufeinig ei wlad newydd. Dewisodd Ladin i'w gosod ar ei garreg fedd. Teitl ffurfiol oedd 'Protictor' yn hytrach nag enw personol. Yn wreiddiol, roedd yn deitl ar warchodwr yr ymerawdwr, ond yn ddiweddarach roedd ganddo ystyr fwy cyffredinol, anrhydeddus. Dichon i Voteporix etifeddu neu fabwysiadu'r teitl, fel arwydd o'i statws fel rheolwr ac o'r cysylltiad rhwng ei sefyllfa ar y pryd a swyddi Rhufeinig y gorffennol. Saif Castell Dwyran yn agos i'r hen ffordd Rufeinig tua'r gorllewin o Moridunum (Caerfyrddin), prif gaer a thref Rufeinig yr ardal. Efallai fod y garreg yn gofeb fin ffordd, a bod pobl yn byw ar y safle'n barhaus ers cyfnod y Rhufeiniaid.

Bu fyw Voteporix, o bosibl, mor gynnar ag ail hanner y bumed ganrif. Roedd yn Gristion o linach Wyddelig ond un a uniaethai â'r diwylliant Brythonig o'i gwmpas; dyn a oedd yn ymwybodol o'r gorffennol Rhufeinig (a allai fod mor ddiweddar â thair cenhedlaeth o'i flaen). Ond roedd hefyd yn aelod o gymdeithas a oedd yn datblygu yn raddol i fod yn gymuned newydd, Gymraeg ei hiaith – tywysogaeth Dyfed. Dim ond dair milltir o Gastell Dwyran, mae Arberth, prif lys Dyfed, fel cawn wybod o'r frawddeg gyntaf yng nghainc gyntaf y Mabinogi, *Pwyll Pendefig Dyfed*.

15 Tlws bylchgrwn
8fed neu 9fed ganrif

Canfuwyd y tlws aur ac arian hwn yn 1991 â datgelydd metel ar Newton Moor, mewn tir mawnog ger afon Ddawan i'r gogledd o'r Bont-faen. Wedi clywed amdani, gwnaeth staff o Amgueddfa Cymru arolwg a chloddiad. Darganfuon nhw fod y tir yn gorslyd iawn, a chynnig bod y tlws wedi ei ollwng efallai drwy ddamwain tra roedd ei berchennog yn ceisio croesi gorlifdir yr afon.

Roedd y perchennog, naill ai'n ddyn neu'n fenyw, yn gefnog. Gwnaed cylchyn y tlws, 51mm mewn diamedr, a'r pin, er mwyn dal gwisg neu glogyn wrth yr ysgwydd neu'r fron, ill dau o arian, gydag addurn aur ychwanegol. Ynghanol pob un o'r terfynellau siâp rhomboid, mae glain gwydr glas, wedi'i fframio mewn cilfach hirsgwar. Dyma'r unig dlws arian ac aur cyfan o'i fath a ganfuwyd yng Nghymru, er bod llawer o fersiynau efydd wedi dod i'r amlwg; canfuwyd un ohonynt yn 1993 dim ond 400m oddi wrth yr enghraifft arian. Mae'n dyddio, debyg iawn, o'r 8fed neu'r 9fed ganrif. Ceir tlysau bylchgrwn yn Iwerddon ond mae tlws Newton Moor yn perthyn i deip sy'n nodweddiadol Brydeinig.

Ble byddai perchennog y tlws wedi byw? Ychydig o safleoedd ôl-Rufeinig a gloddiwyd yng Nghymru, ond lleolir dau ohonynt nid nepell o Newton Moor, er eu bod yn dyddio o gyfnod cynharach: Hen Gastell yn Llansawel ac, yn llawer agosach, Dinas Powys.

Roedd Hen Gastell yn anheddiad wedi'i amddiffyn oedd yn gwarchod croesfan afon Nedd. Yn ogystal ag olion tai, canfuwyd crochenwaith o Ffrainc a dwyrain ardal Môr y Canoldir, gwydr, gleiniau ac ambr, cerrig a gwaith metel, gan gynnwys tlws bylchgrwn o deip cynharach nag esiampl Newton Moor. Mae'n bosibl mai hwn yw'r castell a grybwyllir mewn cofnodion ddiweddarach fel cartref Morgan ap Caradog ab Iestyn,

arglwydd Afan yn y ddeuddegfed ganrif, ond rhwng y chweched a'r ddegfed ganrif oedd yn cael ei ddefnyddio fel preswylfa yn bennaf.

Cafodd bryngaer Dinas Powys ei gyfnerthu fel anheddiad rhwng y bumed a'r seithfed ganrif. Mewnforiwyd llestri pridd ar gyfer bwyta a storio, gwydr a gwaith metel, mewn llongau masnach arfordirol, o Loegr Eingl-Sacsonaidd yn ogystal ag o Ffrainc ac ardal Môr y Canoldir, a chanfuwyd nifer fawr o esgyrn anifeiliaid, sy'n tystio o bosibl i wledda helaeth. Darganfu'r cloddwyr slag haearn, crwsiblau, mowldiau, darnau o efydd, arian, aur a gwydr, a deiau plwm – y cyfan yn arwydd o weithio metel a gemwaith. Roedd cymuned Dinas Powys yn eithaf bach, ond dichon fod iddi gysylltiadau clòs â safleoedd cyfagos, gan gynnwys mynachlog a sefydlwyd yn Llandochau.

Yn y rhan isel hon o Gymru o leiaf, felly, trigai rhai pobl yn y cyfnod ôl-Rufeinig mewn aneddiadau ag amddiffyniadau cryfion ger yr arfordir, neu'n agos iddynt. Roedd y rhai o statws uchel yn bell o fod yn ddiwylliannol ynysig neu'n dlawd. Mae'r nwyddau a'r moethusion a fewnforiwyd yn brawf o gysylltiadau masnachu gydag Iwerddon a'r Cyfandir, a chynhyrchwyd gwaith metel cain mewn diwydiannau lleol. Roedd y canolfannau hyn dan ddylanwad arweinwyr aristocrataidd yr oedd eu rheolaeth efallai yn eithaf lleol, er eu bod yn ôl pob tebyg yn deyrngar i dywysog a reolai ardal ehangach, yn yr achos hwn Glywysing, teyrnas a ddaeth yn Forgannwg yn nes ymlaen **[18]**. Drwy'r canrifoedd cyn dyfodiad y Normaniaid, bu newid cyson yn ffurf a chyfansoddiad teyrnasoedd ac is-deyrnasoedd, wrth i rym gwleidyddol symud o ganlyniad i ryfeloedd a chynghreiriau cyfnewidiol.

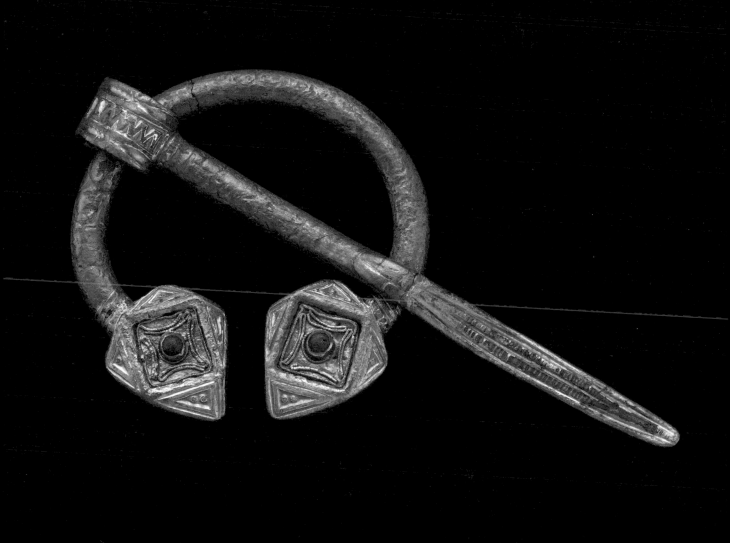

16 Carreg Cadfan

8fed neu'r 9fed ganrif OC

Brytaniaith neu Frythoneg oedd iaith pobl Prydain.
Mae'n debyg ei bod wedi esblygu'n barhaus ers yr Oes
Efydd neu cyn hynny. Roedd Brythoneg yn un o deulu o
ieithoedd Celtaidd a leferid ar draws sawl rhan o Ewrop.

Yn ystod 350 mlynedd eu teyrnasiad, gadawodd
y Rhufeiniaid eu hargraff ieithyddol. Siaredid Lladin
yn eang yn iseldir Prydain, ac yn ne-ddwyrain Cymru,
Lladin, debyg iawn, oedd iaith yr elît o leiaf. Cafodd
Lladin effaith hefyd ar nifer o nodweddion ieithyddol y
Frythoneg. Daeth llawer o eiriau Lladin i eirfa'r Frythoneg,
yn arbennig geiriau ar gyfer agweddau ar ddiwylliant
materol Rhufeinig. Felly, yn y pen draw, troes *pons* yn
Lladin i *bont* yn y Gymraeg fodern, *taverna* yn *dafarn*, ac
ecclesia (benthyciad Lladin o'r Roeg) yn *eglwys*.

Gwyddom rywfaint am bobl Cymru a'u hieithoedd
rhwng tua 400 a 900 OC trwy arysgrifau ar gerrig **[14]**. Yn
Lladin yr ysgrifennwyd bron pob un ohonynt. Awgryma
hyn fod Lladin yn dal yn gyffredin, ond mewn gwirionedd
fe'i cyfyngid yn gynyddol i leoliadau arbennig, fel
mynachlogydd ac eglwysi, ac i ystod fach o ddefnyddiau,
megis cofebion carreg. Fel iaith lafar, bu farw Lladin,
debyg iawn, erbyn tua 700. Roedd y rhan fwyaf o bobl
yng Nghymru yn dal i siarad Brythoneg, neu Hen
Gymraeg fel yr oedd ar ôl i Brydeinwyr yng Nghymru
golli cysylltiad â Phrydeinwyr yng ngogledd a de-orllewin
yr ynys o ganlyniad i wladychu'r Eingl-Sacsoniaid.

Yn Nhywyn, Gwynedd y lleolir y garreg gyntaf
(a'r unig un) a ysgrifennwyd yn gyfan gwbl yn yr Hen
Gymraeg. Fe'i darganfuwyd ym mynwent Eglwys Cadfan
Sant. Yn gynnar yn y bedwaredd ganrif ar bymtheg, fe'i
tynnwyd, yn ôl adroddiad, 'gan ŵr cyfagos, i addurno ei
groto ei hun', cyn cael lloches y tu mewn i'r eglwys. Mae
ei harysgrif, wedi'i cherfio ar bedair ochr piler sy'n sefyll
tua 2m o uchder, yn anodd ei darllen, a chynigir sawl

dehongliad ohono. Yn ôl un, mae'n coffáu pedwar o bobl,
gan gynnwys dwy fenyw a enwir:

> *Tengr(um)ui cimalted gu(reic) Adgan anterunc du But
> Marciau*
> Tengrumui gwraig briod Adgan [gorwedd] yn weddol
> agos [neu'n agos iawn] i But [a] Marciau [neu But
> Marciau]
> *Cun ben Celen, tricet nitanam*
> Cun, menyw [neu wraig] Celyn, erys clwyf marwol

Gellir adnabod rhai o'r geiriau yn y Gymraeg fodern, er
enghraifft *gureic* (gwraig) a *tricet* (trigo).

Yn ôl yr ymchwil diweddaraf mae'r garreg yn dyddio
o'r wythfed neu'r nawfed ganrif. Mae gennym un o'r
llawysgrifau hynaf sy'n goroesi yn yr iaith Gymraeg
oddeutu'r un pryd. Fe'i gwelir mewn ychwanegiadau
ymylol i gopi memrwn anghyflawn o'r Efengylau,
sydd bellach yn Eglwys Gadeiriol Lichfield ond a oedd
unwaith mewn eglwys Teilo Sant – yr un yn Llandeilo
Fawr yn ôl pob tebyg. Mae'r darn mwyaf, a adwaenir fel
'memorandwm Surexit', yn cofnodi datrys anghydfod
tir trwy gyfaddawd anffurfiol: addawa Elgu i roi ceffyl
a gwartheg i Tudfwlch, ac ymrwyma Tudfwlch i beidio
â hawlio'r tir byth eto. Mae'r testun Cymraeg, a fynegir
mewn iaith led-gyfreithiol, yn frith o eiriau Lladin, lle
mae'r copïydd Cymraeg ei iaith yn ansicr ynglŷn â
thermau technegol.

Mae'r ddau ddarn hyn yn hwyr, yn brin ac yn ddinod.
Ond roedd yr iaith Gymraeg gynnar hefyd yn gyfrwng ar
gyfer ffyrdd mwy soffistigedig o fynegiant. Un o'r cerddi
cynharaf yn yr Hen Gymraeg sydd wedi goroesi yw'r
Gododdin, a briodolir i Aneirin. Fe'i cyfansoddwyd yng
ngogledd Lloegr neu yn ne'r Alban, ac mae'n cofio brwydr
filwrol a gollwyd yn Nghatraeth (Catterick yn Swydd Efrog).

17 Cloch Cystennin Sant

9fed ganrif

'Oes y Saint' yw'r enw a roddir weithiau ar yr oesoedd canol cynnar yng Nghymru. Yn sicr, nid oedd prinder seintiau. Tua wyth deg a roes eu henwau i fynachlogydd ac eglwysi, wrth i Gristnogaeth ledaenu a bwrw gwreiddiau ymysg teyrnasoedd cyfnewidiol newydd y Cymry. Fel arfer, cysylltir enwau lleoedd sy'n dechrau gyda 'Llan' (sef yr eglwys a'r tir o'i chwmpas) ag enw'r 'sant' neu'r noddwr a ymsefydlodd yno neu a roddodd y tir.

Roedd Cristnogaeth eisoes wedi cydio yng Nghymru ym mlynyddoedd diweddar yr oes Rufeinig, a pharhau a wnaeth ei harferion a'i chyfundrefn grefyddol ar ôl i'r Rhufeiniaid ymadael. Ond cafodd Cymru hefyd ei dylanwadu gan waith cenhadon o Iwerddon a'r Cyfandir wrth iddynt hwylio morffyrdd yr Iwerydd a gysylltai Cymru â de-orllewin Lloegr, Iwerddon a mannau eraill. Roedd eu gwaith yn effeithiol, ac yn ei thro, 'allforiodd' Cymru genhadon Cristnogol i Lydaw a mannau eraill. O fewn 200 mlynedd, roedd y rhan fwyaf o Gymru yn frith o fynachlogydd, clasau (mameglwysi) ac eglwysi llai.

Yn ddiweddarach, ysgrifennodd awduron am fywydau'r saint, gan greu chwedlau amdanynt. Wyddom ni fawr ddim amdanynt o'r oes yr oeddent yn byw ynddi, sef rhwng 400 a 600 OC. Roedd rhai, fel Padarn, Dafydd, ac Illtud [18] yn ddylanwadol, ac enwyd nifer o eglwysi ar eu hôl mewn sawl rhan o Gymru. Roedd eraill yn lleol ac yn adnabyddus ar un safle'n unig. Un o'r rhain oedd Cystennin Sant, y codwyd eglwys fechan yn dwyn ei enw ger Mochdre. Fersiwn Cymraeg o *Constantine* yw 'Cystennin', enw cyffredin ers dyddiau'r ymerawdwr Rhufeinig Constantine ac efallai yn arwydd o barhad y traddodiad Rhufeinig.

Does dim ar ôl o adeilad Cystennin. Dymchwelwyd adeilad cynharach yn 1843 i wneud lle i eglwys newydd a'r unig beth sy'n weddill yw cloch gludadwy, a ddarganfu'r hynafiaethydd a llên-gwerinwr Elias Owen, yn hongian hanner ffordd i fyny talcen yr ysgol leol. Roedd ofnau am ei diogelwch yn nwylo'r plant ysgol ac felly fe'i rhoddwyd at gasgliad Amgueddfa Powysland yn y Trallwng yn 1891.

Traddodiad Gwyddelig, mae'n debyg, oedd gwneud clychau llaw. Mae saith deg pump yn goroesi yn Iwerddon, lle mae cerfweithiau'n dangos offeiriaid yn eu cario. Canfuwyd pedwar ar bymtheg o glychau tebyg yn yr Alban a saith yng Nghymru. Fe'u defnyddid at amryw ddibenion, gan gynnwys galw'r ffyddloniaid i weddi, mewn cyfnod cyn bod clychau yn hongian yn uchel mewn eglwysi. Mae cloch Cystennin, sydd tua 20cm o uchder, mewn cyflwr da, er iddi golli ei dolen a'i thafod. Oherwydd ei symlrwydd mae'n anodd ei dyddio, ond fe'i gwnaed o bosibl yn y nawfed ganrif. Castiwyd hi mewn efydd solet, proses sy'n galw am dechnegau metalwaith datblygedig.

Roedd clychau llaw yn wrthrychau gwerthfawr. Yn Iwerddon, addolid rhai fel creiriau seintiau ac fe'u gorchuddiwyd â chreirgelloedd wedi'u haddurno'n gywrain. Dros y blynyddoedd, ymgasglai chwedlau o'u cwmpas. Mae straeon am Gildas, mynach Cymreig o'r bumed ganrif, yn gwneud clychau a chyflwyno un i'r Pab. Yn y ddeuddegfed ganrif, mae Giraldus Cambrensis [19, 42] yn sôn am gloch wyrthiol Glasgwm yn Sir Faesyfed. Cymerwyd y gloch a elwir yn 'bangu' ac a oedd yn eiddo, yn ôl y chwedl, i Dewi Sant gan wraig a aeth â hi i Raeadr Gwy er mwyn ceisio rhyddhau ei gŵr o'r carchar. Pan gipiodd y carcharwyr hi a'r gloch, talodd Duw'r pwyth yn ôl yn ystod y nos, gan losgi'r castell, ac eithrio'r wal yr oedd y gloch yn hongian arni, i'r llawr. Yn y 1890au cofnododd Elias Owen draddodiadau'r clychau llaw ac at beth y'u defnyddid – i ddathlu offeren, i arwain gorymdeithiau angladd, i nodi marwolaeth rhywun, i wneud cyhoeddiadau ac i dyngu llw.

18 Croes Houelt

c850-886 CE

'Yn enw Duw, y Tad a'r Ysbryd Glân, paratôdd Houelt y groes hon ar gyfer enaid Res ei dad.' Houelt oedd Hywel ap Rhys, brenin Glywysing **[15]**, a adnabyddir o groniclau ac achau Cymreig. Bu farw yn 886 OC. Pan orchmynnodd godi'r gofeb i'w dad, a cherfio'r arysgrif Ladin hon ar ei sylfaen, roedd dewis y lleoliad yn amlwg: y fynachlog yn Llanilltud Fawr, y man traddodiadol ar gyfer claddu brenhinoedd lleol.

Yn ôl y traddodiad, sefydlodd Illtud Sant y fynachlog yn y chweched ganrif. Does dim olion ohoni i'w gweld bellach – efallai bod ei hadeiladau o dan safle'r eglwys bresennol, sy'n dyddio o'r 12fed ganrif – ond mae awdur *Buchedd Samson* yn y seithfed neu'r wythfed ganrif yn cyfleu rhywfaint o naws arbennig y sant hwn:

'O'r Prydeinwyr oll, Illtud mewn gwirionedd oedd y mwyaf dysgedig yn yr Ysgrythur gyfan, yn yr Hen Destament a'r Newydd, ac ym mhob cangen o athroniaeth, barddoniaeth a rhethreg, gramadeg a rhifyddeg, a'r holl gelfyddydau; ac ef oedd y gŵr doethaf a'r proffwyd gorau. Bûm yn ei fynachlog ysblennydd a gallwn i ddweud rhagor am ei gyflawniadau gwych ...'

Diau mai Illtud a ddaeth â'r traddodiad Cristnogol cynnar o fynachaeth i Gymru, ac a barhaodd â'r traddodiad o ddysgeidiaeth Ladin. Roedd ei ddylanwad yn eang. Daeth yr 'ysgol' yn Llanilltud yn enwog, gan allforio ei chyn-fyfyrwyr i bedwar ban: teithiodd Samson Sant trwy Gernyw, Ynysoedd Sili ac Ynysoedd y Sianel i Dol yn Llydaw, lle sefydlodd ei fynachlog ei hun. Cysegrwyd tair ar ddeg o eglwysi eraill i Illtud yng Nghymru ac eraill yn Llydaw. Ni chefnodd ei fynachlog ar y byd seciwlar, fel y dengys cofeb odidog Hywel ap Rhys.

Er ei holl ysblander artistig a'i diriogaeth eang, roedd Hywel ap Rhys yn frenin dan bwysau. Yn 864, ymosodwyd ar Glywysing gan yr Eingl-Sacsoniaid dan arweiniad dyn dirgel, Duta. Yn ddiweddarach, dan fygythiad brenhiniaeth Mercia **[19]** o'r gogledd-ddwyrain, gorfodwyd Hywel i droi at Alffred 'Mawr', brenin Wessex, i'w warchod. O dro i dro, byddai'r Saeson yn arglwyddiaethu dros diroedd Cymru, yn aml ar wahoddiad arweinwyr Cymreig, a pharhaodd hynny nes i Gymru golli ei hannibyniaeth.

Un o'r bobl gyntaf i gofnodi croes Houelt, yn 1797, oedd Iolo Morganwg **[40]**, saer maen, bardd radical, casglwr a ffugiwr. Canfu Iolo'r groes y tu allan i ddrws yr eglwys. Ar ei phen, mae croes gylchol, sy'n gyffredin mewn cerfluniau o'r cyfnod, gyda phaneli sgwâr ar batrwm caerog ar ben y breichiau a chlymwaith trionglog rhwng y breichiau. Mae rhwyllwaith lletraws cymhleth yn gorchuddio'r goes. Efallai mai Gwyddel oedd y cerfiwr medrus, neu efallai ei fod dan ddylanwad seiri maen Iwerddon: mae cerrig â dyluniad tebyg o Tullylease, Swydd Cork.

Gwyddys am wyth o gerfluniau neu ddarnau Cristnogol cynnar o Lanilltud Fawr. Darganfuwyd un ohonynt, 'Piler Samson', gan Iolo Morganwg. Yn ôl ei gofnod, cofiodd am grydd lleol yn dweud, 30 o flynyddoedd ynghynt, bod carreg arysgrifedig hynafol wedi syrthio i fedd oedd newydd ei agor i ddyn o'r enw 'Wil y Cawr'. Gan fod y garreg yn rhy drwm i'w chodi fe'i claddwyd gyda'r corff. Yn 1789 cloddiodd Iolo'r bedd, a chanfod y garreg ac 'esgyrn o faint mwy nag arfer'. 'Profodd y stori yn un wir', ysgrifennodd Iolo, 'sy'n rhoi coel dda ar draddodiad poblogaidd' – neu o bosibl ar ddychymyg Iolo.

19 Gweolyn Llan-gors

9ed ganrif OC

Wrth droed y Mynyddoedd Duon gorwedda Llyn Syfaddon neu Lyn Llan-gors. Tua 40m o'i lan ogleddol, mae ynys fach led-grwn Ynys Bwlc. Yn 1867, sylwodd Edgar Dumbleton ar gasgliad mawr o gerrig ar ei hymyl wrth hwylio heibio i'r ynys. Archwiliodd yn ddiweddarach gyda'i frawd Henry, a chael hyd i dros 60 o slabiau derw ar hyd lan yr ynys, ac arni, roedd siarcol ac olion esgyrn anifeiliaid a chrochenwaith. Sylweddolodd fod yr ynys yn un artiffisial, ac fe'i galwodd yn 'grannog', y term Gwyddelig ar gyfer annedd ar ynys mewn llyn. Mae cranogau'n gyffredin yn Iwerddon a'r Alban, ond dyma'r enghraifft gyntaf a gafwyd yng Nghymru neu Loegr.

Yn ddiarwybod i'r Dumbletons, roedd y crannog wedi bod yn ganolfan frenhinol neu *lys* i Frycheiniog, teyrnas fechan Gymreig oedd â chysylltiadau ag Iwerddon ac oedd yn aml dan fygythiad gan ei chymdogion pwerus yng Nghymru a Lloegr.

Rhwng 1989 a 1993, cloddiodd timau o Amgueddfa Cymru a Phrifysgol Caerdydd ran o'r ynys. Datgelon nhw adeilad cymhleth o bren a cherrig, ynghyd â chribau, tlysau a phinnau, colfach o greirfa gludadwy, grawn wedi'u carboneiddio, esgyrn anifeiliaid ac arwyddion o weithio metel. Dyddion nhw'r pren i tua 890 OC. Roedd gan y *llys*, debyg iawn, neuadd fawr ac fe'i cysylltwyd â'r tir mawr gan sarn bren. Byddai ei drigolion yn pysgota yn y llyn: codwyd cwch pren o'r cyfnod o wely'r llyn yn 1925.

Awgryma olion llosgi i'r anheddiad ddod i ben yn ddisymwth. Yn ôl y *Cronicl Eingl-Sacsonaidd* yn y flwyddyn 916 OC, 'cafodd yr Abad Ecgberht, dyn diniwed, ei ladd, cyn canol yr haf ... ac o fewn tair noson anfonodd Æthelflæd fyddin i mewn i Gymru, ac ymosod ar Brecenanmere [Llan-gors]; ac yno cipiodd hi wraig y brenin, a rhyw dri ar ddeg ar hugain o bobl

eraill'. Roedd Æthelflæd, merch Alffred Mawr [18], yn arweinydd ar y Mersiaid, y pŵer milwrol Eingl-Sacsonaidd cryfaf ar y pryd.

Yn 1990, yn y llaid o amgylch y crannog, canfuwyd talp o weolyn a oedd mewn cyflwr da oherwydd effeithiau llosgi a sut y'i claddwyd. Yn eu stiwdio, agorodd y cadwraethwyr y swp du yn raddol, gan ddatgelu cynllun o wniadwaith oedd wedi treulio ac fe lwyddwyd i ail-greu defnydd lliwgar ar lun y gwreiddiol. Anaml iawn y bydd tecstilau o'r oesoedd canol cynnar yn goroesi. Mae'r darn o Lan-gors, efallai yn rhan o ffrog, yn hynod am ei waith crefft gwych. Wedi'i wehyddu o liain â brodwaith sidan a lliain (tua 25 edau i'r centimetr), dangosa adar ac anifeiliaid eraill wedi'u hamgylchynu gan ddail gwinwydden, ac ymyl o 'lewod' teircoes a phatrymau eraill. O Bysantiwm y daeth y sidan o bosibl, a dichon i'r dilledyn hefyd gael ei fewnforio, efallai o Loegr.

Cofnodwyd bod Tewdwr, brenin Brycheiniog, wedi tystio i ddogfen yn 934 ar ran Æthelstan, olynydd Æethelflæd, ond cyn hir peidiodd Brycheiniog â bod yn deyrnas annibynnol. Arhosai adleisiau, fodd bynnag, o ysblander Llyn Syfaddan. I bobl leol, yn ôl Giraldus Cambrensis [17, 42] yn y ddeuddegfed ganrif, ymddangosai'r llyn weithiau fel pe bai 'wedi'i orchuddio ag adeiladau neu gaeau breision'. Yn 1801, cyhoeddwyd drama fydryddol o'r enw *The Fairy of the Lake*. Ei awdur oedd John Thelwall, gweriniaethwr radical a chyfaill i Samuel Taylor Coleridge, a ymsefydlodd am dair blynedd yn Llyswen gerllaw i encilio o wleidyddiaeth drefol. Dywed y plot, sy'n gwrthdroi a thanseilio llanw hanes, sut y trechir Rowena, dewines ddrwg Sacsonaidd, a sut yr adferir Arthur i orsedd Prydain, gyda chymorth y wraig o Lyn Llan-gors ('Lynn Savadan').

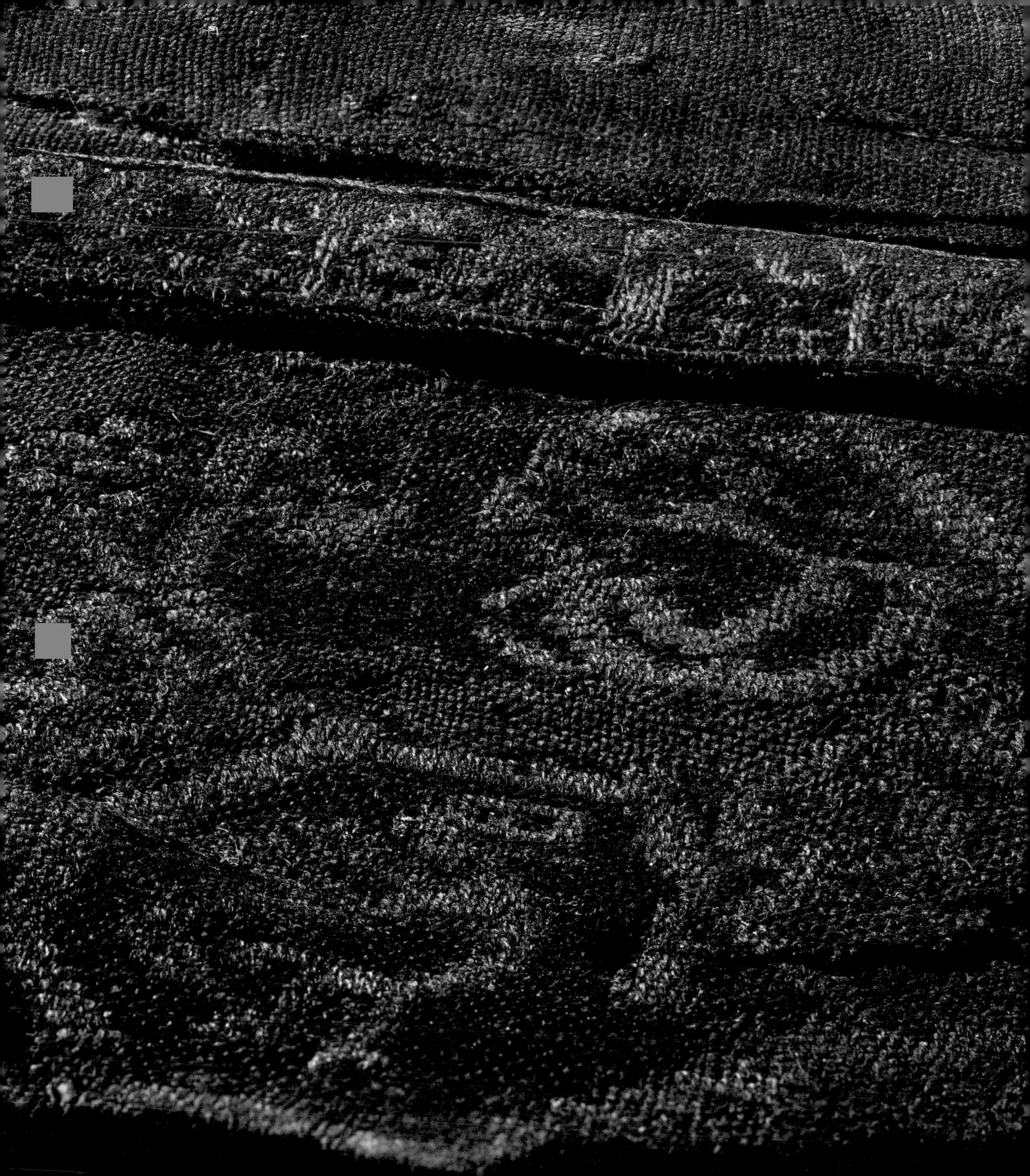

20 Cyfreithiau Hywel Dda

c950 OC (llawysgrif: canol y 13eg ganrif)

Roedd cyfreithiau'r teyrnasoedd Cymreig yn wahanol. Er eu bod yn rhannu cryn dipyn â chyfreithiau Iwerddon, roedd llawer ohonynt yn hynod wahanol i gyfreithiau'r Eingl-Sacsoniaid a'r Normaniaid a ddaeth yn nes ymlaen.

Cyfraith Hywel oedd yr enw a roddid ar gyfreithiau Cymru. Etifeddodd Hywel Dda, a anwyd tua 880 OC, deyrnas Seisyllwg, sef Ceredigion a rhan o Sir Gaerfyrddin heddiw. Oddi yno, adeiladodd deyrnas lawer mwy, drwy lwc a diplomyddiaeth graff, a thrwy feithrin cysylltiadau da gyda'i gymdogion pwerus yn Lloegr. Erbyn 942, wyth mlynedd cyn ei farwolaeth, cynhwysai ei deyrnas Gymru gyfan ar wahân i'r de-ddwyrain. Mae'n dal yn destun trafod p'un ai Hywel ei hun a roddodd drefn ar gyfreithiau Cymru, fel yr adroddir yn draddodiadol, ynteu wedi datblygu dros gyfnod hir ac wedi eu priodoli iddo gan genedlaethau diweddarach oeddent. Dyddia'r llawysgrifau cynharaf o 'Gyfraith Hywel' o gyfnod mor ddiweddar â'r drydedd ganrif ar ddeg ac maent yn cofnodi cyfreithiau sy'n dyddio o'r cyfnod hwnnw.

Mae llawer o'r llawysgrifau cyfreithiol sydd wedi goroesi mewn llyfrau sydd yn fach o ran fformat, ac fe'u defnyddid gan gyfreithwyr yn eu gwaith bob dydd, ond roedd 'Peniarth 28', un o'r cynharaf, yn gopi 'arbennig'. Mae'n fwy o ran maint, fe'i hysgrifennwyd yn Lladin, ac, yn anarferol iawn, mae'n cynnwys darluniau. Llun o wraig yn cario dysgl sy'n cyflwyno adran am y gyfraith sy'n ymwneud â menywod. Roedd Cyfreithiau Hywel yn fwy pleidiol i fenywod na chodau cyfreithiol eraill o'r cyfnod. Ar ôl priodi, roedd hanner y gwaddol priodasol yn daladwy i'r fenyw os oedd y pâr yn gwahanu cyn pen saith mlynedd. Ar ôl ysgariad, rhannwyd eiddo rhwng y ddau, gyda'r wraig yn cadw'r 'llestri oll ond un'. Pe bai gwraig yn dod o hyd i'w gŵr gyda menyw arall, byddai ganddi'r hawl i daliad ar y ddau achlysur cyntaf, ac ar y trydydd, gallai ei ysgaru. Pe bai ei gŵr yn ei churo hi, fel arfer byddai ganddi'r hawl i gael taliad o *sarhad* (anfri neu anaf). Mewn cyhuddiad o drais, rhoddwyd blaenoriaeth i gais y wraig.

Yn gyffredinol, pwysleisia'r Cyfreithiau bwysigrwydd iawndal yn hytrach na chosb lem fel ymateb i dorcyfraith. Dirwy oedd y ddedfryd arferol, a chafodd y gosb eithaf ei neilltuo ar gyfer achosion difrifol o ladrata.

Cedwid Peniarth 28 yn llyfrgell Eglwys Gadeiriol Caergaint ar un adeg (dichon iddo gael ei ysgrifennu at ddefnydd yn Lloegr). Yn Hydref 1279, ysgrifennodd John Pecham, Archesgob Caergaint [24], at Llywelyn ap Gruffudd, yr arweinydd Cymreig annibynnol olaf [23], i gwyno am gyfreithiau 'anfeiblaidd' Hywel Dda. Yn Nhachwedd 1282, ysgrifennodd eto, ar ôl i Llywelyn wrthod ei delerau heddwch, gan ymosod arno a'r Cymry a beirniadu'r Cyfreithiau am eu hagwedd lac at briodas. Yn yr adran ar ysgariad, gwelir rhai marciau ar ymylon y llawysgrif, a wnaed o bosibl gan Pecham ei hun. Teyrngarwch y Cymry at eu cyfreithiau eu hunain oedd un o brif esgyrn y gynnen rhwng Edward I a Llywelyn. Hyd yn oed ar ôl y goncwest Edwardaidd, parhâi'r Cyfreithiau ar waith yn Arglwyddiaethau Gororau Cymru: mae'r rhan fwyaf o'r deugain llyfr cyfraith Cymreig sydd wedi goroesi yn dyddio o'r cyfnod ar ôl 1282.

Honna rhagymadrodd i rai o lawysgrifau'r Cyfreithiau fod Hywel wedi cynnal seminar deugain niwrnod gyda chynrychiolwyr o bob rhan o'i deyrnas yn Hendy-gwyn ar Daf yn Sir Gaerfyrddin er mwyn rhoi trefn ar y deddfau Cymreig. Mae'r rhan fwyaf o ysgolheigion yn credu bod hyn yn annhebygol, ond heddiw, coffeir y cyfreithiau yn Hendy-gwyn yng nghanolfan dreftadaeth a gerddi Hywel Dda.

De lege puellae et sp...

Siquis ducat uxorem datam et a...

21 Dyrnfol cleddyf y Smalls

c1100

'852: lladdwyd Cyngen gan baganiaid.'

Dyma'r cofnod cyntaf, yn yr *Annales Cambriae*, o bobl sy'n newydd i Gymru. Mae Cyngen, arweinydd Cymreig debyg iawn, yn anhysbys fel arall, ond mae'n sicr mai Llychlynwyr oedd y 'paganiaid'. O tua 840 OC, hwyliai Llychlynwyr rhwng Iwerddon ac arfordir gorllewinol Prydain, gan ysbeilio ac yn ddiweddarach, setlo, er enghraifft yn Nulyn ac Ynys Manaw. Yna troesant at Gymru. Gwrthsafwyd eu hymosodiadau ar ogledd Cymru yn 855 ac eto yn 902 neu 903, ond ar ôl marwolaeth Hywel Dda [20] yn 950, dechreuodd ail don o gyrchoedd, gan dargedu safleoedd eglwysig megis Caergybi, Penmon, Clynnog Fawr, Tywyn, Llanbadarn Fawr, Tyddewi, Llandudoch, Llanilltud Fawr a Llancarfan.

Tan yn ddiweddar, nid oedd llawer yn hysbys am y Llychlynwyr yng Nghymru, heblaw am gyfeiriadau mewn cronICLau a thystiolaeth enwau lleoedd. Cyfeiria'r cronICLau Cymreig gyda braw at ymosodiadau gan 'baganiaid' a 'Northmyn tywyll'. Cofnodir eu hymweliadau yn yr enwau â tharddiad Norseg sydd ar ynysoedd, gan gynnwys y rhai â'r terfyniad 'ey' (Anglesey, Bardsey, Caldey) a 'holm' (Priestholm, Grassholm, Skokholm).

Yn y 1990au, taflwyd goleuni newydd ar weithgareddau'r Llychlynwyr gan gloddiadau Amgueddfa Cymru yn Llanbedr-goch ger arfordir dwyreiniol Ynys Môn. Datgelon nhw glostir mawr ar ffurf 'D' ac ynddo neuadd fawr yn dyddio o'r 9fed a'r 10fed ganrif. Oddeutu canol y nawfed ganrif, fe'i hamgylchynwyd gan ragfur cerrig, efallai yn amddiffyniad yn erbyn ymosodiadau o'r môr. Canfuwyd nifer fawr o wrthrychau, rhai ohonynt yn dangos dylanwad Gwyddelig-Llychlynaidd, yn arbennig ingotiau arian a 'hacarian', a phwysau plwm, sy'n dyst i fasnach oes y Llychlynwyr. Roedd Llanbedr-goch yn anheddiad amaethyddol, diwydiannol a masnachol brysur, o bwys i economi teyrnas Gwynedd. Dengys y darganfyddiadau y byddai Llychlynwyr yn dod i Gymru nid yn unig i gipio nwyddau, gwystlon neu gaethweision, ond hefyd i fasnachu a hyd yn oed i setlo (fel yr awgrymir gan ambell gladdiad yno nad ydynt yn Gristnogol).

Yn 1991, gwnaeth plymiwr ddarganfyddiad rhyfeddol tra roedd yn ymchwilio i longddrylliad yr agerlong *Rhiwabon*, a gollwyd yn 1884 ar greigres beryglus o'r enw The Smalls, 13km i'r gorllewin o Ynys Gwales ger arfordir Sir Benfro. Darganfu, yn sownd ar hap yn y llongddrylliad, ddyrnfol cleddyf Llychlynnig wedi'i addurno'n foethus. Roedd y dyrnfol 118mm o hyd wedi'i wneud o bres, ac roedd wedi'i orchuddio ag addurn cymhleth. Ar bob ochr, roedd dau anifail mewn proffil, wedi'u plethu â bwystfilod tenau sarffaidd. Roedd stripiau o wifren arian wedi'u mewnosod yn y dyluniad, a byddai niello du wedi llenwi'r cefndir. Mae'r addurn yn perthyn i arddull Gwyddelig-Llychlynaidd 'Urnes' ac mae'n debyg i waith metel Gwyddelig o'r cyfnod. Gellir dyddio'r ddyrnfol i tua 1100-25.

Ni ddarganfuwyd olion gweddill y cleddyf pan archwiliwyd y safle. Er bod y cleddyf, rhyw 90cm o hyd, yn arf Llychlynnaidd arferol, prin fod hwn yn esiampl safonol. Efallai ei fod yn enghraifft seremonïol, neu'n perthyn i arweinydd. Dichon i'r llong oedd yn ei gludo gael ei dryllio ar The Smalls.

Tua'r un amser, roedd Gruffudd ap Cynan yn dywysog Gwynedd, rhwng 1081 a 1107. Yn Nulyn cafodd ei eni. Yn ôl ei gofiannydd, roedd ei dad yn Gymro, ond roedd ei fam, Ragnailt ingen Amlaíb, yn wyres i Sigtrygg Silkbeard, aelod o linach Norseg yn Iwerddon. Dibynnodd Gruffudd ar gymorth milwrol o Iwerddon a Denmarc i ennill gorsedd Gwynedd.

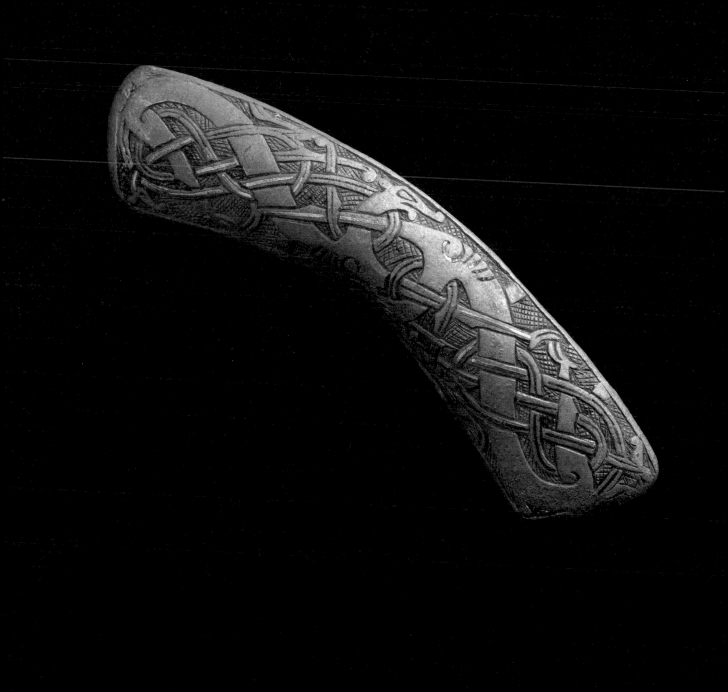

22 Pen carreg Deganwy
13eg ganrif gynnar

Maestref i Gonwy yw Deganwy heddiw, ond yn ystod cyfnod tywysogion Cymru, roedd y bryn uwchben y dref yn ganolfan filwrol bwysig a warchodai aber afon Conwy. Bu'n gadarnle i Faelgwn Gwynedd a deyrnasodd dros ogledd Cymru yn y chweched ganrif. Yn 1213, cododd Llywelyn ap Iorwerth, 'Llywelyn Fawr', ei gastell ei hun ar y safle.

Y rheolwr Cymreig mwyaf llwyddiannus dros gyfnod hir oedd Llywelyn. Am ddeugain mlynedd o 1200 ymlaen, llwyddodd i dynhau ei afael ar ei deyrnas, Gwynedd, ac estyn ei bŵer dros y rhan fwyaf o weddill Cymru annibynnol, trwy ei ddiplomyddiaeth graff a grym milwrol di-feth. Gwnaeth gynghreiriau cyfleus gyda brenhinoedd Lloegr, John a'i olynydd, Harri III, a chydag arglwyddi gororau Lloegr, ond gallai eu diystyru pe bai ymladd yn fwy manteisiol iddo na chyfaddawdu. Priododd ferch John, Siwan, i warantu cytundeb gyda'r Goron, ac yn ddiweddarach, rhoddodd ei ferched ei hun yn wragedd i arglwyddi Lloegr yn ne Cymru. Hyd at ei flynyddoedd olaf bu'n aml yn rhyfela yn erbyn rhyw bŵer Cymreig neu Normanaidd. Ar sêl fawr Llywelyn, symbol o'i statws a'i rym, gwelir rhyfelwr ar gefn ceffyl â chleddyf hir yn ei law.

Roedd Llywelyn yn adeiladwr cestyll brwd. Castell y Bere, a leolir ar fryn creigiog yn nyffryn Dysynni, wedi'i amgylchynu gan amddiffynfeydd soffistigedig, yw'r enghraifft orau o'i waith. Ychydig sy'n goroesi o'i gastell yn Neganwy heddiw, ond yn y 1960au, daeth archaeolegwyr o hyd i olion ei sylfeini. Darganfuant

hefyd, mewn pentwr o rwbel, gerflun tywodfaen o ben gwrywaidd. Mae'r garreg ar ffurf corbel a gynhaliai, debyg iawn, drawstiau adeilad mewnol - capel neu neuadd yng nghastell Llywelyn.

Mae'r pen mewn cyflwr da (collwyd y lliw gwreiddiol ac adferwyd y trwyn). Mae'n dangos rheolwr brenhinol, gyda chudynnau o wallt yn ymddangos o dan fand ei goron. Mae gan y cerflun Romanésg gyfansoddiad syml yn y blaen a thriniaeth drawiadol, arddulliedig o'r llygaid mawr, y clustiau a'r barf. Dyma wyneb Llywelyn ap Iorwerth ei hun, o bosibl - nid portread manwl gywir, ond y ddelwedd swyddogol y dymunai Llywelyn ei chyflwyno i ymwelwyr, sef darlun o reolwr pwerus, bonheddig a phenderfynol.

Mae cyn lleied o'r tu mewn i ganolfannau rheolwyr Cymreig wedi goroesi fel ei bod yn demtasiwn credu mai lleoedd amrwd, diaddurn oeddent. Ond awgryma pen Deganwy, a'r darnau cerrig cerfiedig cain a geir yn rhai o gestyll eraill Llywelyn, yng Nghricieth a Chastell y Bere, bod penseiri ac artistiaid wedi cael croeso yr un mor gynnes â'r beirdd hynny a ganmolai gampau'r brenin ac a alarodd ei farwolaeth yn 1240, yn ei wely, yn abaty Sistersaidd Aberconwy.

Dangosa darlun mewn llawysgrif sydd bellach yng Nghaergrawnt Llywelyn ar ei wely angau gyda'i feibion galarus, Gruffydd a Dafydd. Wedi'i farwolaeth, cwerylodd y ddau, a chymerodd Harri III fantais ar y rhwyg rhyngddynt. Ni fyddai Cymru'n unedig o dan un rheolwr byth eto.

Sêl Llywelyn ap Iorwerth o Abaty Ystrad Marchell

23 Cara Wallia derelicta

1959 (yn cofáu 1282)

I lawer yng Nghymru, diwedd y byd oedd 11 Rhagfyr 1282. Ar y diwrnod hwnnw lladdwyd Llywelyn ap Gruffudd, y tywysog Cymreig annibynnol olaf, mewn sgarmes gyda milwyr o Loegr ger Llanfair-ym-Muallt.

Daeth Llywelyn, ŵyr Llywelyn ap Iorwerth **[22]**, i orsedd Gwynedd wedi marwolaeth ei ewythr Dafydd yn 1246. Ar y dechrau, llwyddodd i dra-arglwyddiaethu dros ei gystadleuwyr Cymreig a gwrthsefyll brenin Lloegr. Ar ôl y cytundeb a arwyddodd gyda Harri III yn Nhrefaldwyn yn 1267, cryfhaodd ei afael ar ogledd Cymru a mabwysiadu'r teitl na ddefnyddiwyd o'r blaen, 'Tywysog Cymru'. Ond yn fuan, bu gwrthdaro rhyngddo ac arglwyddi'r Mers, aelodau o'i deulu ei hun, ac yn olaf, y brenin newydd, Edward I. Ar ôl ymosodiad milwrol gan Edward, gorfodwyd Llywelyn i lofnodi cytundeb newydd yn Aberconwy, a leihaodd ei diriogaeth i ran orllewinol Gwynedd. O ganlyniad i anfodlonrwydd â rheolaeth Edward, bu gwrthryfel yn 1282, dan arweiniad brawd Llywelyn, Dafydd. Yn y pen draw, ymunodd Llywelyn â'r gwrthryfel. Roedd yn ceisio agor blaengad newydd yn erbyn lluoedd Edward yng nghanolbarth Cymru pan y'i lladdwyd, mewn amgylchiadau rhyfedd, ar 11 Rhagfyr.

Yn 1959, paentiodd y bardd a'r artist David Jones 'Cara Wallia derelicta ' (Cymru annwyl adawedig) i gofáu'r drychineb. Mae ei arysgrif yn cydblethu dwy iaith, Lladin a Chymraeg, a thri dyfyniad: cofnod o ddyddiad marwolaeth Llywelyn o'r cronicl Cymreig *Brenhinedd y Saesson* ('Ac yna y bwriwyd holl Gymru i'r llawr'), llinellau gan y bardd Rhufeinig Fyrsil am drychineb cynharach, cwymp Troea ('yna daeth dydd terfynol Troea a'i thranc anocheladwy'), a rhannau o gerdd Gymraeg, y farwnad i Llywelyn a ysgrifennodd Gruffudd ab yr Ynad Coch yn fuan ar ôl ei farwolaeth.

Mae cerdd hir Gruffudd yn gweld marwolaeth Llywelyn fel diwedd ar Gymru fel yr oedd. Â'i geiriau a'i rhythmau ailadroddus, mae'n ymhelaethu yn daer ar y golled erchyll, amhosibl i'w lleddfu, colled bersonol a chymunedol. Dewisodd David Jones ddau ddyfyniad ohoni: 'Nit oes na chyngor na chlo nac egor', a 'penn dragon, penn dreic oed arnaw, penn Llywelyn deg, dygyn a vraw, byt bot pawl haearn trwydaw'. Claddwyd corff Llywelyn yn Abaty Cwm-hir, ond tynnodd Edward ei ben, a'i arddangos, wedi'i goroni yn watwarus ag eiddew, ar bolyn yn Nhŵr Llundain. Parhaodd y Cymry i wrthsefyll am ychydig fisoedd, cyn i Edward feddiannu'r hen deyrnas, ei roi dan ei reolaeth uniongyrchol, a'i hamgylchynu â chylch o gestyll cerrig enfawr.

Nid oedd pawb yng Nghymru yn galaru dros Llywelyn, ac roedd y rhan fwyaf o bobl yn prysur ymgodymu â'r drefn newydd Seisnig. Am ganrifoedd lawer, bu bron i enw Llywelyn ddiflannu o gof y genedl. Yna, gyda'r cynnydd mewn ymwybyddiaeth genedlaethol Gymreig ar droad y bedwaredd ganrif ar bymtheg ac eto yn ail hanner yr ugeinfed ganrif, daeth pwrpas newydd i'w atgof. Codwyd obelisg yng Nghilmeri yn 1902 i gofáu marwolaeth Llywelyn, creodd William Goscombe John **[68]** fedal Llywelyn, ac yn 1916, cerfiodd Henry Pegram gerflun ohono ar gyfer Neuadd y Ddinas, Caerdydd. Wedi coffâd David Jones, cyfansoddodd William Mathias *Elegy for a Prince,* ar gyfer bariton a cherddorfa, yn 1972, a chyhoeddodd Gerallt Lloyd Owen ei gerdd enwog 'Cilmeri' yn 1982. Rhoes haneswyr hefyd sylw dyledus i'r tywysog Cymreig brodorol cyntaf ac olaf.

cara·Wallia·derelicta

NYT·OES·NA·XYNGOR·NA·XLONAC·EGOR.

ĐVGWYL·DAMASEVS
BABYRVNVEDDYĐAR
ĐEG·OVIS·RAGFYR
DVW·GWENER✝
ACYNA·I·BWRIWYD
HOL·GYMRY
Y'R·ILAWR.·VENIT·SVMMA·DIES
ET·INELVCTABILE·TEMPVS
DARDANIÆ.·PENN·DRAGON
PENN·DREIC·OED·ARNAW
PENN·ILYWELYN·DEG
DYGYN·A·VRAW·BYT·BOT
PAWL·HAEARN·TRWYDAW.

ab·hieme·añ·1282

Bu gan y Cymry ers amser hir eu cymunedau crefyddol caeedig [18]. Daeth y Normaniaid â model mynachaidd gwahanol gyda nhw, yn seiliedig ar urddau mynachod a sefydlwyd ar y Cyfandir. Plannwyd mynachlogydd a lleiandai fel canghennau i'r urddau hyn – yn gyntaf yn y 'Mers', y parthau dan reolaeth y Normaniaid, wedyn mewn ardaloedd a reolid gan y Cymry. Ymsefydlodd y Sistersiaid neu'r 'Brodyr Gwynion', mewn pymtheg lleoliad a roddwyd iddynt gan reolwyr Cymreig, er enghraifft yn Abaty Cwm-hir, Cymer ac Ystrad Fflur. Chwaraeodd y mynachod ran bwysig ym mywyd ysbrydol, economaidd a diwylliannol eu noddwyr [26].

Ymgartrefodd urdd arall, yr Awstiniaid neu'r 'Canoniaid Duon', mewn naw lleoliad yng Nghymru, gan ddechrau yn Llanddewi Nant Hodni. Tua 1200, sefydlodd Robert FitzRichard, arglwydd Normanaidd Hwlffordd, briordy Awstinaidd ar lan afon Cleddau, y tu allan i'r dref gaerog a oedd wedi ffynnu ers ei sefydlu tua 70 mlynedd ynghynt. Gellir ymweld ag olion y priordy heddiw. Mae'n dilyn cynllun arferol mynachdy: eglwys ar ffurf croes â thŵr, tŷ siapter, ystafell gysgu, ffreutur ac adeiladau gwasanaethu eraill. Rhwng y priordy a'r afon roedd gardd ffurfiol, gyda gwelyau hirsgwar uchel â rhodfeydd palmantog o'u cwmpas – un o'r gerddi eglwysig prin sy'n goroesi o'r oesoedd canol ym Mhrydain. Bu tua 13 o ganonau'n byw yn y priordy yn ei anterth. Byddent yn ennill incwm o'u heiddo yn y dref ac eglwysi plwyf yr oeddent yn eu gwasanaethu, gan gynnwys y rhai yn Dale, Camros a Llanisen-yn-Rhos.

Ar ôl i Llywelyn ap Gruffudd gael ei orchfygu, aeth John Pecham, Archesgob Caergaint [20], ar daith o amgylch Cymru, er mwyn rhoi stamp ei awdurdod ar eglwys Cymru. Yn ystod ei ymweliad â Phriordy Hwlffordd yn 1284, beirniadodd y prior, yn yr un dull ag archwilydd heddiw, am fân droseddau ariannol, ac anogodd e i dreulio mwy o'i amser yn cymdeithasu â'r canonau, a llai o amser yn croesawu gwesteion.

Er bod y priordy yn fach, nid oedd yn dlawd. Defnyddiwyd rhoddion gan gymwynaswyr i ychwanegu tŵr i'r eglwys ac i addurno'r tŷ siapter hirsgwar â chromen asennog newydd, waliau â phlastr gwyn a lliw, a theils llawr gwyrdd a llwydfelyn. Yng nghanol yr ystafell, roedd plinth ag arno ddelw galchfaen o ddyn mewn maelwisg. Gan fod ei arddull yn perthyn i'r drydedd ganrif ar ddeg, efallai mai sylfaenydd y priordy yw'r dyn, neu aelod o'i deulu. Gwrthrych arall a ddaeth o'r cloddiadau ac sydd mewn cyflwr da yw corbel cerfiedig a gynhaliai'r gromen. Mae hwn yn gerflun anarferol, yn dangos saith wyneb gwrywaidd, pob un ohonynt yn annymunol ac yn rhannu llygad â'r wyneb nesaf iddo. Dichon fod y pennau'n cynrychioli'r Saith Pechod Marwol, thema oedd yn gyffredin ar furluniau eglwysig yn y cyfnod [28].

Erbyn iddo gael ei gau yn 1537 yn dilyn diddymiad y mynachlogydd gan Harri VIII, roedd y priordy wedi dirywio, a dim ond pedwar canon a'r prior a drigai yno. Prynodd Richard a Thomas Barlow, brodyr Esgob Tyddewi, y safle gan y Goron. Yn ddiweddarach, tynnwyd cerrig, plwm a deunyddiau eraill o adeiladau'r priordy. Mae'n bosibl bod Syr John Perrot [37], tirfeddiannwr lleol, wedi defnyddio rhai o'r cerrig i atgyweirio ei dŷ gerllaw yn Haroldston.

Delw o farchog o Briordy Hwlffordd (Amgueddfa Tref Hwlffordd)

25 Arfbais Owain Glyndŵr

c1405

Ni roddodd gorchfygiad Llywelyn ap Gruffudd [23] derfyn ar anfodlonrwydd a gwrthwynebiad i reolaeth Lloegr yng Nghymru. Gwaethygu wnaeth y tensiynau oherwydd anffafriaeth gyfreithiol, trethi gormodol a chaledi economaidd. Yn fuan, troes yr hyn a ddechreuodd fel anghydfod lleol rhwng Owain Glyndŵr a Reginald Grey, Arglwydd Rhuthun yn wrthryfel a barodd ddeng mlynedd ac a ysgubodd ar draws y rhan fwyaf o Gymru.

Rebel annhebygol oedd Owain Glyndŵr. Roedd yn berchen ar ystadau bychain yng Nghlyndyfrdwy a Sycharth, yn agos i'r ffin â Lloegr, a bu'n gwasanaethu ym myddin Richard II. Ond am resymau aneglur, gwelodd ei hun yn 1400 fel arweinydd gwrthryfel ehangach, ar draws Cymru gyfan. Ar 16 Medi, datganodd ei hun yn 'Dywysog Cymru' a chasglodd gefnogwyr i ymosod ar drefi Seisnig yng ngogledd-ddwyrain Cymru. Trechodd lluoedd y brenin y gwrthryfel yn gyflym, ond yn Ebrill 1401 cipiodd y gwrthryfelwyr gastell Conwy, gan sbarduno ymosodiadau ledled Cymru. Gan ddefnyddio tactegau rhyfela gerila yn ogystal â brwydro confensiynol, trechodd Glyndŵr a'i ddynion y lluoedd Seisnig nes bod y gwrthryfel yn un ar raddfa genedlaethol erbyn 1403.

Ar ôl dwy flynedd o warchae, syrthiodd castell Harlech i ddwylo Glyndŵr erbyn diwedd 1404. Yno fe sefydlodd bencadlys, ymgartrefodd ei deulu, ac ym mis Awst 1405, cynhaliodd ei ail senedd. Yn 1923, datgelodd gweithwyr yn y castell darian gron, 40mm mewn diamedr, wedi'i gwneud o aloi copr. Cysylltwyd y mownt â gwregys neu harnais trwy dyllau mewn cantelau o amgylch ei ymyl. O fewn y ffrâm gron, mae tarian ag arfau, mewn enamel gwyrdd a du ac eurwaith – arfbais

Owain Glyndŵr. Efallai bod y mownt yn perthyn i Glyndŵr ei hun neu i un o'i gylch. Gwelir yr un arfbais ar y sêl fawr ar lythyr a anfonwyd ganddo o Bennal ym mis Mawrth 1406 at Siarl VI, brenin Ffrainc, yn gofyn am gymorth. Mae'r ffaith i Glyndŵr fenthyca'r pedwar llew ar eu sefyll o arfbais Gwynedd yn dangos ei fedrusrwydd yn cyfreithloni ei achos. Roedd ganddo ddulliau eraill o hyrwyddo ei achos. Defnyddiodd darogan i gyhoeddi ei ddyfodiad. Byddai beirdd ei lys, fel Iolo Goch, yn canu clodydd iddo. Sicrhaodd ei gynghorwyr ei fod yn cael ei drin fel un oedd â statws brenhinol, gyda'r holl geriach a ddôi gyda'r statws hwnnw.

Dangosa llythyr Pennal fod gan Glyndŵr weledigaeth anarferol, hirdymor. Roedd ei 'raglen' ar gyfer y Gymru newydd yn cynnwys sefydlu dwy brifysgol ac 'adfer' talaith eglwysig Cymru, â'i chanolfan yn Nhyddewi.

Ni chafodd Glyndŵr ei herio na'i fradychu erioed. Eto i gyd, ni allai yn y pen draw drechu grymoedd cryfach y Saeson. Ar ôl gwarchae yn Chwefror 1409, adfeddiannwyd Castell Harlech, daeth y gwrthryfel i ben, a diflannodd Glyndŵr.

Nid anghofiwyd ei enw, fodd bynnag. Yn y ddeunawfed ganrif, roedd y bardd Evan Evans a'r llenor Thomas Pennant Glyndŵr yn ei drin fel ffigwr arwrol o bwys. Yn Hydref 1916, dadorchuddiwyd cerflun ohono yn Neuadd y Ddinas, Caerdydd **[23]**. Roedd yr artist, Alfred Turner, a oedd yn arbenigo mewn delweddau o'r Frenhines Victoria, bellach yn dathlu gwrthryfelwr o Gymru. Dadorchuddiwyd y cerflun gan rywun a fu'n rebel ei hun ar un adeg, ond a oedd, erbyn hynny, ar fin dod yn Brif Weinidog ar Brydain yn ystod y Rhyfel Byd Cyntaf, David Lloyd George.

Cerflun o Owain Glyndŵr (Neuadd y Ddinas, Caerdydd)

26 Cwpan Nanteos
Y cyfnod canoloesol hwyr

Ym mis Awst 1878, cynhaliodd aelodau Cymdeithas Hynafiaethau Cymru eu cyfarfod haf yn Llanbedr Pont Steffan. Mewn arddangosfa dros dro yno, dangoswyd gwrthrych iddynt oedd yn ddibwys yr olwg ac wedi torri ond a oedd o ddiddordeb eithriadol. Yn ôl Llywydd y Gymdeithas, roedd yn 'bowlen bren a gadwyd am flynyddoedd lawer yn Nanteos, ac mae perchennog presennol y plasty a'r ystad honno yn garedig iawn wedi trefnu ei bod ar gael inni. Y gred yw ei bod yn eiddo i abaty Ystrad Fflur... yn nyddiau fy ieuenctid, ac am amser maith wedi hynny, debyg iawn, credid ei bod yn meddu ar bwerau iacháu na ellir ond eu galw'n wyrthiol'. Deilliai'r pwerau hyn, ychwanegodd, o'r gred fod y bowlen yn rhan o'r Gwir Groes.

Cwpan Nanteos oedd yr enw a roddwyd ar y bowlen bren, a wnaed o bren llwyfen lydanddail. Roedd tua 12cm mewn diamedr yn wreiddiol. Yr adroddiad i'r Gymdeithas yw'r disgrifiad cyntaf ohoni sydd wedi goroesi. Ond ceir rhai derbynebau cynharach mewn llawysgrif sy'n cofnodi benthyca'r llestr. Medd un ohonynt, '27 Tachwedd 1857: benthyciwyd y cwpan heddiw i Mr Wm Rowland, Ystrad, Tregaron, at ddefnydd ei chwaer Mrs Jones, Maesllyn, gadawodd £1.0.0; wedi ei gwella'n gyfan gwbl; dychwelwyd y cwpan 2 Ionawr'. Mae'r derbynebau yn cadarnhau y gallai'r Cwpan, yn ôl y gred boblogaidd, wella afiechydon, yn enwedig rhai menywod.

Y 'perchennog presennol' oedd George Powell, a oedd newydd etifeddu plas ac ystad Nanteos, ger Aberystwyth. Roedd yn aelod ecsentrig o'r boneddigion a oedd wedi tra-arglwyddiaethu dros gymdeithas wledig Cymru ers tair canrif. Fel dyn cefnog, byddai'n treulio llawer o'i fywyd yn teithio dramor, gan gasglu celf a llyfrau. Bu'n gyfaill i'r bardd Algernon Charles Swinburne, yn addoli Richard Wagner, ac yn hyrwyddo llenyddiaeth Gwlad yr Iâ. Yn ôl yr awdur Guy de Maupassant, 'roedd yn hoffi'r hyn sy'n oruwchnaturiol, macâbr, annaturiol ac astrus, a phob math o wallgofrwydd'.

Sefydlwyd abaty Ystrad Fflur, ger Pontrhydfendigaid, gan y Sistersiaid yn 1164 **[24]**. Yn ogystal â bod yn dirfeddianwyr mawr, cefnogai'r mynachod y teyrnasoedd Cymreig cynhenid a'u diwylliant. Yn ystod gwrthryfel Owain Glyndŵr **[25]** cawson nhw eu hamau gan luoedd Lloegr am ochri gyda Glyndŵr ac am gyfnod gyrrwyd nhw allan o'r abaty.

Yn 1888, awgrymodd Stephen W. Williams, cloddiwr Ystrad Fflur, fod Cwpan Nanteos wedi dod o'r abaty a'i fod yn gwpan masarn canoloesol – diodlestr pren bas, heb ddolen, gyda min eang o aur neu arian ynghlwm wrth yr ymyl. Roedd cwpanau masarn yn gyffredin mewn eglwysi a mynachlogydd ar un adeg. (Daw'r unig enghraifft hysbys arall yng Nghymru, sy'n dyddio o ddiwedd y 15fed ganrif, o eglwys Clynnog). Cerfiwyd ymyl Cwpan Nanteos er mwyn derbyn band metel, ac mae'n debyg bod asgell fetel wedi bod ynghlwm wrth ei droed.

O bosibl, felly, defnyddid y Cwpan ar un adeg mewn perthynas â ffynnon sanctaidd a fodolai, mae'n siŵr, yn Ystrad Fflur, tan i'r abaty gael ei ddiddymu yn 1539. Yna, fe'i pasiwyd o bosibl i John Stedman, y daeth yr ystad i'w ddwylo tua 1560, ac yna i deulu Powell o Nanteos, a oedd yn berchen ar yr ystad o 1745 ymlaen. Yn absenoldeb tystiolaeth uniongyrchol, fodd bynnag, mae yr un mor bosibl mai chwedl yw'r cysylltiad ag Ystrad Fflur. Yn gynnar yn yr 20fed ganrif, enillodd y Cwpan chwedl newydd – mai'r gwir Greal Sanctaidd ydoedd. Fe'i benthyciwyd i Lyfrgell Genedlaethol Cymru yn 2016.

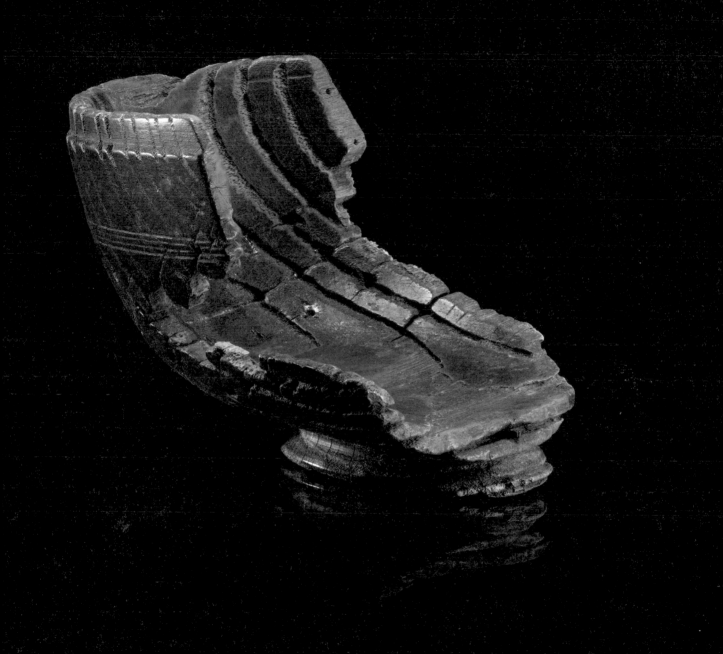

27 Cerfiad Jesse
Diwedd y 15fed ganrif

Yng nghyfnod y Normaniaid roedd eglwys priordy'r Santes Fair yn y Fenni yn perthyn i briordy Benedictaidd. Sefydliad mawr a chyfoethog ydoedd, dan nawdd teuluoedd pwerus Hastings, de Braose a Herbert. Gellir gweld eu delwau a'u beddrodau ysblennydd yn yr eglwys. Tua diwedd y bymthegfed ganrif, comisiynodd cymwynaswr gerfiwr pren i greu cerflun ar gyfer yr eglwys. Dim ond y rhan isaf o'r gwaith sy'n goroesi. Disgrifiwyd e gan yr hanesydd celf Andrew Graham-Dixon fel 'yr unig ffigur pren mawr i oroesi llanast y chwyldro diwylliannol Prydeinig' yn ystod y Diwygiad Protestannaidd.

Roedd y cerflun yn enghraifft anarferol fawr ac addurnedig o 'goeden Jesse', ffordd weledol o egluro llinach Crist o Dafydd Frenin a'i dad, Jesse, fel proffwydodd Eseia: 'yna y daw allan wialen o gyff Jesse; a Blaguryn a dyf o'i wraidd ef '. Daeth coeden Jesse yn boblogaidd ar ddiwedd yr oesoedd canol. Yng Nghymru, mae'n ymddangos mewn cerfluniau carreg, ac mewn ffenestri lliw mewn tair eglwys yng ngogledd-ddwyrain Cymru, gan gynnwys Llanrhaeadr-yng-Nghinmeirch yn Sir Ddinbych.

Cerfiwyd Jesse'r Fenni gan ddefnyddio un darn o dderw, o goeden oedd eisoes efallai yn 400 mlwydd oed. Mae ei ochr isaf yn wastad ac efallai y bu'n gorwedd ar blinth. Dangosa hoelion gwreiddiol yn y cefn fod y cerflun wedi cael ei osod wrth wal neu fframwaith. Gorwedd Jesse ar ei ochr dde, fel hen ddyn â gwallt hir a barf, yn gwisgo het gydag angel yn dal clustog i gynnal ei ben. Mae mantell yn gorchuddio ei

ysgwydd, ac yn amgáu rhan isaf ei gorff. Yn wreiddiol, roedd y ffigur wedi ei baentio'n llachar: coch, du ac aur ar gyfer y fantell, pinc ar gyfer cnawd Jesse, aur ar gyfer gwallt yr angel.

Nid oedd coed Jesse yn dilyn unrhyw batrwm safonol, ond mae ffenestr Llanrhaeadr, sydd bron yn gyflawn, yn dangos yr hyn a allai fod wedi codi o abdomen pren Jesse: Dafydd a Solomon, proffwydi, brenhinoedd ac, ar y brig, y Forwyn a'i phlentyn. Mae'n debyg bod y cerflun cyflawn yn ymestyn rhyw naw metr tuag at do'r eglwys. Roedd y cerflunydd anhysbys yn artist medrus, o bosibl yn hanu o'r ardal leol, a'i gerfwaith yn hyderus a llawn mynegiant.

Dim ond unigolyn cyfoethog â chysylltiadau da a allai fod wedi comisiynu gwaith mor ddrud. Noddwr tebygol yw Siaspar Tudur, ewythr a mentor i Harri VII. Roedd ef yn Arglwydd y Fenni ac yn gymwynaswr eglwys y Santes Fair. Dichon fod gan ei gomisiwn bwrpas gwleidyddol. Roedd achyddiaeth, thema coeden Jesse, yn bwysig i'r rheolwyr Tuduraidd newydd, oedd yn awyddus i ddod â Rhyfeloedd y Rhosynnau i ben a chyfreithloni hawl Harri i reoli, drwy bwysleisio ei linach frenhinol.

Roedd y cysylltiad rhwng eglwys priordy'r Santes Fair a'r teulu brenhinol yn fendith yn ddiweddarach, pan orchmynnodd Harri VIII ddiddymu'r mynachlogydd. Yn 1536, apeliodd bwrdeisiaid y Fenni yn llwyddiannus i'r brenin yn erbyn dileu eglwys y priordy, ac fe gafodd ei mabwysiadu yn eglwys y plwyf.

'Ffenestr Jesse, Eglwys Dyfnog Sant, Llanrhaeadr-yng-Nghinmeirch'

28 Angau a'r dyn ifanc
15fed ganrif

Erbyn heddiw, gwyn yw'r lliw arferol y tu mewn i eglwysi Cymru. Ond, cyn i'r chwyldro Protestannaidd wrthod delweddau gweledol fel ofergoelion a dynnai sylw oddi ar air Duw yn y Beibl, roedd muriau'r eglwys yn debyg i sinema fodern. Amgylchynid addolwyr, y rhan fwyaf ohonynt yn anllythrennog, gan luniau bywiog a lliwgar yn dangos gwirioneddau Cristnogaeth a'r peryglon o'u hanwybyddu.

Yn 2007, yn ystod gwaith i atgyweirio coed to Eglwys Cadog Sant yn Llancarfan ym Mro Morgannwg, daeth olion o baent ocr coch i'r golwg o dan y gwyngalch a orchuddiai wal yn yr eil ddeheuol. Tynnodd cadwraethwyr ugain haen o wyngalch a datgelu murluniau'n dyddio o ganol y 15fed ganrif – ymhlith y gorau a'r mwyaf cyflawn a gafwyd eto ym Mhrydain. Roedd eu darganfod, meddai'r arbenigwraig, Jane Rutherfoord, 'yr hyn y mae cadwraethwyr murluniau yn breuddwydio amdano.'

Dangosa un olygfa San Siôr yn ymladd â'r ddraig, dan lygaid tywysoges a'i rhieni pryderus sy'n sefyll ar furganllawiau castell. Dangosa'r ail gyfres, gan yr un artist, y Saith Pechod Marwol [24] – 'marwol' gan y gallai eu cofleidio gondemnio rhywun i ddamnedigaeth dragwyddol. Mae'r ddau baentiad yn brin, o safbwynt eu triniaeth o'r pwnc ac am eu bod mor gyflawn.

Mae'r drydedd olygfa, gan artist gwahanol o'r un cyfnod hefyd yn anarferol. Mae'n rhybuddio'r gynulleidfa fod marwolaeth yn dod i bawb, waeth pa mor falch, ifanc neu gyfoethog y bo. Saif bachgen hirwallt yn gwisgo siaced gwiltiog sgwarog, legins tynn,

cap Trefynwy (wedi'i wau o wlân) a chleddyf. Mae golwg nerfus arno ac mae rheswm da am hynny oherwydd bod ffigwr yn cydio yn ei law chwith – ffigwr ysgerbydol â gwên ar ei wyneb, sydd i'w weld trwy blygion tryloyw amdo â chwlwm uwch ei ben. Angau yw hwn. Tynna'r dyn ifanc o'r neilltu a'i dywys oddi ar dir y byw.

Mae'r thema hon, 'Marwolaeth a'r Coegyn', yn enghraifft brin ymysg y paentiadau canoloesol Prydeinig sydd wedi goroesi. Fe'i cysylltir â'r 'ddawns facâbr' neu 'ddawns angau'. Ei bwriad oedd atgoffa gwylwyr o berygl balchder ac oferedd y bywyd daearol. Roedd Angau fel cydraddolwr yn ffigwr cyfarwydd i bobl y cyfnod. Roedd eu bywydau yn aml yn fyr, ac roedd ganddynt atgofion byw o'r haint dinistriol neu'r 'Pla Du' yn y ganrif flaenorol.

Ymddengys 'ffigwr tryloyw' arall mewn gwaith ychydig yn ddiweddarach, sef 'Llawysgrif Feddygol Mostyn', a ysgrifennwyd gan Gutun Owain. Roedd Gutun, o Landudlyst yn y Traean yn Swydd Amwythig, yn fardd ac yn achydd – defnyddiwyd ei ysgrifau gan y comisiwn a benodwyd gan Harri VII i olrhain achau ei daid, Owain Tudur [27]. Diagram yw 'Dyn Sidydd' Gutun, sy'n egluro sut mae gan sêr a'r planedau effeithiau gwahanol ar rannau o'r corff dynol a'i 'anianau'. Dywedid fod yr Hwrdd, er enghraifft, yn cael dylanwad arbennig ar y pen; a'r Pysgodyn ar y traed. Yn ystod y ganrif nesaf byddai cysyniadau traddodiadol Gutun o feddygaeth yn newid, yn union fel y byddai murluniau Llancarfan, yn dilyn gorchymyn brenhinol yn 1547 i 'ddileu a dinistrio llyfrau a delweddau ofergoelus Pabyddol', yn diflannu o dan wyngalch am 450 o flynyddoedd.

Dyn Sidydd Gutun Owain (Llyfrgell Genedlaethol Cymru)

29 Bwcler

16eg ganrif

Roedd rhyfel yn rhemp yng Nghymru'r canol oesoedd.
Roedd gwrthdaro rhwng teyrnasoedd, ac oddi mewn iddynt, yn gyffredin, ac yn aml byddai Cymry'n ymuno mewn ymgyrchoedd mewn rhannau eraill o Brydain a thramor. Ar ôl 1485, daeth cyfundrefn y Tuduriaid â mwy o sefydlogrwydd i'r wlad, ond ni ddaeth terfyn ar y galw am arfau ac arfwisg. Un o ganolfannau'r diwydiant arfau yng Nghymru oedd yr ardal o amgylch Wrecsam a Rhiwabon, oedd yn arbenigo mewn gwneud bwcleri.

Roedd bwcler yn darian haearn fechan, fel arfer ar ffurf cylch, a ddefnyddid ynghyd â chleddyf mewn gornest wyneb yn wyneb. Ym mis Mai 1799, canfuwyd esiampl o fewn y gaer Rufeinig yng Nghaerhun, dyffryn Conwy (tan 1931 credid ei fod yn Rhufeinig neu o Brydain fore). Mae'n grwn, 33cm o ddiamedr, ac wedi'i wneud o ledr caled a chyfres o saith cylch haearn consentrig yn gorgyffwrdd, ac wedi'u dal at ei gilydd gan rybedi pengrwn pres. I'r gwrthwynebydd, edrychai'r wyneb yn amgrwm. Saif bogail ar siâp nionyn yn y canol. Yn y cefn, byddai carn pren wedi bod, wedi'i glymu gan fandiau haearn, ac yn y canol roedd darn o flewyn garw fel clustog i gefn y llaw. Yn wreiddiol, gorchuddiwyd cylchoedd haearn bwcleri gyda thun, fel eu bod yn disgleirio'n llachar.

Nid allai bwcleri amddiffyn rhag saethau, ond roeddent yn hyblyg a hawdd eu trin mewn ymladd un i un. Gellid eu defnyddio'n amddiffynnol, i fwrw ergydion cleddyf o'r naill ochr, ac i ymosod trwy ddal y gwrthwynebydd i lawr. Roedd llawer ohonynt yn gain ac yn ddrud, felly roeddent yn werthfawr, ac fe'u cyflwynwyd fel anrhegion. Crybwyllir bwcleri yn aml gan feirdd a gyflogid gan uchelwyr blaenllaw ('beirdd yr uchelwyr'). Mae Tudur Aled yn canu clodydd Ieuan ap Deicws, gwneuthurwr bwcledi o Riwabon a fu farw,

'pennaeth ar ofanaeth fu, prif awdur wrth ddur a thân'. Cofnoda dogfen o 1472 fod prydles wedi'i rhoi i Ieuan gloddio haearnfaen ar Fynydd Rhiwabon, a ddefnyddiai, debyg iawn, yn ei efail. Cyffelyba Guto'r Glyn **[30, 33]** fwcler addurnedig, anrheg oddi wrth Dafydd ap Ieuan, abad Glyn y Groes, â'r lleuad, olwyn, drych a dysgl. Mae'n canu am ei asennau rheiddiol a'i hoelion metel:

> Pennau ei freichiau o'i fron,
> Pelydr haul, plaid yr hoelion:
> Pob gordd yn pwyaw heb gam
> Pricswn y siop o Wrecsam.

Ymwelodd yr hanesydd John Leland â Wrecsam ar ddiwedd 1530au ac adrodd fod 'rhai masnachwyr a gwneuthurwyr bwcleri da' yn y dref. Yn 1529, talwyd 20s i Geoffrey Bromefield o ardal Rhiwabon ar gyfer tarian a roddwyd yn anrheg i'r brenin, Harri VIII. Erbyn 1531 fe'i disgrifiwyd fel 'gwneuthurwr bwcleri i'r brenin', ac mewn rhestr o eiddo Harri yn 1547, cofnodir 'dau fwcler o Wrecsam'. Dangosodd ymchwil mai yn Wrecsam a'r cylch y gwnaed llawer o'r bwcleri sy'n goroesi, a bod gan yr ardal enw da am gynhyrchu enghreifftiau o ansawdd uchel.

Ond yn fuan, daeth y diwydiant bwcleri yn Wrecsam i ben. Ysgrifennodd William Lambarde yn y 1580au, 'bu'n enwog gynt am wneud bwcleri, ond ers i fwcleri droi'n darianau, mae Wrecsam wedi colli'r elw a'r enw o'r crefftwaith hynny'. Ond mae gogledd-ddwyrain Cymru wedi parhau yn ganolfan ar gyfer y diwydiant arfau. Yn yr Ail Ryfel Byd, roedd gan Wrecsam ffatri arfau fawr. Heddiw, mae'r ardal yn arbenigo mewn awyrennau milwrol a systemau technolegol datblygedig ar gyfer eu rheoli.

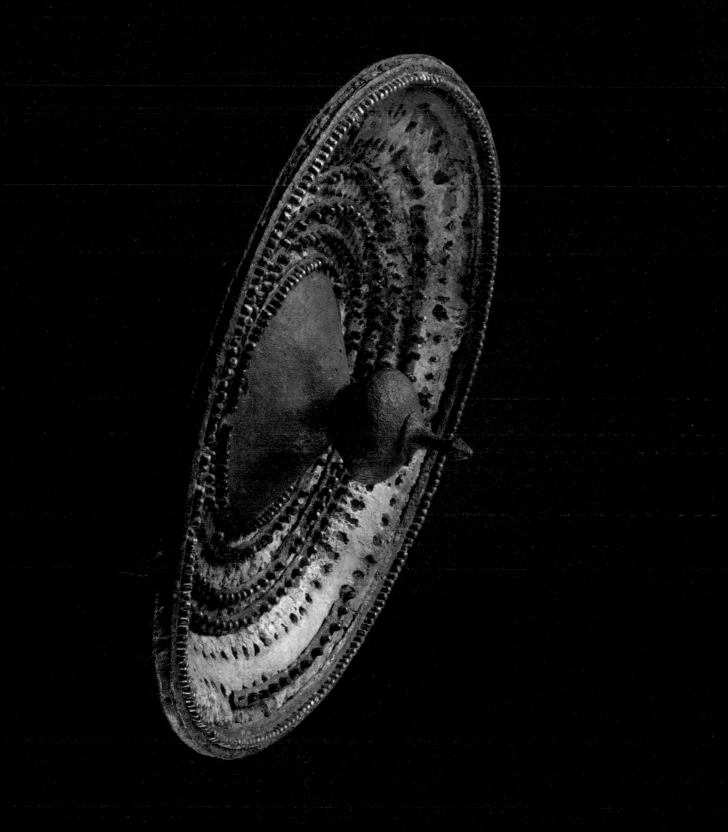

30 Modrwy aur Rhaglan
c1450-1475

Yn y bymthegfed ganrif, fel heddiw, rhoddwyd modrwyau fel arwydd o gariad. Ychydig ohonynt oedd mor fawr, mor addurnedig a mor ddrud â'r sêl-fodrwy aur a ddarganfuwyd â datgelydd metel ar bwys Castell Rhaglan yn 1998.

Gan fod y fodrwy mor fawr, 22mm mewn diamedr mewnol, efallai mai dros faneg y bwriadwyd ei gwisgo. Addurnir ei hwyneb yn foethus â dail, coesynnau a blodau. Ar y befel crwn, gwelir llew yn pasand, yn sefyll ar flodau, ac o'i amgylch, arwyddair, *'to yow feythfoull'* *(neu 'feythfoull to yow')*. Trwy gymharu â modrwyau aur tebyg, bernir bod modrwy Rhaglan yn dyddio o tua 1450 i 1475.

Roedd perchennog y fodrwy yn amlwg yn rhywun hynod gyfoethog, ac mae dwy lythyren gyntaf wedi'u cerfio ar y naill ochr i'r llew: 'W' ac 'A'. Gan dybio nad yw lleoliad y darganfyddiad yn ddamweiniol, awgrymodd ymchwilydd eu bod yn sefyll o bosibl dros 'William' ac 'Anne' – William Herbert, iarll cyntaf Penfro, a'i wraig Anne Devereux, a fu'n byw yng Nghastell Rhaglan. Mae llew ar arfbais Herbert - mae i'w weld mewn llun llawysgrif ohono yn penlinio gydag Anne wrth ochr y brenin. Gallai'r ffyddlondeb y sonnir amdano yn yr arwyddair gyfeirio nid yn unig at addunedau'r cwpl i'w gilydd, ond hefyd at deyrngarwch William i'r brenin.

Roedd William Herbert (c1423-1469) yn fab i William ap Thomas a Gwladys ferch Dafydd Gam. Cefnogodd y tad Richard, Dug Caerefrog yn Rhyfeloedd y Rhosynnau ac adeiladodd Castell Rhaglan. Dilynodd y mab, a fagwyd yn y castell, yn ôl ei droed, gan ragori arno o ran campau gwleidyddol a chyfoeth. Yn 1461, cydnabu Edward IV ei gefnogaeth filwrol yn Rhyfel y Rhosynnau drwy roi teitl Barwn Herbert o Raglan iddo, ac yn 1469, anrhydedd arall sef Iarll Penfro.

Ail-luniodd Herbert Gastell Rhaglan a'i barcdir, perllannau a phyllau pysgod ar raddfa fawr. Golygai ei ffyddlondeb i'r brenin ei fod yn cael rheoli rhannau helaeth o Gymru. Arweiniodd hefyd at ei gwymp. Yn 1469, gwrthryfelodd Richard Neville, Iarll Warwick, yn erbyn y brenin. Trechodd Herbert a'i fyddin, a gynhwysai nifer o Gymry, ym mrwydr Edgecote yn Swydd Northampton, a'i ddal, a'i ddienyddio.

Roedd Herbert, a anwyd yn fuan ar ôl marwolaeth Owain Glyndŵr, yn un o nifer fawr o Gymry a gredai mai bod yn agos i rym y Sais, yn hytrach na bod yn elyn iddo, oedd y ffordd i lwyddo. Ef oedd y Cymro cyntaf i ddod yn arglwydd yn Lloegr, gan Seisnigeiddio ei enw ac ennill gan y bardd Lewys Glyn Cothi y llysenw 'prif glo'r Brenin Edward', yn arwydd iddo 'sicrhau' Cymru i'r Goron. Yr oedd yn noddwr i feirdd Cymreig eraill, gan gynnwys Guto'r Glyn **[29, 33]**, a fu'n galaru ei farwolaeth:

> Gwinllan fu Raglan i'r iaith
> Gwau ni ŵyl ei gwin eilwaith

Priododd ag Anne Devereux yn 1449. Daeth hi o deulu pwerus yn Swydd Henffordd, a bu'r gynghrair rhwng y ddau deulu yn fodd i Herbert estyn ei ddylanwad i mewn i Loegr. Roedd ganddynt ddeg o blant. O 1461, fel gward, gofalai Anne, 'mor enwog oedd ei rhinwedd a'i doethineb', am Harri Tudur yn fachgen. Bwriad Herbert, yn ôl ei ewyllys, sydd hefyd yn sôn am fodrwy, oedd y dylai Harri briodi eu merch Maud. Yn 1485, daeth Harri yn ôl o'i alltudiaeth trwy Gymru i drechu Richard III ym mrwydr Maes Bosworth a rhoi terfyn ar y rhyfeloedd cartref hir. Cafodd yr achos Iorcaidd ei gladdu, fel y fodrwy.

31 Misericordiau

c1500-1510

Calon yr eglwys ganoloesol oedd y gangell, lle byddai'r mynachod neu'r offeiriaid yn gweddïo. Byddent yn llenwi rhesi o seddau pren a wynebai ei gilydd, a thrwy gydol y gwasanaeth, byddent yn sefyll. Er hynny, caniatawyd i'r rhai oedd yn hen neu'n fethedig i orffwys ar silff fach o dan y sedd y tu ôl iddynt. Yr enw ar y seddau hyn oedd misericordiau ar ôl y gair Lladin am 'drugaredd', ac weithiau cerfiwyd ffigurau pren bach oddi tanynt. Mae gan Eglwys Gadeiriol Tyddewi un ar hugain ohonynt, un o'r cyfresi mwyaf ym Mhrydain.

Mae dawns werin ar ei hanterth. Dawnsia dau ddyn byr, gefn wrth gefn, a band anweledig yn gyfeiliant. Maen nhw'n pwyso ymlaen, â'u dwylo ar eu cluniau, a'r clocsiau ar eu traed yn yr awyr. Gwisgant diwnigau byrion a chapiau am eu pennau. Uwchben yr olygfa fach hon, nodir mewn paent deitl y dyn a lenwai'r sedd hon, sef y 'Succentor' neu'r 'ail-gantor'. Roedd ei gerddoriaeth gysegredig a ffurfiol yn adleisio eiconau'r seintiau a'r ffigurau sanctaidd eraill o'i gwmpas yn yr Eglwys Gadeiriol ac yn wahanol iawn i fiwsig y dawnswyr. Targedwyd y delweddau sanctaidd i'w dinistrio gan eiconoclastiaid y diwygiad Protestannaidd a'r Rhyfel Cartref, ond goroesodd cerfluniau seciwlar y dawnswyr heb ddifrod.

Ar ddau fisericord, gwelir llongau a chychod. Ar un ohonynt, mae dau ddyn yn adeiladu neu'n atgyweirio llong nwyddau. Byddai llongau o'r fath, fel yr un o'r bymthegfed ganrif a ddarganfuwyd yng Nghasnewydd yn 2002, yn hwylio ar hyd arfordir Cymru yn rheolaidd. Mae gan long Tyddewi gorff clincer ag estyll sy'n gorgyffwrdd, a 'chestyll' ar ei blaen a'i starn. Mae un o'r gweithwyr wrthi'n morthwylio hoelen bren i astell; mae'r llall, yn cael egwyl o'r gwaith ac yn yfed o bowlen. Yn yr

ail lun, mae dynion ar y môr mewn cwch bach mewn tywydd garw. Ymdrecha'r rhwyfwr i symud ymlaen. Cysura dau arall bedwerydd dyn sy'n chwydu dros ochr y cwch. Gallai'r ddelwedd hon adrodd hanes Gofan Sant, a fu'n agos at farw ar daith i Rufain oherwydd salwch môr. Ond mae union arwyddocâd llawer o ddelweddau'r misericordiau bellach yn angof.

Ffigwr sy'n ddirgelwch arbennig yw'r 'dyn gwyrdd'. Tyf dail o ddannedd neu fwgwd y dyn, gan amgylchynu ei ben. Mae'n ddelwedd sy'n gyffredin yng nghelf yr oesoedd canol, a dywedir weithiau, ond heb dystiolaeth, ei fod yn deillio o gred gyn-Gristnogol. Yr un cerflunydd oedd yn gyfrifol am ben merch sy'n gwisgo penwisg lydan a fêl, a'i hystum yn dangos bylchau yn ei dannedd.

Mae anifeiliaid yn thema gyffredin ar fisericordiau Tyddewi. Fe'u benthyciwyd o bosibl o fwystoriau, sef llawysgrifau neu lyfrau printiedig o fwystfilod go iawn a dychmygol, a deilliant yn aml o chwedlau gwerin. Mewn un olygfa, ymosoda pum mochyn ar lwynog, yn groes i'r chwedl arferol. Rhoddwyd clustiau i ddwy sarff sydd wedi'u cyd-blethu: mae'r clustiau wedi'u cau rhag eu cyfareddu gan gerddoriaeth. Piniwyd cynffon draig, symbol Satan, i ddangos ei bod wedi cael ei threchu. Mewn golygfa anarferol, cynigia gŵydd wledd o fwyd a diod i lwynog sy'n gwisgo meitr esgob – dychan o bosibl ar foesau rhywiol clerigwyr, neu rybudd am demtwragedd.

Dechreuodd yr Esgob Robert Tully ailwampio cangell yr eglwys gadeiriol yn y 1470au ac mae'n debyg y cerfiwyd y misericordiau, pob un o floc derw unigol, gan seiri coed teithiol, ym mlynyddoedd cynnar yr unfed ganrif ar bymtheg.

32 Siarter bwrdeistref Dinbych
1506

Sefydlwyd nifer o drefi yng Nghymru gan y
Normaniaid neu'r Saeson. Bwriad y goresgynwyr oedd
y byddent yn cefnogi eu canolfannau milwrol newydd
ac yn cryfhau eu grym gwleidyddol ac economaidd
yn yr ardaloedd cyfagos. Nid oedd Dinbych yn
eithriad. Yn anarferol, mae cyfres hir o ddogfennau'n
goroesi i ddangos sut y datblygodd y dref yn ystod ei
chanrifoedd cynnar.

Ym mis Hydref 1282, ar ôl i Edward I orchfygu
Cymru, rhoddwyd yr ardal o amgylch Dinbych, yr
arglwyddiaeth fwyaf yng ngogledd-ddwyrain Cymru,
i Henry de Lacy, Iarll Lincoln a chynghorydd agos i
Edward I. Bron yn syth, adeiladodd de Lacy gastell
ar ben y bryn yn Ninbych, yn ôl pob tebyg ar safle
cadarnle Cymreig cynharach, ac yna sefydlodd dref
gerllaw. Yn 1285, rhoddwyd siarter i'r dref. Wedi'i
hysgrifennu mewn Ffrangeg Normanaidd, rhoddodd
denantiaethau neu diroedd bwrdais i 63 o fwrdeisiaid,
ynghyd â rhai breintiau, gan gynnwys yr hawl i
fasnachu a'u heithrio rhag tollau a threthi, yn gyfnewid
am renti a gwasanaeth milwrol yn amddiffyn y castell
a'r dref. Mae arolwg manwl o refeniw 'arglwyddiaeth
freiniol' Dinbych yn 1334 yn dangos sut y defnyddiwyd
y cyfundrefnau cyfreithiol a threth i ffafrio setlwyr o
Loegr ar draul y Cymry brodorol, a fyddai'n cael eu
hamddifadu yn aml o'u tiroedd a'u hadsefydlu mewn
ardaloedd mwy anghysbell.

Roedd angen ail siarter, sydd heb ddyddiad, er
mwyn ail-lansio'r dref. Roedd y twf yn araf i ddechrau,
mae'n debyg oherwydd aflonyddwch o bryd i'w gilydd
gan y Cymry dig. Yn 1345, cwynodd y bwrdeisiaid 'eu
bod yn ofn gadael eu tref a bwrw ymlaen gyda'u gwaith
bob dydd rhag ofn y caent eu hysbeilio neu eu lladd …
ni fu'r Cymry erioed ers y goncwest mor barod â nawr

i wrthryfela'. Yn 1305, roedd 235 o diroedd bwrdais, ac
erbyn 1373, cyfanswm o 438. Mae sôn yn arolwg 1334
am y rhai a oedd yn byw o fewn y muriau (ardal o dros
naw erw) a'r rhai a oedd yn byw y tu allan (53 erw); yn
1476, roedd pedair gwaith cymaint o diroedd bwrdais y
tu allan nag ar y tu mewn. Yn y cyfnod mwy heddychlon
wedi diwedd Rhyfeloedd y Rhosynnau, byddai'r twf
yn ailddechrau. Pan ymwelodd John Leland **[29]** yn
y 1530au, sylwodd fod Dinbych yn 'llawn ŷd a gwair'.
Daeth y dref yn enwog yn nes ymlaen am ei menigwyr
a'i sidanwyr.

Cafodd siarteri Dinbych eu hadolygu a'u cadarnhau
yn rheolaidd. Yn 1506, dros ugain mlynedd ar ôl cipio'r
orsedd, rhoddodd Harri VII un arall – un o gyfres o
siarteri brenhinol a gyhoeddodd yng ngogledd Cymru.
Lliniarodd Harri VII imperialaeth drefedigaethol Edward
I drwy ychwanegu at hawliau'r boblogaeth Gymreig.
Er enghraifft, rhoddodd yr hawl i'r Cymry gael tir yn
Lloegr ac mewn trefi Saesneg yng Nghymru. Ond er i
Ddinbych ddod yn dref sirol newydd Sir Ddinbych yn
dilyn y Ddeddf Uno yn 1536, glynai at ei gwreiddiau
trefedigaethol: ychydig o swyddi yn y fwrdeistref oedd
yn nwylo Cymry brodorol.

Mae siarter 1506 yn ddogfen fawr, gywrain a drud
wedi'i hysgrifennu'n Lladin ar femrwn, gyda'r sêl
frenhinol arni i warantu ei dilysrwydd (mae'n debyg
i Harri ei gwerthu yn hytrach na'i rhoddi i'r dref.)
Dechreua'r testun â'r llythyren gyntaf 'H' mewn lliw, a
gwelir Harri VII ar ei orsedd, yn dal pelen a theyrnwialen
a gwŷr ei lys o'i amgylch. Yn yr ymyl chwith, ceir dau o'i
fathodynnau, rhosyn coch dwbl a'r porthcwlis. Symbol
yw'r siarter o fawredd a nerth y Goron.

33 Delw Syr Rhys ap Thomas

Ar ôl 1525

Pan heriodd Harri Tudur orsedd Lloegr, ysbrydolwyd beirdd Cymru. Proffwydodd rhai oes newydd i Gymru. Byddai Harri, a aned ym Mhenfro ac yn ŵyr i Gymro, yn adfer hawliau a ffortiwn eu hen genedl. Mewn gwirionedd, roedd teyrngarwch Harri i Gymru a'i phobl yn gyfyngedig. Ond roedd yna eithriadau, a'r amlycaf ohonynt oedd Syr Rhys ap Thomas.

Hanodd rhieni Rhys o ystadau dirodres yn Sir Gaerfyrddin. Gyda pheth anesmwythyd, ochrodd yn gyntaf gyda Richard III. Ond pan laniodd Harri Tudur yn 1485 yn Mill Bay yn Sir Benfro, gwelodd Rhys y byddai'n cael mwy o fantais trwy gymryd ochr y gwrthryfelwr. Ac yntau'n filwr profiadol, casglodd fyddin, ymuno â Harri, a'i helpu i drechu Richard ym mrwydr Bosworth.

Pan ddatgladdwyd y sgerbwd a briodolwyd i Richard mewn maes parcio yng Nghaerlŷr yn 2012, gwelwyd twll mawr yng nghefn ei benglog. Milwr o Gymru, yn ôl y sôn, a roddodd yr ergyd farwol iddo gyda halberd neu fwyell carn hir. Mae golygfa o'r frwydr wedi'i cherfio ar banel gwely derw a gomisiynwyd gan Rhys tua 1507 ac mae'r arf i'w weld rhwng dau farchog sy'n ymladd â'i gilydd, Richard a Rhys o bosibl. Mewn cerdd foliant a ysgrifennwyd yn fuan ar ôl y frwydr, dywed Guto'r Glyn [29, 30] fod Harri wedi 'lladd y baedd, siafiodd ei ben, a Syr Rhys fel sêr ar darian, â'r waywffon yn eu plith ar farch mawr'. Parhaodd Rhys yn deyrngar i Harri a'i fab, Harri VIII: helpodd i atal gwrthryfelwyr a herwyr oedd yn bygwth awdurdod y brenin, ac ymladdodd dros y brenin yn Ffrainc. Ei wobr oedd cyfres o deitlau a swyddi a daeth yn ffigur mwyaf pwerus Cymru ar ôl ewythr y brenin, Siaspar Tudur [27].

Ar ôl marwolaeth Rhys yn 1525, codwyd cofeb garreg odidog er cof amdano yn ffrierdy'r Brodyr Llwydion yng Nghaerfyrddin. (Fe'i symudwyd yn ddiweddarach i Eglwys San Pedr). Ar sylfaen hirsgwar cywrain, gorwedd delw ohono yn fuddugwr milwrol, wedi'i wisgo mewn arfwisg a chôt, a helmed uwch ei ben. Mae'n gwisgo dillad ac arfbais Marchog y Gardas. Efallai mai'r cyd-destun yw'r twrnamaint rhyfeddol a drefnodd Rhys ym mis Ebrill 1506 i nodi dyfarniad y Gardas. Cafodd y digwyddiad pum niwrnod hwn, lle ymddangosodd Rhys mewn 'arfwisg euraidd deg, ar geffyl nobl', ei lwyfannu yn ei brif breswylfa, Castell Caeriw, a drawsnewidiwyd ychydig ynghynt o gaer i balas modern.

Ar bwys Rhys, gorwedd ffigwr arall. Fe'i hadnabuwyd fel un o ddwy wraig Rhys, ond mae'r ddelw lawer yn llai o ran graddfa na'i ddelw e: fe'i cerfiwyd yn ôl pob tebyg ar achlysur arall, ac efallai nad yw'n cynrychioli'r naill wraig na'r llall.

Nid oedd Rhys ap Thomas yn arwr i bawb. Yn ôl y croniclydd Elis Gruffudd, 'Nid oedd unrhyw dir yn eiddo i bobl gyffredin o fewn ugain milltir o annedd hen Syr Rhys, mab Thomas; petai'n dymuno tiroedd o'r fath, byddai'n eu dwyn heb daliad a heb ddiolch, a bwriwyd melltith arno gan y bobl a gollasant eu tir.'

Gwely Syr Rhys ap Thomas (Amgueddfa Cymru)

34. Grant Priordy Ewenni gan Harri VIII
1545

Ar ôl ei rwyg gyda'r Pab yn 1535, ac mewn angen brys am arian parod, penderfynodd Harri VIII gau mynachlogydd y wlad y flwyddyn ganlynol a chymryd eu cyfoeth. Bu mynachlogydd Cymru yn dirywio ers amser maith. Erbyn 1536, dim ond prior a dau fynach oedd gan Briordy Ewenni, tŷ Benedictaidd a sefydlwyd fel cangen i St Peter's, Caerloyw yn y ddeuddegfed ganrif. Yn ôl un gwerthusiad, £78 14s oedd ei incwm blynyddol pitw. Ar 28 Chwefror 1536, prydlesodd Syr Edward Carne y priordy a'i eiddo o Abaty Caerloyw am 99 mlynedd, am rent blynyddol o £20.10s. Yn gyfnewid, cytunodd i ddarparu llety a chyflog i'r prior, Edmund Wooton, a'i ddau fynach, a hyd yn oed i dalu am eu holynwyr.

Gallai Carne olrhain ei achau yn ôl i dywysogion Gwent ond roedd yn perthyn i ddosbarth newydd o foneddigion addysgedig Cymreig. Ar ôl graddio yn y gyfraith o Brifysgol Rhydychen, cychwynnodd ar yrfa hir fel diplomydd yn yr Eidal, Ffrainc a'r Iseldiroedd yn y 1530au. Gyda'i sgiliau gwleidyddol, medrai wasanaethu meistri gwahanol iawn. Bu'n helpu Harri yn ei frwydrau â Rhufain a'i drafodaethau priodas cymhleth, gan ofalu i gadw'n agos at Thomas Cromwell. Ond bu'n weithgar hefyd yn cefnogi Mari I yn ei hymgais i adfer Catholigiaeth, a gweithredodd fel ei llysgennad i'r Babaeth. Yn 1559, ar ôl i'r Protestant Elisabeth I ddod i'r orsedd, fe'i galwyd yn ôl, ond canfu esgusodion dros aros yn Rhufain, gan ddweud bod y Pab wedi ei wahardd rhag ymadael.

Roedd Carne yn hen law ar anwadalu ond roedd yn geidwadwr crefyddol, fel llawer yng Nghymru, ac er iddo gael ei benodi yn gomisiynydd ar gyfer atal y mynachlogydd, roedd yn ddiwygiwr anfodlon. Efallai mai ei drefniant prydlesu anghyffredin oedd ei ffordd o ganiatáu i Briordy Ewenni oroesi fel mynachlog weithredol. Os felly, methodd y cynllun. Bwriwyd y prior a'i fynachod allan o Ewenni ar 2 Ionawr 1540. Bum mlynedd yn ddiweddarach, enillodd Carne grant gan Harri VIII i brynu'r Priordy yn llwyr, ynghyd ag eiddo arall Abaty Caerloyw yn arglwyddiaeth Ogwr, am bris o £727 6s 4c. Yn ddiweddarach, adeiladodd 'dŷ swmpus' neu blasty o fewn tiroedd yr hen briordy.

Ysgrifennwyd grant 1545 yn Lladin ar ddogfen femrwn fawr â sêl fawr Harri ynghlwm. Ar ddechrau'r testun, mae darlun sy'n dangos y brenin yn eistedd ar orsedd â'r geiriau 'vivat rex' arni, ac yn dal ei deyrnwialen a'i gronnell, yn unol â'r fformiwla gyffredin [32]. Mae'n debyg mai'r bwriad oedd llunio'r darlun mewn lliw llawn. Mae'n fersiwn cartŵn o'r brenin yn bum deg pedair blwydd oed, gyda'i ben clapiog, ei farf flêr a'i fochau mawr.

Bu farw Syr Edward Carne yn Rhufain yn 1561. Er gwaethaf ei dueddiadau Catholig – parhaodd ei deulu i fod yn reciwsantiaid am sawl cenhedlaeth – trosglwyddodd ei ystadau yn ddiogel i'w fab Thomas, dyn cynhennus a threisgar a atgyfnerthodd bŵer y teulu. Bu hwnnw'n Aelod Seneddol ddwywaith ac yn Uchel-Siryf Morgannwg dair gwaith. Estynnwyd y plasty a'i ailadeiladu yn ddiweddarach ar raddfa fawr. Roedd y Carnes, a'u holynwyr trwy briodas, y Turbervills, yn nodweddiadol o'r nifer fechan o deuluoedd a dra-arglwyddiaethai, drwy eu hystadau mawr a'u cyfoeth etifeddol, dros fywyd gwleidyddol ac economaidd Morgannwg am ganrifoedd.

35 Yny lhyvyr hwnn
1546

Yn 1546, bron i ganrif ar ôl i Johannes Gutenberg ddyfeisio teip symudol, cyhoeddwyd llyfr yn yr iaith Gymraeg am y tro cyntaf. Nid oes ganddo deitl ac fe'i hadnabyddir gan eiriau cyntaf ei dudalen gynnwys, *Yny lhyvyr hwnn* ('Yn y llyfr hwn'). Mae'n bamffled cwarto 32 tudalen, wedi'i argraffu gan Edward Whitchurch yn Llundain gan ddefnyddio llythrennau teip du. Efallai nad oedd ganddo gylchrediad eang – dim ond un copi sy'n goroesi – ond roedd ei gyhoeddiad yn garreg filltir bwysig yn natblygiad yr iaith Gymraeg.

Golygydd y llyfr oedd Syr John Prise (neu Prys). Bu ei yrfa gynnar yn debyg iawn i yrfa Edward Carne **[34]**. Ar ôl hyfforddi fel cyfreithiwr ym Mhrifysgol Rhydychen, daeth i wasanaeth Thomas Cromwell. Bu'n gomisiynydd yn gyfrifol am ddiddymu'r mynachlogydd ac fe elwodd yn bersonol, wrth i dir a chyfoeth priordai Henffordd ac Aberhonddu ddod i'w feddiant. Roedd ei yrfa mor llwyddiannus fel y cymharwyd hi gan y bardd Lewys Morgannwg i 'hirddydd haf'.

Ond er ei fod yn ffyddlon i'r drefn newydd, roedd gan Prise barch dwfn at dreftadaeth ddiwylliannol y mynachod. O'u llyfrgelloedd, adeiladodd gasgliad o dros 100 o lawysgrifau gan gynnwys 'Llyfr Du Caerfyrddin'. Roedd Prise yn ysgolhaig rhagorol, gyda diddordeb arbennig yng ngwreiddiau Cymru a'i hiaith. 'Ers bod yn fachgen', ysgrifennodd, 'rwyf yn hyddysg yn hen iaith y Prydeinwyr a'u hynafiaethau'. Yn y 1540au, dechreuodd ysgrifennu *Historiae Britannicae defensio*, amddiffyniad dysgedig, gan dynnu'n rhannol ar ffynonellau Cymraeg, o fersiwn (anghywir) Sieffre o Fynwy o hanes Prydain a Chymru. Ef oedd un o'r Cymry cyntaf a berthynai i rwydwaith o ysgolheigion y Dadeni yn Lloegr a oedd mewn cysylltiad ag Erasmus a dyneiddwyr eraill ar y Cyfandir.

Gwelodd Prise yn glir y gallai'r dechnoleg argraffu newydd fod yn gyfrwng pwerus ar gyfer lledaenu'r grefydd Brotestannaidd newydd, lle na fyddai unrhyw awdurdod yn rhwystr rhwng gair Duw a'r bobl. Gan mai Cymraeg oedd iaith y rhan fwyaf o drigolion Cymru, roedd yn dilyn bod angen argraffu testunau crefyddol yn y Gymraeg. Yn ei ragair, 'Mae Cymro'n anfon anerchiad at y darllenwyr', medd Prise, 'a chan fod Duw wedi gosod argraffu yn ein plith er mwyn lluosogi gwybodaeth am ei eiriau bendigedig, mae'n briodol i ni, fel y mae'r Byd Cristionogol oll wedi'i wneud, i gymryd rhan o'r daioni hwn â hwy, fel na ddylai rhodd cystal â hyn fod yn llai ffrwythlon i ni nag i eraill'.

Ond roedd anllythrennedd yn parhau'n gyffredin yng Nghymru. Ni allai Prise gymryd yn ganiataol y gallu i ddarllen testunau sanctaidd. Dyna pam cynhwysa *Yny lhyvyr hwnn* wyddor Gymraeg, gyda nodiadau ar sillafu ac atalnodi, rhestr o rifau, calendr ac almanac, yn ogystal â'r Credo, Gweddi'r Arglwydd, Ave Maria, y Deg Gorchymyn a thestunau crefyddol eraill. Er mai fel llyfr elfennol y bwriadwyd y pamffled, roedd peth o'i gynnwys, gan gynnwys y rhannau ar y Gymraeg, yn adlewyrchu dysg Prise, wedi'i ddeillio o ddarllen y llawysgrifau a gasglodd.

Yny lhyvyr hwnn oedd y cyntaf o 108 o lyfrau a gyhoeddwyd yn Gymraeg rhwng 1546 a 1660. Er nad yw'n nifer fawr, mae'r cyfanswm hwn yn cymharu'n dda â chyhoeddiadau yn ieithoedd lleiafrifol eraill Ewrop. Yn araf, roedd y Gymraeg yn cael ei sefydlu fel iaith y gair argraffedig.

Yny lhyvyr
hwnn y traethir.

Gwydor kymraeg.
Kalandyr.
Y gredo, ney bynkeu yr
ffyd gatholig.
Y pader, ney wedi yr arglwyd.
Y deng air dedyf.
Saith rinwed yr egglwys.
Y kampey arbenedlyp
ar Gwydieu gochlad=
wy ae keingeu.

M,D,XL VI.

36 Map Humphrey Llwyd o Gymru
1573

Dywed mapiau wrthym ble rydym ni. Ond dywedant hefyd wrthym ni ac wrth eraill pwy ydym. Roedd Humphrey Llwyd, awdur y map cyhoeddedig cyntaf o Gymru fel gwlad ar wahân, yn benderfynol y dylai'r byd ehangach fod yn ymwybodol o Gymru, ei hanes a'i daearyddiaeth.

Ganed Llwyd yn Ninbych yn 1527 a graddiodd ym Mhrifysgol Rhydychen. Gwasanaethai Iarll Arundel, gan ddatblygu diddordeb mewn ysgolheictod dyneiddiol ac adeiladu llyfrgell fawr. Yn 1563, dychwelodd i'w dref enedigol a threuliodd weddill ei oes yn ymchwilio a chyhoeddi, yn bennaf ar hanes Cymru.

Cyfarfod hap a damwain yn Antwerp yn 1567 â dyn arall o Ddinbych, Richard Clough, a arweiniodd ato'n cael ei gyflwyno i'r mapiwr arloesol, Abraham Ortelius. Addawodd Llwyd roi dau fap i Ortelius, un o Gymru a'r llall o Loegr a Chymru, i'w cynnwys yn ei waith mawr, *Theatrum orbis terrarum*, un o'r atlasau byd cyntaf i'w argraffu. Ac yntau eisoes yn sâl, ysgrifennodd Llwyd at Ortelius ym mis Awst 1568, 'anfonaf atoch fy Nghymru, nad yw'n drefnus nac yn olygus ym mhob agwedd, ond eto'n fanwl gywir, a sylwch ar y nodiadau hyn a gasglais hyd yn oed pan oeddwn i'n barod i farw'. Cyhoeddwyd 'Cymru' mewn atodiad i'r *Theatrum* yn 1573 dan y teitl ' Cambriae Typus', ynghyd â nodiadau Llwyd. Roedd yn ddylanwadol ac fe'i hailargraffwyd hanner can gwaith rhwng 1573 a 1741.

Roedd 'Cambriae Typus' yn ffrwyth ymchwil hanesyddol a thopograffig Llwyd. Ei anrheg gyntaf i Ortelius, a argraffwyd yn y *Theatrum* yn 1570, oedd traethawd ar enw a hynafiaethau Ynys Môn, 'Mona, ynys y Derwyddon' **[49]**. Nid oedd ei fap, sy'n mesur 456mm wrth 348mm, wedi'i seilio ar dirfesur gwreiddiol ei hun. Dibynnai Llwyd ar fapiau cynharach, gan gynnwys fersiwn o fap Mercator o 1564, wedi'i gywiro yn ôl yr

wybodaeth oedd ar gael iddo. Esbonia hyn y nifer o anghywirdebau, sy'n cynyddu wrth i'r map symud ymhellach o gartref Llwyd yng ngogledd-ddwyrain Cymru. Mae Llŷn yn plygu i'r de; mae Bae Sain Ffraid, Penrhyn Gŵyr a Bae Abertawe yn absennol; gwneir arfordir Morgannwg yn grwn; a gosodir Merthyr Tudful a Phen Pyrod yn y lleoedd anghywir.

Mae ffiniau Cymru yn ymestyn i mewn i siroedd Lloegr ar y gororau, gan fod Llwyd y gwladgarwr yn dymuno dangos yr hen Gymru yn hytrach na'r Gymru gyfoes, wedi'i gwahanu gan afonydd Dyfrdwy a Hafren o 'Lhoëgria, neu os yw'n well gennych, England'. Rhestrir ffurfiau Cymraeg, Saesneg a 'Phrydeinig' o enwau lleoedd, a chynhwysir gwybodaeth atodol. Bu Aberffraw 'unwaith yn balas brenhinol i Gymru gyfan'; Dinbych yw 'man geni'r awdur'; bu ym Mangor Is-coed 'fynachlog gyda 2,200 o fynachod'; bu Trefaldwyn 'yn nodedig unwaith am ei cheffylau ardderchog, ond bellach ond ychydig a gynhyrchir'; Afon Teifi yw'r 'unig afon ym Mhrydain ag afancod'. Yn ne Sir Benfro, trigai'r Ffleminiaid, a oedd 'yn wahanol i'r Cymry yn eu hiaith a'u harferion'.

Bu farw Llwyd yn 1568, cyn cyhoeddi ei fap ac fe'i claddwyd yn eglwys Sant Marcella, Llanfarchell (neu'r Eglwys Wen). Mae'r bedd yn dangos Llwyd yn penlinio mewn gweddi; ar frig y pediment mae pelen, sy'n symbol o'i arbenigedd daearyddol.

Lluniodd Christopher Saxton fap manylach, ond heb ei gyhoeddi, o Gymru yn 1580, gan ddefnyddio technegau tirfesur i gywiro gwallau Llwyd. Un o Swydd Efrog oedd Saxton a defnyddiodd ffurfiau Saesneg yn hytrach na Chymraeg ar gyfer enwau lleoedd. Parhaodd y traddodiad hwn i gyfnod yr Arolwg Ordnans. Dim ond yn ddiweddar y cyhoeddwyd mapiau sy'n dangos ffurfiau Cymraeg o enwau lleoedd.

CAMBRI:
AE TYPVS
Luctore
HVMFRE
DO LHV:
YDO
Denbigiense Cam:
brobritāno.

VERGIVIVM SIVE HIBERNICVM MARE
MOR WERIDH, Britannis,
THE YRISHE OCEANE, Anglis.

Mona insula L.
Anglesey: A
Mon. B.

Lhyn.

DEMETIA

DE   HEN

Cantremaur.

Gwhyr.

NE

DOTIA.

POL:

Ceri

Arwysdh.

Cedewen.

VI:

Rhos.

Buelht.

Elfel

Brecheinoc.

Euas

AR   Reil:
TIA:

Gwen

Si:
UC.
gann.

37 Portread o Syr John Perrot
Heb ddyddiad

Mae'r paentiad olew diddyddiad hwn gan arlunydd anhysbys yn seiliedig, debyg iawn, ar bortread cynharach. Mae'n annhebygol bod y ddelwedd lawen, sionc ohono'n cyfleu cymeriad y dyn a bortreadir: 'dyn tal a mawr iawn ... ei wyneb yn llawn urddas, ei lygad hynod dreiddgar, ei osgo mor nerthol nes i'w wyneb, pan oedd e'n ddig, droi'n arswydus ei olwg ... Wrth natur roedd yn llidiog ac ni allai oddef unrhyw wrthwynebiad.'

Dyma, yng ngeiriau ei fab, yw Syr John Perrot (1528-1592), mentrwr, anturiaethwr a phlwtocrat o Sir Benfro. Cafodd fywyd stwrllyd a threisgar, gan wasanaethu nifer o frenhinoedd ac ymgyfoethogi yn y broses.

Magwyd Perrot gan ei dad-cu, Syr Henry Jones, yn Haroldston, Hwlffordd **[24]** ac fe'i haddysgwyd yn ysgol y gadeirlan yn Nhyddewi. Yn ddeunaw oed fe'i hanfonwyd i wasanaethu William Paulet, a ddaeth yn ddiweddarach yn Ardalydd Caer-wynt, a thrwyddo, cafodd fynediad i lys y brenin. Trwy ddefnydd deheuig o'i gysylltiadau, sicrhaodd gyfres o anrhydeddau: daeth yn Aelod Seneddol dros Sir Gaerfyrddin yn 1547, yn farchog yn 1549 ac yn siryf Sir Benfro yn 1552. Erbyn hyn roedd Perrot wedi integreiddio'n llwyr gyda dosbarth rheoli Lloegr. Ar ôl cyfnod anodd yn ystod teyrnasiad Mari Tudur, enillodd ffafr Elisabeth I, gan ennill cymaint o swyddi a chymaint o dir yn Sir Benfro nes iddo ddod yn rheolwr y sir i bob pwrpas. Achos ei fod mor farus a chyfreithgar, ysgogodd wrthwynebiad ffyrnig yn lleol. Gwnaethai Perrot elynion yn hawdd.

Yna derbyniodd swydd newydd, sef 'Llywydd Munster' - y cyntaf i gael y swydd honno. Yn 1571, cyrhaeddodd Iwerddon i atal gwrthryfel a arweinid gan James Fitzmaurice Fitzgerald. Roedd ei ddulliau yn giaidd - dienyddiwyd dros 800 o wrthryfelwyr trwy grogi - ond yn aneffeithiol, ac ymddiswyddodd o'r swydd yn 1573, gan ddod adref i Sir Benfro yn addo 'byw bywyd gwladwr a chadw allan o ddyled'. Etifeddodd Gastell Caeriw **[33]** a dechreuodd raglen adeiladu yno i greu cartref ysblennydd iddo'i hun, wedi'i hariannu'n rhannol o'r rhenti afresymol a godai ar ei denantiaid. Gwnaeth yr un peth â'r castell yn Nhalacharn yn Sir Gaerfyrddin, a roddwyd iddo gan y Frenhines yn 1575. Cael eu gadael heb eu gorffen oedd hanes y prosiectau hyn; byrhoedlog iawn oedd ymddeoliad Perrot.

Yn 1584, fe'i hanfonwyd yn ôl i Iwerddon fel 'Arglwydd Ddirprwy'. Ei dasg oedd trechu Iwerddon a dechrau'r broses wladychu. Unwaith eto, cafodd ei ddulliau bôn braich a diffyg diplomyddiaeth lwyddiant cymysg, a gofynnodd am ganiatâd i ymadael. Ar ôl naw mlynedd, roedd wedi dieithrio llawer o'i gydweithwyr, ac er iddo gael un swydd arall, sef cynllunio amddiffyniad de-orllewin Cymru yn erbyn ymosodiad gan Sbaen, roedd ei elynion yn benderfynol o'i ddymchwel. Ar dystiolaeth simsan fe'i cyhuddwyd o frad ac o gynllwynio gyda brenin Sbaen i gael gwared ar y Frenhines. Yn 1592 safodd ei brawf; fe'i dyfarnwyd yn euog ac fe'i condemniwyd i farwolaeth. Ond bu farw yn Nhŵr Llundain cyn iddo gael ei ddienyddio, o bosibl trwy wenwyno,.

Roedd Perrot yn nodweddiadol o Gymry oes y Tuduriaid a gasglodd gyfoeth a phŵer trwy ymgymathu ag elît Lloegr. Ef oedd un o'r Cymry cyntaf i chwarae rhan flaenllaw yng ngorthrwm trefedigaethol Lloegr a thwf ei hymerodraeth. Mae portread cyfoes ohono, pen carreg garw sydd bellach yn Amgueddfa Caerfyrddin, yn cyfleu yn well na'r llun y llymder yr oedd ei angen er mwyn llenwi'r rôl honno.

38 Beibl William Morgan
1588

Nid oedd hi'n anochel y byddai'r Beibl yn cael ei gyhoeddi yn yr iaith Gymraeg yn ystod yr unfed ganrif ar bymtheg. Roedd Deddf Uno 1536 wedi gwahardd defnyddio'r Gymraeg yn y byd swyddogol, ac yn gynyddol felly Saesneg oedd iaith uchelwyr Cymru.

Ond dangosodd rhesymeg Protestaniaeth, gyda'i phwyslais ar flaenoriaeth gair Duw, y ffordd at wneud yr ysgrythur yn hygyrch i'r bobl yn eu hiaith eu hunain – hyd yn oed os mai Cymraeg oedd yr iaith honno **[35]**. Cyhoeddwyd Beiblau Saesneg a gymeradwywyd gan y llywodraeth o 1538, ac yn 1563, caniataodd Deddf Seneddol gyhoeddi Beibl a Llyfr Gweddi yn Gymraeg. Cyhoeddwyd Testament Newydd yn 1567. Roedd cyfieithiad arloesol William Salesbury, er yn ysgolheigaidd, yn defnyddio orgraff anghyffredin, a chafodd dderbyniad oeraidd. Tua deng mlynedd yn ddiweddarach, derbyniodd offeiriad ac ysgolhaig o allu prin, William Morgan, yr her o gynhyrchu cyfieithiad mwy darllenadwy, y tro hwn o'r Beibl cyfan, gan gynnwys yr Apocryffa.

Ganwyd Morgan i deulu gwerinol oedd yn denantiaid Tŷ Mawr, Wybrnant, ger Penmachno. Fe'i cymerwyd dan adain y tirfeddiannwr diwylliannol Syr John Wynn o Wydir, ac ymhen amser aeth i Brifysgol Caergrawnt. Arhosodd yno am dair blynedd ar ddeg, gan ennill pedair gradd a gwybodaeth drylwyr o Ladin, Groeg a Hebraeg, sgiliau delfrydol ar gyfer ysgolhaig Beiblaidd. Roedd wedi cychwyn ei gyfieithiad o bosibl cyn iddo symud i Lanrhaeadr-ym-Mochnant fel ficer yn 1578.

Mae'n debyg bod gan Morgan gefnogwr oedd eisoes yn barod i dalu am yr argraffiad, o bosibl John Whitgift, Archesgob Caergaint. Efallai mai eu nod oedd cyflymu dirywiad Catholigiaeth, a hefyd osgoi bygythiad gan eithafwyr Protestannaidd. Yn ei ragymadrodd Lladin, amddiffynnodd Morgan ei gyfieithiad trwy ddadlau bod yr angen crefyddol yn gwneud defnyddio'r Gymraeg yn hanfodol.

Fel heddiw, timau gan amlaf a luniai gyfieithiadau o'r Beibl, ond gweithiai Morgan yn bennaf ar ei ben ei hun, gan ddibynnu ar y testunau Hebraeg a Groeg gwreiddiol a gyda chymorth Testament Newydd Salesbury, cyfieithiadau Saesneg a sawl esboniad. Roedd gan ei fersiwn lawer o rinweddau. Roedd yn gywir. Defnyddiodd fath o Gymraeg a oedd, er yn uwch na'r iaith lafar gyffredin, yn hawdd ei deall. Roedd ei orgraff yn naturiol, wedi'i safoni. Yn anad dim, roedd arddull Cymraeg Morgan, gan dynnu ar dreftadaeth gyfoethog o ryddiaith a barddoniaeth gynharach, yn gadarn a chofiadwy. 'Does dim portread ohono', meddai'r bardd R.S. Thomas, ond esgorodd ei 'gyfres o ddannedd / wedi'u torri ar asgwrn anystywallt / iaith' ar 'ddarnau o ryddiaith dangnefeddus'.

Yn 1587, daeth Morgan â'i lawysgrif gyflawn i Lundain i oruchwylio ei hargraffu. Cymerodd y cyfansoddi, argraffu a darllen proflenni flwyddyn gyfan. Ar 22 Medi 1588 roedd y Beibl, 1,116 o dudalennau o hyd, wedi'i argraffu gan 'Ddirprwyon Christopher Barker, argraffydd i'r Frenhines', yn barod. Gorchmynnwyd anfon copïau, am bris o £1 yr un, i bob eglwys yng Nghymru.

Cafodd gwaith Morgan ddylanwad crefyddol ac ieithyddol pellgyrhaeddol. Ar ôl 1588, gallai pobl glywed geiriau'r Beibl bob wythnos yn eu hiaith eu hunain. Ysgrifennodd y bardd Siôn Mawddwy, 'Arglwydd enwog, arweiniaist ni'n bobl ddall allan o'r tywyllwch'. Gosododd Cymraeg llenyddol Morgan esiampl i genedlaethau i ddod, ond i ddechrau, hyd yn oed i bobl lythrennog, cafodd ei throsglwyddo ar lafar yn hytrach nag ar bapur. Ni allai darllenwyr unigol brynu 'Beibl Bach', a werthwyd am goron, tan 1630, a phrin oedd copïau personol tan y ddeunawfed ganrif.

Y BEIBL CYS-
SEGR-LAN. SEF
YR HEN DESTA-
MENT, A'R NEWYDD.

2. Timoth. 3. 14, 15.

Eithr aros di yn y pethau a ddyscaist, ac a ymddyried-
wydi ti, gan wybod gan bwy y dyscaist.
Ac i ti eryn fachgen wybod yr scrythur lân, yr hon
sydd abl i'th wneuthur yn ddoeth i iechydwria-
eth, trwy'r ffydd yr hon sydd yng-Hrist Iesu.

Imprinted at London by the Deputies of
CHRISTOPHER BARKER,
Printer to the Queenes most excel-
lent Maiestie.

1588.

39 Gramadeg Cymraeg John Davies
1621

Ar yr un pryd ag y sefydlwyd Cymraeg fel iaith y
Beibl **[38]**, dechreuodd hi fod yn destun ymchwil gan ysgolheigion am y tro cyntaf fel iaith ynddi ei hun. Fe wnaethon nhw lunio geiriaduron a gramadegau Cymraeg i ddangos sut yr oedd yr iaith wedi esblygu a sut yr oedd hi'n gweithio'n ymarferol. Cyhoeddwyd y geiriadur Cymraeg-Saesneg cyntaf gan William Salesbury **[38]** yn 1547, a dechreuodd Gruffydd Robert gyhoeddi'r gramadeg Cymraeg cyntaf ym Milan yn 1567. Ond John Davies o Fallwyd, dyn a gydnabyddid fel y mwyaf blaenllaw o ysgolheigion y Dadeni yng Nghymru, 'yr amlycaf, yr unig Plato o'n hiaith', chwedl un o'i gyfoedion, a ddaeth â safonau newydd, trylwyr i'r astudiaeth esblygol o'r iaith Gymraeg.

Roedd John Davies yn fab i wehydd yn Sir Ddinbych. Ar ôl bod mewn ysgol ramadeg, efallai yn Rhuthun, astudiodd yng Ngholeg yr Iesu, Rhydychen a bu'n gweithio i William Morgan yn Llandaf a Llanelwy. Yn 1604, gyda chymorth Morgan fwy na thebyg, daeth yn rheithor Mallwyd ym Meirionnydd, gan aros yno am ddeugain mlynedd. Yma ysgrifennodd, mewn cyfnod rhyfeddol o ffrwythlon, gyfres o weithiau dylanwadol. Ef oedd yn bennaf gyfrifol am adolygu cyfieithiad Morgan o'r Beibl a gyhoeddwyd yn 1620. Y flwyddyn ganlynol, cyhoeddodd gyfieithiad Cymraeg diwygiedig o'r Llyfr Gweddi Cyffredin. Hefyd yn 1621, ymddangosodd ei ramadeg Cymraeg, *Antiquae linguae Britannicae rudimenta*. Yn 1632, dilynodd geiriadur, *Antiquae linguae Britannicae dictionarium duplex*. Ysgrifennodd adran Cymraeg-Lladin y geiriadur ei hun, a diwygiodd yr adran Lladin-Gymraeg a ysgrifennwyd gan Thomas Wiliems.

Y tu cefn i holl ysgolheictod Davies, roedd dealltwriaeth ddofn o lenyddiaeth gynharach Gymraeg. Chwiliai am lawysgrifau o farddoniaeth gynnar, fel llawysgrif Hendregadredd, a chopïai eu cynnwys. Yn ei ramadeg, a ysgrifennwyd yn Lladin i'w ddarllen gan ysgolheigion rhyngwladol, cynigia ddadansoddiad meistrolgar o'r iaith Gymraeg. Ceisia gadarnhau ei hynafiaeth trwy honni bod 'gan yr iaith Brydeinig gysylltiad agos iawn ag ieithoedd y dwyrain', yn enwedig Hebraeg.

Dyn deallus oedd Davies, ond roedd hefyd yn ddyn ymarferol. Mewn cyfeiriad ffraeth at y bardd alltud Rhufeinig Ofydd, cymharodd Mallwyd â Sgythia, sef anialwch diwylliannol. Ond roedd yn ddigon gofalgar am y pentref i greu ei gynlluniau pensaernïol ei hun i ailadeiladu'r rheithordy a'r eglwys yno, ac i godi nifer o bontydd.

Yn y ddeunawfed ganrif bu'r copi hwn o ramadeg Davies yn eiddo i Richard Morris, un o 'Morrisiaid Môn' **[47]**, ac yna i'r bardd a'r awdur Goronwy Owen o Ynys Môn. Roedd Owen yn ddyn disglair ond anniddig a symudai'n gyson gyda'i deulu. Yn ddiweddarach yn ei oes, bu'n gaeth i alcohol. Ymfudodd i Virginia yn yr Unol Daleithiau, a marw yno yn 46 oed yn 1769. Gyferbyn â'r dudalen deitl, ysgrifennodd yr englyn hwn yn Lladin, i ganmol gramadeg John Davies a thrwy hynny, yr iaith Gymraeg. Mae Goronwy yn arwyddo'r gerdd fel 'Grono Owain'. Dim ond un ar bymtheg oed oedd pan ysgrifennodd hi yn 1738.

> *Devia usque ad Davis – veluti*
> *Vallata tenebris,*
> *Nunc age, salvaque sis,*
> *Janua Cambrigenis*

> Ar goll tan oes Davies - fel
> Dan warchae'r tywyllwch,
> Nawr dewch yn fyw a ffynnu,
> Clwyd i werin Cymru.

Disticho= Englyn, Latinis
Cymraeeisq. simul contextum

Devia ad usq. Davis,   veluti
Vallata tenebris,
Nunc age, salvaq; isis
Janua Cambrigenis.

Grono Owain cc.

cc, i.s. 16.

1730.

(54. B.)

(bb.)

ANTIQVÆ
LINGVÆ BRITANNICÆ,
nunc communiter dictæ
CAMBRO-BRITANNICÆ,
à suis
CYMRAECÆ vel CAMBRICÆ,
ab aliis
WALLICÆ,
RVDIMENTA:
Iuxta genuinam naturalemq; ipsius
linguæ proprietatem,

Quâ fieri potuit accurata methode &
brevitate conscripta.

(54. D.)

Richard Hughes
Tŷ Hen isa Maerdy hyrnedd Dec 7th 1905

LONDINI,
Apud IOHANNEM BILLIVM,
Typographum Regium.
1621.

4.0 Map ystâd y Barri
1622

Yng Nghymru, hyd at y chwyldro diwydiannol o leiaf, roedd tir yn gyfystyr â grym. Byddai bod yn dirfeddiannwr, yn enwedig os oedd y tir yn ffrwythlon, yn dod ag incwm o gnydau, rhenti a thollau, yn ogystal â dylanwad gwleidyddol a statws cymdeithasol. Wedi i Oliver St John olynu ei dad fel y 4ydd Barwn St John o Bletso yn 1618, cyflogodd dirfesurydd o'r enw Evans Mouse i wneud map manwl a thirlyfr neu gofrestr o'i ystadau, gan gynnwys y rheini ym Mro Morgannwg â'i ganolbwynt yng Nghastell Ffwl-y-mwn. Gyda chymorth y mapiau, gallai St John wybod beth oedd yn berchen arno, rheoli ei ddenantiaid, ac amddiffyn ei hun rhag achosion llys gan landlordiaid eraill.

Bu Castell Ffŵl-y-mwn yn nwylo teulu St John a'u rhagflaenwyr ers tua 1200. Erbyn y 1600au, roedd yr ystâd yn cynnwys maenorau Ffwl-y-mwn, Llancatal, Pen-marc a'r Barri. Fel uchelwyr eraill ym Morgannwg, roedd Oliver St John yn landlord absennol. Ei frawd, Syr Anthony St John a reolai'r ystadau ar brydles, ac iddo e y cyflwynodd Mouse ei fapiau.

Ychydig sy'n hysbys am Evans Mouse. Yn ôl pob tebyg, Cymro ydoedd, ac roedd yn sicr yn dirfesurydd hynod broffesiynol. Mae ei fapiau, a gynhyrchwyd yn 1622, ymhlith y mapiau maenoraidd cynharaf a gorau i oroesi yng Nghymru. Wedi'u tynnu mewn inc a dyfrlliw ar femrwn trwchus ar raddfa o tua 50cm y filltir, maen nhw'n gywir ac yn fanwl drylwyr. Ni chynhyrchwyd map gwell o'r ardal cyn i'r Arolwg Ordnans ddechrau mapio dros 200 mlynedd yn ddiweddarach.

Dangosa'r mapiau afonydd (gwyrddlas eu lliw), ffyrdd a lonydd (brown), adeiladau (toeau coch) a ffiniau caeau. Rhoddir rhifau i'r caeau (sy'n wyrdd) a rhestra'r tirlyfr enwau caeau unigol a'u herwau. Erbyn 1622, roedd y broses o amgáu tir comin bron yn gyflawn: ac

ychydig o'r hen gaeau llain cymunedol sydd i'w gweld ar ddalen y Barri. Copiddeiliaid oedd y pedwar ar ddeg o denantiaid fferm, a'u hawliau a'u dyletswyddau wedi'u sefydlu yn ôl arfer. Yn ogystal â thalu rhent i'r landlord, disgwylid iddynt roi eu buwch orau (neu chwe swllt) i'r arglwydd bob blwyddyn, a dim ond ym melin yr arglwydd y gallent falu ŷd. Nodir 'Barreye Castle ruinated' ar y map, ynghyd ag eglwys Sain Nicolas a 'Cold Knappe, invironed with the sea of all partes' ac wedi'i wahanu oddi wrth y tir mawr gan forfa heli.

Roedd siâp y Barri cynddiwydiannol wedi ei sefydlu erbyn 1622. Ond bu newid i batrymau perchenogi tir dros amser. Dangosa arolwg tir o tua 1812 fod nifer y tenantiaid wedi gostwng o bedwar ar ddeg i bedwar, wrth i ffermydd mawr brofi'n fwy economaidd. Ni allai hyd yn oed landlordiaid wrthsefyll newid. Aeth Oliver St John, 5ed Barwn Bletso a mab comisiynydd y mapiau, i drafferthion ariannol yn ystod cyfnod y Werinlywodraeth, a gwerthodd Gastell Ffwl-y-mwn a thri o'r maenorau yn 1658. Fe'u prynwyd gan Seneddwr blaenllaw, Philip Jones o Langyfelach. Bu'n llywodraethwr Abertawe yn 1645, cymerodd ran ym Mrwydr Sain Ffagan yn 1648 a daeth yn gynorthwywr ffyddlon i Oliver Cromwell pan ddaeth y rhyfel i ben. Llwyddodd i gadw ei ystadau ar ôl yr Adferiad yn 1660, ac adeiladodd estyniadau i Gastell Ffwl-y-mwn.

Yn 1881, roedd y Barri yn dal i fod yn wledig, gyda phoblogaeth o tua 500. Unwaith y penderfynodd David Davies o Landinam **[69]** adeiladu ei ddociau i allforio glo, a agorwyd yn 1889, cynyddodd y boblogaeth yn ddramatig, gan gyrraedd 38,945 yn 1921.

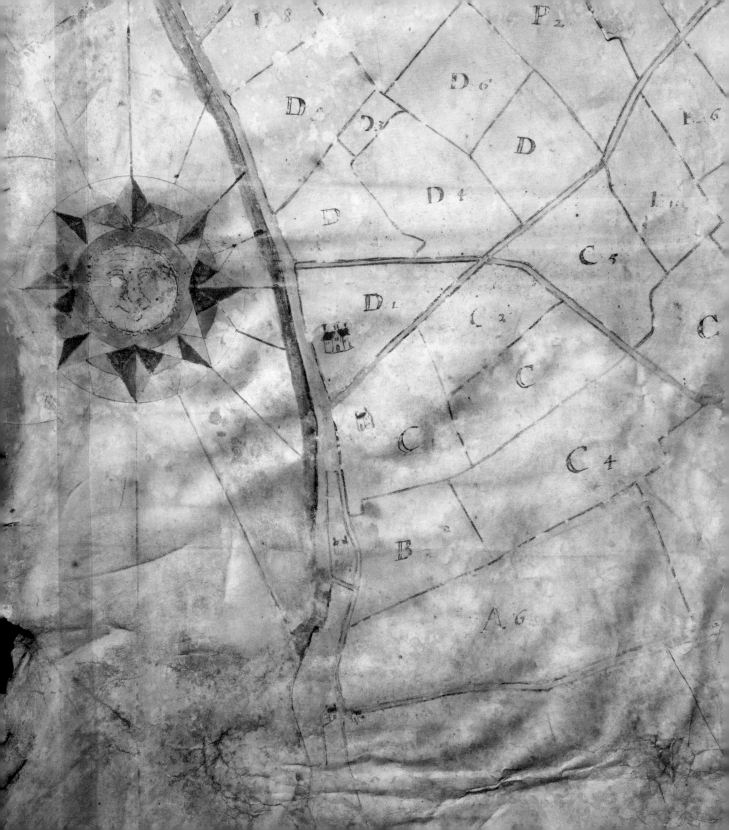

4.1 Darnau arian o Fathdy Aberystwyth
1639-42

Cloddiwyd metelau - haearn, copr, aur, plwm ac arian - yng Nghymru yn ystod y cyfnod Rhufeinig a chyn hynny **[4, 10]**. Erbyn diwedd yr unfed ganrif ar bymtheg, roedd entrepreneuriaid yn cloddio am arian ym mryniau canolbarth Cymru i'w droi'n ddarnau arian a gwrthrychau eraill. Yn 1625, enillodd Syr Hugh Myddelton o Ddinbych drwydded frenhinol – yn gyfreithiol roedd mwyngloddiau aur neu arian yn eiddo i'r Goron – i gloddio arian yn Sir Aberteifi. Gwerthodd ei weddw'r brydles yn 1636 i hapfasnachwr Seisnig amheus ei ddulliau, Thomas Bushell. Bu Bushell yn gweithio i Francis Bacon, yr athronydd, gwyddonydd a'r Arglwydd Ganghellor, a Bacon, mae'n ymddangos, a ddysgodd iddo sgiliau peirianneg mwyngloddio.

Yn 1637, ysgrifennodd Bushell at Siarl I i ofyn am ganiatâd i sefydlu bathdy brenhinol yn Aberystwyth, gan ddadlau bod cludo ei arian i'r bathdy yn Llundain yn beryglus a drud. Er gwaethaf gwrthwynebiad Bathdy Llundain, cytunodd y Brenin: o 1629 i 1640, bu'n llywodraethu heb senedd ac roedd bob amser yn awyddus i gynyddu ei incwm. Ac felly, o fis Ionawr 1639 hyd fis Medi 1642, cloddiodd Bushell am arian yng Nghwmsymlog. Yn ei fathdy yng Nghastell Aberystwyth, fel 'ceidwad a phen-gweithiwr', cynhyrchodd ddarnau arian i'r Brenin oedd yn werth cyfanswm o £10,500.

Rhyddhâi Bushell ddarnau arian o sawl gwerth: hanner coron, swllt, chwe cheiniog, grôt (4c), tair ceiniog, dwy geiniog, ceiniog a dimai. Mae gan rai ohonynt ddwy nodwedd arbennig: plu Tywysog Cymru sy'n dangos tarddiad Cymreig y darnau, a llyfr agored, a oedd mae'n debyg, yn 'nod cyfrin' i Bushell neu'n symbol ar gyfer 'gwnaed yn Aberystwyth'.

Erbyn hyn, roedd y berthynas rhwng y Brenin a'r Senedd wedi chwalu, ac ym mis Awst 1642, dechreuodd y Rhyfel Cartref. Ffodd Thomas Bushell o Aberystwyth bron ar unwaith. Ac yntau'n Frenhinwr argyhoeddedig o hyd, ar ddiwedd y rhyfel roedd ar Ynys Wair, gan amddiffyn y rhan olaf o Brydain i ildio i'r lluoedd Seneddol buddugol. Symudwyd y bathdy, yn gyntaf i Amwythig, canolfan newydd Siarl, ac yna i Rydychen a Bryste, er iddo ailymddangos am ychydig, mae'n debyg, yn 1648 ym mhentref Ffwrnais, i'r gogledd o Aberystwyth.

Yng Nghymru, ychydig iawn o frwdfrydedd dros yr achos Seneddol a fu. Byddai'n well gan y mwyafrif gadw allan o'r ffrae yn hytrach nag ymrwymo i achos y Brenin. Serch hynny, daeth y wlad yn faes y gad rhwng y lluoedd gwrthwynebus. Ymladdodd y lluoedd Seneddol dan arweiniad Rowland Laugharne a'r Brenhinwyr dan arweiniad Charles Gerard am oruchafiaeth yn ne Cymru. Cafodd Castell Aberystwyth ei ddifrodi'n ddifrifol yn 1646 a'i ddymchwel yn 1649. Daeth heddwch byrhoedlog ar ôl i'r Brenin gael ei drechu yn 1647, ond ymledodd y Rhyfel Cartref o'r newydd ar draws Cymru, gan arwain at fuddugoliaeth Oliver Cromwell ym Mrwydr Sain Ffagan ym mis Mai 1648.

Dros y ddwy ganrif nesaf prysurodd y gwaith cloddio am blwm yng ngogledd Sir Aberteifi. Penodwyd Lewis Morris, yr awdur ac ysgolhaig o Ynys Môn **[47]**, yn uwch-arolygydd ar fwyngloddiau'r brenin, er iddo gweryla yn fuan â'r uchelwyr lleol. Erbyn canol y bedwaredd ganrif ar bymtheg, cyflogid gweithlu mawr, yn aml mewn amodau aflan a pheryglus, mewn mwyngloddiau dan reolaeth perchnogion o Swydd Derby a Chernyw **[57]**.

Dychwelodd bathu arian i Gymru yn 1968 wrth i'r Bathdy Brenhinol agor yn Llantrisant. Canlyniad i bolisi'r llywodraeth Lafur, a ddechreuwyd gyda sefydlu'r Swyddfa Gymreig yn 1964, o ddatganoli swyddogaethau gweinyddol canolog allan o Lundain oedd hyn – adlais diweddar o benderfyniad Siarl I yn 1637.

4·2 Mapiau ffyrdd John Ogilby
1675

Hyd at ddiwedd y ddeunawfed ganrif, roedd teithio am unrhyw bellter ar dir yng Nghymru yn anodd, yn araf ac weithiau'n beryglus. Ni chafodd y rhwydwaith Rhufeinig o ffyrdd ardderchog ei gynnal. Yn 1188, cymerodd Giraldus Cambrensis **[19]** chwe wythnos i deithio 500 milltir o amgylch Cymru; ni allai teithiwr yn 1500 cwblhau'r un daith lawer yn gynt.

Wrth i boblogaeth, gweinyddiaeth a masnach gynyddu, dechreuodd y ffyrdd ddod yn bwysicach, er anaml y byddai llywodraethau yn cydnabod fod arnyn nhw unrhyw gyfrifoldeb am eu hadeiladu na'u cynnal. Datblygodd porthmyn **[53]** lwybrau hir er mwyn gyrru gwartheg o ucheldir Cymru i farchnadoedd yn Lloegr o'r bymthegfed ganrif ymlaen, ond llwybrau mwdlyd oeddent gan amlaf. Yn 1555, gorfododd Deddf Seneddol blwyfi i benodi dau berson fel 'arolygwyr priffyrdd', gan ofyn i bob dyn abl yn y plwyf roddi pedwar diwrnod bob blwyddyn i atgyweirio ffyrdd. Ni chafodd fawr o effaith. Yr enw ar ddiwrnod trwsio'r ffyrdd oedd 'diwrnod i'r brenin' a ddaeth yn gyfystyr â segurdod ac ymlacio.

Yn 1675, cyhoeddodd y Sgotyn, John Ogilby, arweinlyfr i deithwyr yn dangos sut i deithio ar ffyrdd Cymru a Lloegr rhwng pwyntiau pell. Cynhwysodd ei atlas anghonfensiynol, o'r enw *Britannia*, gyfres o gant o fapiau stribed, pob un yn dilyn ffyrdd dethol rhwng dau bwynt, gan nodi'r tir cyfagos, a'r lleoedd y byddent yn mynd trwyddynt.

Dyn dyfeisgar a mentrus oedd John Ogilby. Ar wahanol adegau, roedd yn diwtor ac yn athro dawns, yn gyfieithydd, yn impresario theatr ac yn gyhoeddwr, cyn i Charles II ei benodi yn 1671 yn 'Gosmograffydd ei Fawrhydi a'i Argraffydd Daearyddol' yn 1671. Cynhwysodd 7,700 milltir o ffyrdd yn y 85 llwybr

a ddewisodd i'w cyhoeddi yn *Britannia*. Er mwyn gwella cywirdeb tirfesur, defnyddiodd 'dirmesuradur' neu olwyn fesur, yn hytrach na chadwyn tirfesur, a mabwysiadodd raddfa un fodfedd i un filltir (safonwyd y filltir yn 1,760 llath am y tro cyntaf).

Plât 67 o'r atlas yw'r ail o ddau blât sy'n dangos y llwybr o Dyddewi i Dreffynnon – llwybr annhebygol efallai. Gan ddechrau yn Nhal-y-bont, Ceredigion, mae'n mynd i'r gogledd i Fachynlleth, yn dilyn afon Dyfi i Fallwyd, yn croesi'r mynyddoedd i'r Bala, ac yna trwy Ruthun i Dreffynnon. Ychwanegwyd lliwiau â llaw ar ôl yr argraffu. Noda Ogilby afonydd (glas), llynnoedd (gwyrdd), pontydd, clwydi a chyffyrdd. Nodir llethrau i fyny ac i lawr mynyddoedd (brown) ar wahân. Mae Ogilby yn dangos cyfeiriad trwy gwmpawdau melyn, sy'n wahanol o stribed i stribed, ac yn cynnwys pellteroedd, yn gywir iawn am y cyfnod. Llai clir yw statws cymharol y ffyrdd: yn ddiamau, roedd rhai yn haws ac yn fwy cyfforddus ar gefn ceffyl nag eraill.

Roedd mapiau arloesol Ogilby yn boblogaidd. Cawson nhw eu hail-argraffu a'u lleidr-argraffu, a'u cyhoeddi o 1719 mewn argraffiadau mwy cludadwy. Er hynny, ni chafodd ffyrdd Cymru eu gwella tan y cyfnod rhwng 1750 a 1850, pan drwyddedodd y Senedd gwmnïau tyrpeg i wella ansawdd y prif lwybrau trwy ddefnyddio tollau. Yng Nghymru, cythruddodd y tollau weithwyr gwledig oedd eisoes yn dlawd. Rhwng 1839 a 1843, ymosodai 'Merched Beca', dynion yn gwisgo dillad merched, ar dollbyrth, a bygwth eu ceidwaid â thrais mewn ymgyrch ar draws de-orllewin Cymru. Bu raid wrth rym milwrol i atal y gwrthryfel ond yn y pen draw, enillodd y protestwyr. O 1844 ymlaen, disodlwyd y cwmnïau tyrpeg aneffeithiol gan fyrddau ffyrdd sirol, a dechreuodd ffyrdd Cymru wella.

The Continuation of the Road from Sᵗ DAVIDS to HOLYWELL
Plate 67

4·3 Cwpwrdd tridarn
Diwedd yr 17eg ganrif

Roedd y cwpwrdd tridarn yn unigryw i Eryri a'r ardal gyfagos. Fe'i gwelid yn aml yn nhai ffermwyr cyfoethog a boneddigion. Tra dechreuodd arddulliau newydd ddylanwadu ar ddodrefn mewn mannau eraill, goroesodd y traddodiad lleol a ffynnu, o tua 1660 i tua 1770.

Gweid cypyrddau tridarn o dderw sych gan seiri lleol medrus. Roedd y rhannau canol ac isaf ar gyfer storio dillad a nwyddau eraill a'r rhan uchaf gyda chanopi â cholofnau turniedig yn agored i arddangos crochenwaith, llestri piwter a thrysorau teuluol eraill. Cerfiwyd rhai cypyrddau yn gywrain gyda mowldinau, paneli addurnedig, ffigurau ac arysgrifau, tra bod eraill, fel yr enghraifft o Ynysgain Fawr ger Cricieth, yn llawer mwy plaen.

Gallai teulu gomisiynu cwpwrdd tridarn i nodi digwyddiad pwysig, fel priodas neu sefydlu cartref newydd. Cofnoda cwpwrdd o 1689 sydd bellach yn Nhŷ Mawr, Wybrnant **[38]** lythrennau cyntaf cwpwl priod, 'WI' ac 'IH', ac arwyddair, 'Bydd drugarog yn ôl dy allu'. Roedd y cwpwrdd tridarn yn ddodrefnyn trawiadol, ond roedd hefyd yn ymarferol, gan nad oedd llawer o le mewn tai oedd ymhell o fod yn fawr.

Disodlwyd y tŷ yn Ynysgain gan dŷ newydd ddiwedd y ddeunawfed ganrif, ond fe wnaeth teulu Jones (Pughe-Jones yn ddiweddarach), a fu'n byw yno'n barhaus o ganol yr ail ganrif ar bymtheg hyd 1955, basio eu cwpwrdd tridarn o un genhedlaeth i'r nesaf. Mae balchder mewn traddodiad crefft wledig a'i barhad yn thema stori fer hiraethus gan D.J. Williams, 'Y cwpwrdd tridarn', a ysgrifennodd yn 1939. Mae ei phrif gymeriad, hen saer maen o'r enw Harri Bach, yn sylweddoli gyda thristwch fod ei nai, John Hendri, wedi cefnu ar ddiwylliant ac iaith draddodiadol

Cymru. Yr unig eiddo sy'n weddill i Harri, i'w adael i John ar ôl ei farwolaeth, yw ei gwpwrdd hynafol, lle mae'n cadw'r ychydig drysorau sydd yn dal ganddo. 'Yn ddiarwybod iddo, gweithredai'r cwpwrdd hwn fel rhyw angor yn y dyfnder yn dal ei bersonoliaeth rhag ei symud gan y trai a'r llanw o'i gwmpas'. Sylwa nawr fod pryfed pren yn rhemp ynddo.

Roedd Ynysgain yn gartref i un o'r Affricanwyr duon cynharaf a gofnodir yng Nghymru. Anhysbys yw ei enw a'i ddyddiad geni, ac mae'n ansicr sut y daeth i ardal Cricieth yn fachgen ifanc o gwmpas 1745. Un stori, yn ôl hanes a drosglwyddwyd ar lafar ac a gyhoeddwyd gan 'Alltud Eifion' yn 1888, oedd iddo gael ei ddal yn Affrica gan aelod o deulu Wynne o Ystumllyn, ond efallai mai o gartref caethweision yn Ynysoedd y Caribî y daeth. Pan gyrhaeddodd Ystumllyn, dywedwyd 'nid oedd ganddo unrhyw iaith heblaw am synau tebyg i udo ci', ond cyn hir roedd yn rhugl yn y Gymraeg a'r Saesneg. Fe'i hadnabuwyd gan bobl leol fel 'John Ystumllyn' neu 'Jac Blac'. Roedd yn arddwr a blodeuwr medrus, a bu'n gweithio fel garddwr i deulu Wynne.

Dangosa paentiad olew fod John yn llanc golygus, a dywedwyd iddo fod yn boblogaidd gyda'r merched lleol. Daeth i Ynysgain yn wreiddiol i ganlyn Margaret Gruffydd. Ar ôl priodi, buon nhw'n byw yn Ynysgain gan weithio yno fel 'stiwardiaid tir'. Bu farw John yn 1786 a chladdwyd ef yn Ynyscynhaearn. Ar ei garreg goffa, mae englyn gan Dafydd Siôn Siâms, sy'n cadarnhau'r traddodiad iddo gael 'ei barchu gan y boneddigion a'r bobl gyffredin fel ei gilydd' fel dyn gonest ac egwyddorol.

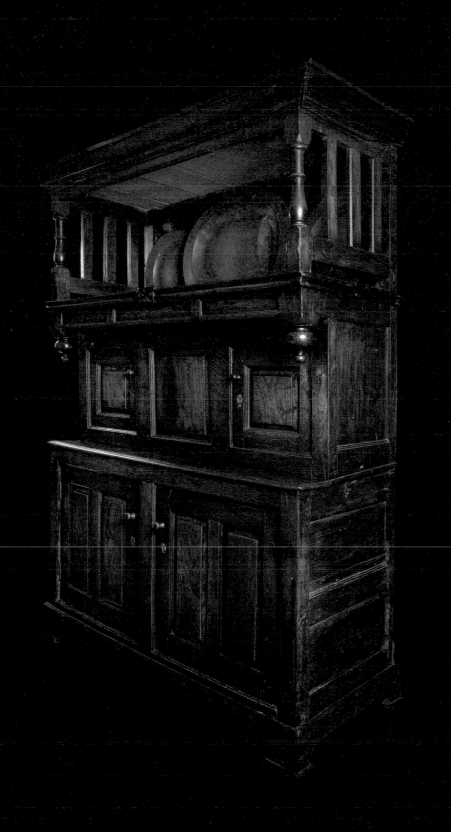

4.4. Gwydrau Jacobitaidd
c1740-1775

Y dyn cyfoethocaf yng Nghymru yn ystod hanner cyntaf y ddeunawfed ganrif oedd Syr Watkin Williams Wynn o Wynnstay, y 3ydd barwnig. Erbyn 1720, trwy etifeddiaeth a phriodas, roedd wedi meddiannu ystâd o dros 100,000 erw ar draws pum sir yng Nghymru.

Roedd Wynn yn wleidydd brwdfrydig a cheidwadol, ac yn gadarn ei farn yn erbyn y Chwigiaid ond roedd llwyddiant gwleidyddol yn galw am wario'n hael. Gwariodd Wynn ffortiwn ar greu a llwgrwobrwyo etholwyr er mwyn ei ethol e ac eraill i'r Senedd – bu'n aelod seneddol bron yn barhaus o 1716 hyd ei farwolaeth yn 1749. Ni chuddiodd ei gydymdeimlad â'r Stiwartiaid alltud a geisiodd adennill yr orsedd yn 1715 a 1745. Yn 1715, bu'n gyfrifol o bosibl am ysgogi terfysgoedd gwrth-Hanoferaidd yn Wrecsam; yn 1722, llosgodd lun o George I yn gyhoeddus, ac addawodd ei gefnogaeth i Charles Edward Stuart, pe bai'n ymosod gyda byddin Ffrengig. Methodd y Ffrancwyr ag ymddangos yn 1745, gan ryddhau Wynn o'i ymrwymiad i Charles, a'i arbed rhag cael ei gosbi gan y llywodraeth pan fethodd y gwrthryfel.

Nid Wynn oedd yr unig gydymdeimlwr â'r Stiwartiaid. Ar 10 Mehefin 1710, pen-blwydd James Stuart, yr 'Hen Ymhonnwr', trefnodd gymdeithas o'i gyd-Jacobitiaid yng ngogledd-ddwyrain Cymru o'r enw y 'Cycle Club' (byddai'r cyfarfodydd yn 'seiclo' rhwng tai'r aelodau yn Wrecsam a'r cyffiniau). Nid oedd y clwb yn gwbl gyfrinachol nac o ddifrif mewn gwirionedd ynglŷn ag annog gwrthryfel, ac wedi methiant gwrthryfel 1745, gweithredai fel clwb bwyta a diota hiraethus yn fwy na dim byd arall. Byddai'r aelodau yn yfed eu gwin, fodd bynnag, o'r gwydrau gorau oll, a wnaethpwyd yn arbennig ar eu cyfer gan wneuthurwyr gwydr o Loegr, gyda llawer ohonynt wedi'u hysgythru â negeseuon Jacobitaidd.

Etifeddwyd ystadau a ffortiwn Wynn gan y 4ydd barwnig, a enwyd hefyd yn Syr Watkin Williams Wynn. Roedd ganddo ddiddordeb mewn celf, cerddoriaeth a drama. Cynhaliodd barti dod i oedran yn Wynnstay ar gyfer 15,000 o westeion; dywedwyd i 'dair coets yn llawn cogyddion gael eu hanfon o Lundain'. Comisiynodd bensaer, James Byers, i ddylunio palas newydd i gymryd lle ei dŷ ar y pryd. Mae lluniau Byers wedi goroesi, yn dangos canolfan ddiwylliannol ryfeddol, gyda neuadd gyngerdd fawr a grisiau mawreddog, a fyddai wedi addurno glannau afon Dyfrdwy pe bai wedi cael ei gwireddu. Yn lle hynny, adeiladodd Wynn blasty trefol newydd yn Llundain, gan rannu ei amser rhwng Llundain a Chymru.

Roedd Wynn yn noddwr brwd dros ddiwylliant Cymru. Yn Llundain, cefnogodd ysgol elusennol Gymraeg a dwy gymdeithas Gymreig gynnar, Cymdeithas yr Hen Frythoniaid ac Anrhydeddus Gymdeithas y Cymmrodorion. Yn Wynnstay, bu'n helpu Richard Wilson a Paul Sandby, dau o dirlunwyr cynharaf Cymru, a'r telynor John Parry.

Arhosodd grym a nawdd y Wynniaid yn y cof am amser maith. Honnodd cân a gasglwyd yn y bedwaredd ganrif ar bymtheg fod Wynn yn 'frenin yng nghalonnau ei denantiaid ymhobman'. Yn 1996, canodd Bob Delyn a'r Ebillion yn fwy dychanol am y mab a'i wraig: 'Mae'n ffrindiau ffraeth yn dweud o hyd / Bod ni'n ddau o bethau hardda'r byd / Fel siandelïers a hetiau drud /A Mo-o-o-o-o-ozart'.

Darlun ar gyfer neuadd gyngerdd yn Wynnstay gan James Byers (Llyfrgell Genedlaethol Cymru)

Ar 25 Mai 1735, aeth dyn ifanc i oedfa gymun yn eglwys Talgarth a chael profiad rhyfedd. Yn sydyn, cafodd ei 'argyhoeddi gan yr Ysbryd Glân fod Crist wedi marw drosof fi, a bod fy holl bechodau wedi eu gosod arno', a chafodd ei draflyncu gan gyflwr o 'heddwch, llawenydd, gwyliadwrusrwydd, casineb tuag at bechod, ac ofn troseddu Duw'.

Roedd y foment hon yn rhan o dröedigaeth bersonol Howell Harris a dyma, yn ôl y traddodiad, ddechrau'r symudiad newydd o frwdfrydedd ac iachawdwriaeth bersonol o fewn yr Eglwys sefydledig. Byddai'n arwain ymhen amser at greu sefydliad annibynnol newydd a phwerus, Eglwys Bresbyteraidd Cymru.

Yn fab i saer, ganwyd Harris yn Nhrefeca ger Talgarth yn 1714. Mae ei hunangofiant yn paentio darlun erchyll, wedi'i orliwio yn ôl pob tebyg, o'i ieuenctid, pan oedd yn llawn 'balchder gwag a difyrrwch ieuenctid' a 'meddyliau atheistaidd' fel 'y tyfodd fy holl lygreddau'n gryfach ac yn gryfach ynof'. Nid y 'brwdfrydiwr' cyntaf mo Harris o bell ffordd. Roedd un o'i athrawon, Griffith Jones o Landdowror, a gafodd yntau dröedigaeth grefyddol, yn teithio plwyfi'n achub eneidiau – er ei fod yn fwyaf adnabyddus am yr ysgolion elfennol a sefydlodd i ledaenu llythrennedd sylfaenol ymhlith oedolion a phlant yn ne-orllewin Cymru. Nid Harris oedd yr unig bregethwr o'i fath chwaith: pregethwr carismatig arall oedd Daniel Rowland, y gelwid ei ddilynwyr ecstatig yn 'neidwyr'. Cododd 'brwdfrydedd' o gyfuniad o ffactorau: segurdod Eglwys Loegr, cynnydd yn nifer y bobl lythrennog oedd yn agored i syniadau newydd, a dylanwad mudiadau crefyddol tebyg yn Lloegr a thu hwnt.

Ar ddiwrnod ei dröedigaeth, ysgrifennodd Harris, 'teimlais ddyheadau anniwall i achub pechaduriaid truenus; dyhead fy nghalon oedd i'w hargyhoeddi o'u pechodau a'u trallod.' Yn 1736, cychwynnodd ar daith i ledaenu ei neges: yn gyntaf yn lleol, yna ledled Cymru a rhannau o Loegr. Wynebai elyniaeth gan glerigwyr, boneddigion ac eraill. 'Mae'r dynion bonheddig', ysgrifennodd, 'yn ein hela fel clugieir'. Ond denai gynulleidfaoedd mawr ac enillodd lawer o ddilynwyr. Trefnwyd 'cymdeithasau', lle byddai'r aelodau yn rhoi cefnogaeth grefyddol i'w gilydd, a disgyblaeth. Yn 1748, ysgrifennodd Harris, 'ymwelais erbyn hyn [o fewn naw wythnos] â 13 o siroedd a theithio tua 150 milltir bob wythnos, a siarad ddwywaith y dydd, ac weithiau dair a phedair gwaith y dydd; ac ar y daith ddiwethaf hon nid wyf wedi diosg fy nillad am 7 noson'. Drwy'r cyfan, ysgrifennodd ddyddiadur manwl mewn 284 cyfrol a miloedd o lythyrau. Ar fap llawysgrif o'i deithiau, rhestra Harris rai o'i gyrchfannau: Llanbedr Pont Steffan a Llangeitho, Tyddewi a Hwlffordd, Amwythig, Birmingham a Llundain.

Ar ôl deng mlynedd o lafurio, roedd Harris wedi blino'n lân: 'yn aml byddai'n diystyru ei iechyd, a byddai bwyd a hyd yn oed cwsg yn golygu dim iddo'. Roedd yn ddyn anodd, haerllug, obsesiynol a surbwch. 'Roedd gen i demtasiwn i chwerthin neithiwr', ysgrifennodd yn ei ddyddiadur, gan ofni ymosodiad o hysteria. Bu'n ffraeo â Daniel Rowland ac eraill am eu credoau, a chafodd fai ar gam am berthynas agos â merch briod, ac yn y pen draw aeth yn ôl i Drefeca yn 1752. Yno sefydlodd gymuned grefyddol. Erbyn 1753 roedd gan y 'Teulu', fel y'u galwodd, 29 o aelodau a 120 yn 1763. Dros amser, codwyd capel, becws, gerddi, ysbyty a hyd yn oed wasg argraffu yn Nhrefeca.

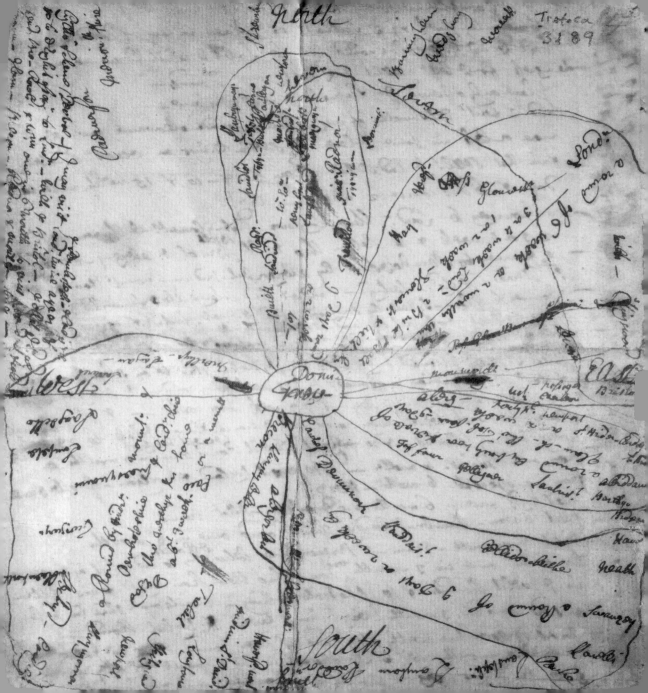

4·6 Crwth y Foelas
1742

Un noson olau leuad, cerddai'r Crythor Du adref pan amgylchynwyd ef gan haid o fleiddiaid newynog. Er mwyn achub ei hun, dechreuodd ganu ei grwth, ond yn fuan roeddent yn paratoi i ymosod arno. Cynyddodd ei ymdrechion a chwaraeodd yn ddi-stop drwy'r nos. Gwrandawai'r bleiddiaid, wedi eu cyfareddu'n llwyr. Pan gyrhaeddodd dynion eraill, diflannodd y bleiddiaid ac aeth y cerddor yn ei flaen.

Mae'r chwedl hon yn adrodd am nerth offeryn llinynnol hynafol. Bu'r crwth unwaith yn gyffredin ledled Ewrop, ond roedd ganddo le arbennig, ynghyd â'r delyn, mewn cerddoriaeth yn y llysoedd canoloesol yng Nghymru. Fe'i crybwyllir yn y *trioedd cerdd*, lle bu'n gysylltiedig â cherdd dant, yr hen draddodiad o ganu geiriau i gyfeiliant offerynnol. Gellid ei chwarae gyda thri thant, ond roedd chwe thant yn fwy cyffredin. Mewn gŵyl foethus a gynhaliodd Rhys ap Gruffydd yng Nghastell Aberteifi yn Nadolig 1176, canodd crythorion mewn cystadleuaeth â thelynorion a phibyddion. Ar ôl 1600, mabwysiadwyd y crwth mewn cerddoriaeth boblogaidd. Ond erbyn diwedd y ddeunawfed ganrif, cafodd ei ddisodli gan y ffidil. Ysgrifennodd yr hynafiaethydd Daines Barrington yn 1770, 'y prif reswm imi anfon yr offeryn hynafol hwn a elwir yn grwth i Gymdeithas yr Hynafiaethwyr i'w archwilio yw ei fod ar fin cael ei golli, gan mai ond un dyn yng Nghymru gyfan sydd â'r gallu i'w ganu. John Morgan o Niwbwrch ar ynys Môn yw ei enw; mae'n bum deg naw mlwydd oed erbyn hyn, felly mae'n debyg y bydd yr offeryn yn darfod gydag ef o fewn ychydig flynyddoedd'.

Ychydig iawn o grythau gwreiddiol sydd wedi goroesi hyd heddiw. 'Crwth y Foelas' yw'r un sydd yn y cyflwr gorau. Mae'n dwyn y dyddiad '1742'. Fe'i gwnaed gan Richard Evans o Lanfihangel Bachellaeth, ger Pwllheli. Mae ei seinfwrdd blwch syml, â'i ddau seindwll crwn, ynghlwm wrth wddf neu fysfwrdd canolog heb gribellau, a gedwir yn ei le gan iau ar ffurf pedol. Mae'r bont yn wastad er mwyn chwarae'r holl dannau gyda bwa ar yr un pryd. Chwe thant gwt sydd. Gosodir dau ohonynt oddi allan i linell y bysfwrdd a gellir eu defnyddio fel drôn neu fe ellir eu plycio â'r bawd. Er bod rhestrau o alawon crwth (fel 'Dugan y crythor du') a rhywfaint o wybodaeth gan gerddorion o flynyddoedd cynnar y bedwaredd ganrif ar bymtheg fel Edward Jones, 'Bardd y Brenin', mae'n anodd gwybod sut yn union y byddai'r crwth yn cael ei diwnio neu'i ganu, neu pa gerddoriaeth a chwaraeid arno. Cymharodd un bardd ei sain â 'chant o leisiau mewn un llaw'. Roedd ganddo ystod o wythfed a hanner. Mae gan grwth a chwaraeir heddiw ansawdd tebyg i ddrôn, ond mewn dwylo medrus, gall gynhyrchu amrywiaeth syfrdanol o harmonïau.

Datgelodd pelydr-x o 'Grwth y Foelas' a dau o'r crythau gwreiddiol eraill fod gwagle pigfain yn rhedeg yr holl ffordd ar hyd y bysfwrdd - o bosibl er mwyn creu ail seinfwrdd atodol i gynyddu sain yr offeryn.

Cafodd y crwth sylw o'r newydd yn adfywiad traddodiad cerddoriaeth werin Cymru yn y 1980au. Gwnaethpwyd copïau o'r offerynnau, ac mae rhai cerddorion, gan gynnwys yn nodedig Cass Meurig a Robert Evans, wedi perfformio a recordio cerddoriaeth ar gyfer y crwth.

Roedd y ffyrdd yn y ddeunawfed ganrif yng Nghymru yn wael ac yn araf. Yn aml, y modd hawsaf o gludo nwyddau a phobl oedd ar y môr. Byddai llif o gychod, barciau, brigantinau, brigiau, criwserau, cytars, llongau post, slwpiau, badau pysgota a llongau eraill yn hwylio o harbwr i harbwr ar hyd yr arfordir, ac i borthladdoedd mawr fel Lerpwl, Bryste a Dulyn. Ond roedd y môr yn beryglus. Collwyd dwsinau o longau yng Nghymru yn 'Storm Fawr' 1703. Roedd mordeithiau arfordirol yn fwy peryglus byth oherwydd diffyg siartiau dibynadwy.

Roedd Lewis Morris yn benderfynol o wella'r sefyllfa. Un o bedwar brawd ydoedd, a adwaenid fel 'Morrisiaid Môn'. Fe'i ganed yn 1701, a'i magwyd ym Mhentre Eirianell ger arfordir dwyreiniol yr ynys. Roedd ei rieni wedi eu trwytho mewn llenyddiaeth a cherddoriaeth Gymraeg, ond roeddent ymhell o fod yn gefnog, a bu raid i Lewis, bachgen deallus ac amryddawn, addysgu ei hun. Am bum mlynedd, bu'n gweithio fel tirfesurydd i Owen Meyrick o Fodorgan, cyn cael ei benodi yn swyddog tollau yng Nghaergybi a Biwmares. Daeth â mapiau a llongau at ei gilydd mewn cynllun uchelgeisiol a ddyfeisiodd i lunio siartiau cywir o arfordir Cymru.

Yn 1736, aeth Morris â'i gynnig at y Morlys yn Llundain. Fe'i gwrthodwyd ond dyfalbarhaodd ac yn 1737, rhoddwyd pum swllt y dydd iddo a'i ryddhau o'i ddyletswyddau tollau er mwyn dechrau ar ei arolwg. Dechreuodd ym Miwmares ar 4 Gorffennaf, gan logi ei gwch ei hun, ac o fewn mis, roedd wedi cwblhau mapio arfordir Ynys Môn. Ym mis Ebrill 1738, anfonodd un ar ddeg o siartiau llawysgrif mawr o'r arfordir i'r Morlys. Ond unwaith eto cafodd ei wrthod: pallodd yr awdurdodau tollau roi caniatâd pellach iddo barhau â'r gwaith. Yn 1742, trwy ymyrraeth Meyrick, darbwyllwyd

y Morlys i ganiatáu i Morris ailddechrau, a gyda chwch addas, gallai blymio'r dyfroedd a chwblhau ei fapio hydrograffig cyn belled â Dinbych-y-pysgod. Yn y diwedd, yn 1748, gyda chaniatâd y Morlys, llwyddodd i gyhoeddi ei siartiau trwy danysgrifiadau preifat.

Roedd *Plans of Harbours, Bars, Bays and Roads in St George's Channel* yn cynnwys pump ar ugain o gynlluniau a estynnai ar draws arfordir Cymru o Gonwy i Ddinbych-y-pysgod (cyhoeddodd Morris hefyd daflen fel crynodeb o'r arfordir). Yn ei ragair, esbonia'r hyn a ysgogodd ei waith: 'yr hanesion digalon am longddrylliadau a cholledion, sy'n digwydd mor aml ar arfordir Cymru', a achosir gan 'y wybodaeth simsan iawn' am ei daearyddiaeth. Tynnwyd y siartiau'n gywir ac yn glir. Nodwyd enwau lleoedd 'yn ôl eu gwir orgraff', yn wahanol i'r cartograffwyr blaenorol a frasamcanai'r sillafu oherwydd bod Cymru'n ddieithr iddynt. Bu'r llyfr yn llwyddiant a gwerthwyd 2,000 o gopïau. Yn nes ymlaen, cwblhaodd mab Morris, William, y mapiau ac yn 1800-1 cyhoeddodd ei siartiau newydd, ynghyd â fersiynau diwygiedig o siartiau ei dad.

Roedd gan Lewis Morris feddwl aflonydd a chwilfrydig. Cyfunai ymroddiad i ddiwylliant yr iaith Gymraeg â syched am wybodaeth o bob math oedd yn nodweddiadol o'r 'Oes Oleuedig'. 'Yr argraphwasg', ysgrifennodd yn 1735, 'yw canwyll y byd, a rhyddid plant Prydain. Pam i ninnau (a fuom wŷr mor glewion, gynt! os oes coel arnom) na cheisiwn beth o'r goleuni?' Yn ogystal â thirfesur, cyfansoddodd Morris farddoniaeth, cyhoeddodd ar ieitheg, hanes a cherddoriaeth, agorodd gloddfeydd plwm **[41]**, bu'n ffermio, sefydlodd wasg argraffu, copïodd lawysgrifau Cymraeg ac ysgrifennodd lythyrau di-ben-draw.

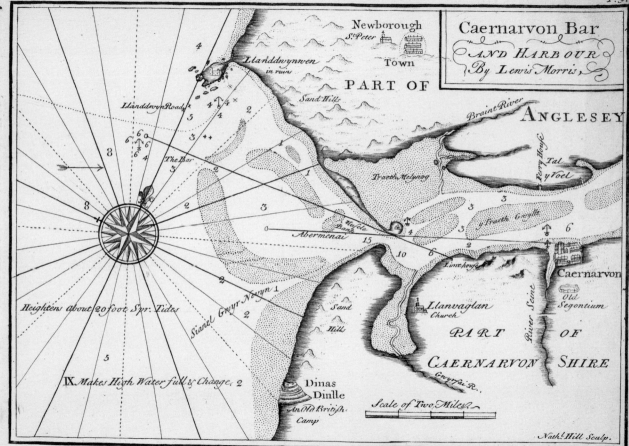

Caernarvon Bar
AND HARBOUR
By Lewis Morris

Newborough
St Peter
Town
PART OF

Llanddwynwen
in ruins

Braint River

ANGLESEY

Sand Hills

Llanddwyn Road

The Bar

Kerry Houf
Tal
y Voel

Traeth Melynog

y Traeth Gwyllt

Wyele Bank

Abermenai

Lime houfe

Caernarvon

Old
Segontium

Llanvaglan
Church

River Seint

Sand
Hills

PART OF

CAERNARVON SHIRE

Gwyrfai R.

Heightens about 20 foot Spr: Tides

Sianel Gwyn Nevyn

IX. Makes High Water full & Change. 2

Dinas
Dinlle
An Old British
Camp

Scale of Two Miles.

Nath.l Hill Sculp.

Publish'd according to Act of Parliament Sep.r 29. 1748

4·8 Hambwrdd wedi'i japanio
c1780

'Mae Tom Allgood wedi darganfod ffordd newydd o japanio, a chredaf ei bod mor hardd y byddaf yn anfon ychydig ddarnau atoch.'

Felly yr ysgrifennodd Charles Hanbury Williams at ei wraig yn 1734, gan gofnodi dechrau'r diwydiant ym Mhont-y-pŵl ac yn ddiweddarach ym Mrynbuga, a allforiodd gynnyrch ar draws y byd, o lys Catrin Fawr yn Rwsia i America chwyldroadol. 'Japanio' oedd y broses o orchuddio dalennau haearn tun â lacr resinaidd a phaentio'r wyneb â dyluniadau addurnol.

Haearn oedd sylfaen llestri japan. Yn nyffryn Torfaen, lleolid rhai o'r safleoedd gwneud haearn cynharaf yng Nghymru. Cynhyrchai ffwrnais doddi haearn ar gyfer gofaint yn y bymthegfed ganrif, gan wresogi haearnfaen lleol gyda thân siarcol. Yn ddiweddarach, defnyddiai ffwrneisi mwy pwerus haearn 'Osmond' a oedd o ansawdd uchel, ac yn 1576, sefydlodd Richard Hanbury, banciwr o Lundain, gyfres o efeiliau a ffwrneisi yn y dyffryn. Dechreuodd disgynnydd, John Hanbury, ddefnyddio melin rolio ym Mhont-y-pŵl i gynhyrchu dalennau haearn tenau a orchuddiwyd â thun. Adroddodd yr ysgolhaig Edward Lhuyd yn 1697, 'gyda'r platiau hyn, mae'n gwneud ffwrneisi, potiau, tegelli, sosbenni ac ati. Gall fforddio gwneud y rhain am bris rhad iawn.'

Erbyn hyn, roedd Thomas Allgood, Crynwr o Swydd Northampton, wedi ymuno â'r Hanburys ym Mhont-y-pŵl. Perffeithiodd ei fab Edward a'i ŵyr Thomas ('Tom') ddull o gotio dalennau tun â farnais a gynhyrchai sglein llachar i gefndir yr addurn paentiedig ar ôl tanio. Cymerent ofal i gadw rysáit y broses gotio'n gyfrinach – gwaharddwyd ymwelwyr rhag mynd i mewn i'r gweithdy – a heddiw mae'n anodd bod yn gwbl siŵr sut y cyflawnwyd yr effaith 'japanio'. Yn ôl pob tebyg,

glanhawyd y dalennau tenau trwy eu trochi mewn rhyg lefeiniedig asidig, cyn eu torri'n stribedi. Câi'r farnais, efallai yn gymysgedd o olew had llin, asffaltwm, wmber a litharg, ei bobi, a'i bobi eto ar ôl ychwanegu'r addurn paentiedig. Y canlyniad oedd gwrthrych a allai wrthsefyll rhwd a chanddo wyneb caled, disglair.

Dechreuodd yr Allgoods wneud nwyddau japan, gan gynnwys tebotau a photiau coffi, hambyrddau caws a bara, pentannau llyfrau a blychau snisin, mewn bwthyn yn Nhrosnant. Roeddent wedi ymchwilio eu marchnad yn dda. Apeliai gwrthrychau celf o Tsieina a Japan, yn enwedig dodrefn farnis, at elît Ewrop o'r ail ganrif ar bymtheg, a lledaenodd y galw. Ffynnai'r busnes, hyd yn oed ar ôl i rai aelodau o deulu Allwood adael Pont-y-pŵl a sefydlu ffatri gystadleuol ym Mrynbuga yn dilyn ffrae deuluol. Cafodd llestri japan ganmoliaeth gan Thomas Thomas mewn awdl a adroddodd mewn theatr ym Mhont-y-pŵl:

> They made the dross from scaly iron parts
> The yielding sheets assume an endless form
> And figures gay the polished black adorn.

Daw'r hambwrdd hwn, a gomisiynwyd yn arbennig, o gyfnod diweddaraf y gweithdy ym Mhont-y-pŵl. Mae tusw llachar o flodau ar gefndir du, dwys. Dyluniwyd a chyflawnwyd y paentiad gan un o nifer o arlunwyr medrus y ffatri; Benjamin Barker oedd y mwyaf adnabyddus ohonynt.

Cafodd ffatrïoedd yng Nghanolbarth Lloegr, a allai gynhyrchu llestri japan o safon is ond yn rhatach, effaith ddifrifol ar y diwydiant yng Nghymru. Ar ôl cyflwyno electroplatio o 1840, daeth technegau lacro traddodiadol i ben. Caeodd gweithfeydd Pont-y-pŵl yn 1820, a ffatri Brynbuga yn 1860.

Os mai delfryd cyfalafwr yw dymchwel monopoli, ac yna adeiladu busnes proffidiol ei hun a'i amddiffyn gyda monopoli newydd, Thomas Williams, y 'Brenin Copr', oedd cyfalafwr cynnar mwyaf llwyddiannus Cymru. Yn ôl y gwneuthurwr Matthew Boulton, fe oedd y 'gormeswr perffaith, [a] fyddai'n gwasgu'n uffernol o galed pan fyddai ganddo unrhyw un yn ei feis'.

Ganed Williams ar Ynys Môn yn 1737 ac fe'i hyfforddwyd fel cyfreithiwr. Bu'n helpu tirfeddiannwr lleol mewn achos cyfreithiol ynglŷn â mwyngloddio copr yn 1768 ar Fynydd Parys ger Amlwch. Yn 1778, fe'i gwobrwywyd gyda chyfran o brydles y gwaith. Manteisiodd ar ei brydles trwy sefydlu ei weithfeydd smeltio a chynhyrchu ei hun yn Nhreffynnon ac Abertawe, a dinistrio'r cartél a weithiai'r mwyngloddiau copr yng Nghernyw. Erbyn 1787, roedd ganddo fonopoli i bob pwrpas ar y diwydiant copr ym Mhrydain a rheolai hanner masnach gopr y byd. Er i'r grym hwn edwino yn nes ymlaen, cadwodd Williams ei gyfoeth a'i ddylanwad. Pan fu farw yn 1802, roedd ei ystâd yn werth hanner miliwn o bunnoedd.

Ymhen amser, roedd y rhan fwyaf o Fynydd Parys wedi'i gloddio, nes iddo gael ei adael yn dirwedd gwenwynig yn llawn ceudyllau. Tynnwyd copr o'r wyneb, o siafftiau bas, a thrwy gloddio pwll agored, ac yna trwy fynedfeydd neu siafftiau tanddaearol. Torrwyd y mwyn yn dalpiau, i'w gludo trwy borthladd Amlwch i'r gwaith smeltio. Deuai artistiaid fel John Warwick Smith o bell, yn awyddus i gofnodi'r pyllau, y ceudyllau a'r hafnau rhyfeddol a wnaed gan law dyn ar y Mynydd.

Un o broblemau Thomas Williams oedd sut i dalu ei weithwyr, gan fod darnau arian y Bathdy Brenhinol ar y pryd yn annigonol o ran nifer ac ansawdd. Yn 1787, dechreuodd fathu ei ddarnau copr ei hun, wedi'u dylunio i safon uchel: ceiniogau, ac yn nes ymlaen, dimeiau. Bathwyd dros ddeng miliwn o docynnau i gyd, ac roedd ganddynt gylchrediad eang. Ar gefn y geiniog, gwelir y monogram 'PMC' (Parys Mining Company). Ar yr ochr arall, mae pen derwydd barfog â chwfl am ei ben, wedi'i amgylchynu gan dorch o ddail derw a mes – cyfeiriad uniongyrchol at dderwyddon Ynys Môn a gofnodwyd gan Tacitus [5]. Roedd derwyddon yn hollbresennol ar Ynys Môn yn ystod y ddeunawfed ganrif. Rhoddodd Henry Rowlands ran flaenllaw iddynt yng nghynhanes yr ynys yn ei lyfr *Mona Antiqua Restaurata* (1723); dewisodd y brodyr Morris [47] ddelwedd o dderwydd fel symbol ar gyfer eu cymdeithas newydd, y Cymmrodorion[44], a sefydlwyd yr elusen Cymdeithas Dderwyddol Ynys Môn yn 1772.

Un o brif ddefnyddiau copr Mynydd Parys oedd gorchuddio cyrff llongau pren, er mwyn atal molysgiaid rhag tyllu i mewn iddynt wrth i'r llongau hwylio mewn dyfroedd trofannol (felly'r ymadrodd Saesneg 'copper-bottomed'). Bu llawer o'r llongau hyn ynghlwm â'r fasnach gaethweision, a chludwyd breichledau, 'neptunes' a thegelli i Affrica i'w cyfnewid am gaethweision a gludid i'r Caribî. Ym mis Gorffennaf 1788, cyflwynodd Thomas Williams ddeiseb i'r Senedd mewn ymgais i atal rheoleiddio'r fasnach gaethweision. Honnodd y byddai rheoli gan y llywodraeth yn peryglu ei fuddsoddiad o £70,000 mewn ffatrïoedd fu'n cynhyrchu nwyddau a 'anelid yn gyfan gwbl at y farchnad Affricanaidd'.

Dyfrliw o Fynydd Parys gan John Warwick Smith (Llyfrgell Genedlaethol Cymru)

Erbyn diwedd y ddeunawfed ganrif, Caerfyrddin oedd prif ganolfan argraffu a chyhoeddi Cymru. Tua 1792, cyhoeddodd John Daniel, yr argraffydd blaenaf yn y dref, bamffled un ar bymtheg o dudalennau, ar werth am geiniog, a ysgrifennwyd gan ddyn anhysbys, 'Cymro, gelynol i bob gorthrech'. Ei deitl oedd *Dioddefiadau Miloedd Lawer o Ddynion Duon, mewn Caethiwed Truenus yn Jamaica a Lleoedd eraill*, ac amlygwyd ei nod yn ei is-deitl: 'yn cael ei gosod at ystyriaeth ddifrifol y Cymry hawddgar, er mwyn ceisio eu hennill i adael Siwgr, Triagl a Rum.'

Boicotio siwgr o'r Caribî oedd un o brif arfau'r rhai oedd yn benderfynol o ddiddymu'r fasnach gaethweision drawsiwerydd. Ers amser, Prydain fu'r wlad a oedd yn masnachu caethweision yn fwy na'r un arall yn y byd, ac erbyn y 1790au, roedd dros 200,000 o gaethweision yn gweithio ar blanhigfeydd siwgr Jamaica. Bu awduron o Gymru eisoes yn siarad yn erbyn y fasnach, yn arbennig yr emynydd a'r arweinydd Methodistaidd William Williams Pantycelyn.

Awdur y pamffled oedd Morgan John Rhys. Ganed e ar bwys Llanbradach yn 1760. Ymunodd gyda'r Bedyddwyr yn dilyn ei dröedigaeth a daeth yn weinidog teithiol. Roedd Anghydffurfwyr yn aml ar flaen y gad mewn ymgyrchoedd diddymol, ac fel llawer ohonynt, cyfunai Rhys frwdfrydedd cenhadol â theimlad tanbaid o anghyfiawnder. Ar ôl cychwyn y Chwyldro Ffrengig, croesodd y môr i Ffrainc ym mis Awst 1791. Roedd yn llawen o weld y Bastille yn adfeilion, ond ei brif weithgaredd oedd pregethu'r efengyl Brotestannaidd, gan gredu y gellid trechu Catholigiaeth yn ogystal â gorthrwm. Yn ôl yng Nghymru yn 1793, sefydlodd y cylchgrawn gwleidyddol cyntaf yn y Gymraeg, *Y Cylch-grawn Cynmraeg*, a argraffwyd yng ngwasg y Methodistiaid yn Nhrefeca [45]. Adlewyrchai ei gynnwys ei radicaliaeth ac ystod ei ddiddordebau. Ymysg y pynciau yn yr erthyglau roedd puro crefydd, diwygio'r wyddor Gymraeg, gwyddoniaeth, y chwyldro Americanaidd a'r 'Indiaid Cymreig' tybiedig o ogledd America.

Yn ei bamffled, dadleua Rhys dros yr angen i esbonio canlyniadau enbyd y fasnach siwgr yn yr iaith Gymraeg, i'r rhai na allent ddarllen cyhoeddiadau ar y testun yn Saesneg. Craidd ei ddadl yw bod caethwasiaeth 'yn afresymol, yn anghyfiawn a chwbl groes i nattur; a pheth llwyr anghyttunol â rhwymedigaethau'r grefydd Gristnogol, yr hon a'n gorchymyn i garu eraill fel ni'n hunain, a gwneuthur i eraill fel yr ewyllysiem i eraill wneuthur i ninnau'. Â ymlaen i ddisgrifio erchyllta cludo'r caethweision i Jamaica a sut y cânt eu trin yno.

Hysbyseba'r dudalen deitl 'gân' sydd ar gael o'r un argraffydd. Dalen lydan yw hon, ar ffurf deuddeg pennill a ysgrifennwyd fel pe bai gan gaethweision, o'r enw *Achwynion dynion duon mewn caethiwed truenus yn Ynysoedd y Suwgr*. Mae'n debyg i hon hefyd gael ei hysgrifennu gan Rhys. Dim ond un copi sy'n goroesi, ym mhapurau personol Iolo Morganwg [18], a oedd hefyd yn wrthwynebydd ffyrnig i'r fasnach gaethweision.

Ym mis Awst 1794, wrth i'r llywodraeth ddistewi barnau radical, ymfudodd Rhys i'r Unol Daleithiau. Parhaodd i ymosod ar gaethwasiaeth ac amddiffynnodd hawliau Americanwyr brodorol. Yn 1795, bu'n helpu i sefydlu eglwys i bobl groendduu yn Savannah, Georgia, yn wyneb gwrthwynebiad gan berchenogion caethweision. Yn 1796, prynodd dir yn Pennsylvania a alwodd yn 'Cambria'. Yno yn 1797, sefydlodd gymuned o'r enw Beulah fel 'trefedigaeth Gymreig' – un o nifer o ymdrechion, fu'n aflwyddiannus ar y cyfan, i drawsblannu rhan o Gymru i America [64].

DIODDEFIADAU

MILOEDD LAWER

o

DDYNION DUON,

MEWN

Caethiwed Truenus yn JAMAICA a
Lleoedd eraill;

Yn cael eu gosod at YSTYRIAETH ddifrifol y
Cymry haweddgar, er mwyn ceisio eu hennill
i adael *Suwgr, Triagl,* a *Rum.*

Gan GYMRO, Gelynol i bob Gorthrech.

Yr hwn a ladrattao ddyn, ac a'i gwertho, neu os cair ef yn
ei law ef, rhoder ef i farwolaeth, Ecson. xxi. 16.

Eu gwaedd hwynt a ddyrchafodd at Dduw, o blegid y
Caethiwed, a Duw a glybu eu huchenaid hwynt, Ecson.
ii. 23.

A yfaf fi waed y dynion hyn? 2 Cron. xi. 19.

CAERFYRDDIN,

ARGRAPHWYD AC AR WERTH YNO GAN IOAN DANIEL
YN HEOL-Y-BRENIN;—MR. ROSS, YN HEOL-AWST;—
MR. THO. MORGAN, WRTH Y FARCHNAD; YN ABER-
TAWE;—A MR. O. REES, YM MRISTO.—LLE GELLIR
CAEL AR WERTH CAN YN ERBYN ARFERYD SUWGR,
AM IS DIMMEU.

(PRIS CEINIOG)

[1792]

51 Genfa cecren
1795

Roedd pobol dlawd yn broblem. O'r unfed ganrif ar bymtheg, ceisiai llywodraethau ddeddfu i leihau eu cost ar gymdeithas. Yn aml byddent yn gwahaniaethu, fel heddiw, rhwng y tlodion 'haeddiannol' (hen bobl, yr anabl a phlant heb gynhaliaeth) ac eraill nad oeddent yn haeddu cymorth – y di-waith, crwydriaid a diogynnod – a wynebai ddisgyblaeth a chosb.

Ar ôl 1750, dechreuodd llawer o blwyfi yng Nghymru godi trethi i dalu am ofalaeth y tlawd, trwy 'gymorth allanol' – grantiau o arian, bwyd neu ddillad. Bu tlotai, ateb mwy ffurfiol i'r broblem, yn araf yn datblygu. Canfu arolwg seneddol yn 1777 fod 2,000 ohonynt yn Lloegr ond dim ond 19 yng Nghymru – sefydliadau bychain, plwyfol, yn ôl pob tebyg. Yn 1795, yn sgil Deddf Seneddol 1792, agorodd Undeb Deddf y Tlodion Maldwyn a'r Trallwng dloty yn Ffordun. Roedd yn adeilad brics mawr a gynlluniwyd gan Joseph Bromfield ar gost o £12,000, a'r bwriad oedd cartrefu hyd at 1,000 o dlodion o blwyfi yn Sir Drefaldwyn a Sir Amwythig.

Llwyddodd 'Tŷ Diwydiant' Ffordun i atal ei drigolion rhag newynu. Rhoddai iddynt beth addysg a gofal meddygol sylfaenol. Ond roedd yno lafur caled, glanweithdra gwael a disgyblaeth lem, y cyfan wedi'i gynllunio i atal pobl rhag ceisio ei gefnogaeth. Roedd heintiau a marwolaeth yn gyffredin. Cedwid dynion a menywod ar wahân ac roedd rhaid iddynt wneud gwaith corfforol caled. Byddai torri rheolau yn dod â chosb lawdrwm. Ar 20 Mai 1795, adrodda'r cofnod swyddogol 'cosbi Mary Hill am fod yn segur (wedi'i cheryddu); Grace Price am ei hanufudd-dod (yr un gosb); Sarah Jones am ei hymddygiad bwystfilaidd (wedi'i chosbi)'. Gallai 'cosb' olygu chwipio'n cyhoeddus, carcharu'n unigol, cael eu gosod mewn cyffion – ac weithiau'r 'enfa cecren'. Ym mis Mai 1795, penderfynodd y Cyfarwyddwyr 'y dylid prynu genfa ar gyfer cecrennod a gwasgod gaeth i gosbi tlodion sy'n troseddu yn y Tŷ'.

Cofnodwyd yr enfa cecren yn gyntaf fel 'y brancs' yn yr Alban yn 1567 ac roedd eisoes yn hen ffasiwn erbyn diwedd y ddeunawfed ganrif. Caets haearn ydoedd, a osodwyd am y pen, gyda phlât bargodol dros y tafod i atal siarad. Credid bod yr enfa yn gosb addas ar gyfer menywod anufudd neu anystywallt. Dywed cofnod yn nyddlyfr Ffordun, 'gorchmynnwyd y dylid cyfyngu Mary Davies gwraig Robert Davies am godi stŵr a drwgweithredu mewn genfa am ddwy awr'. Dro arall, condemniwyd Anne Davies i'r un gosb am 'ymddygiad afreolus'. Roedd yr enfa yn boenus, ond ei hamcan go iawn oedd codi cywilydd ar rywun yn gyhoeddus. Yn anaml y'i defnyddiwyd ar ddynion. Y prif fwriad oedd atgyfnerthu grym dynion trwy wadu hawl merched i fynegi eu hunain.

Wedi'i dychryn gan y costau cynyddol o gynnal tlodion, pasiodd y Senedd gyfraith newydd yn 1834 a ddiddymodd 'gymorth allanol' a gwneud y tloty yn llai deniadol byth. Roedd tloty Ffordun eisoes yn cydymffurfio â'r model llymach newydd. Wedi'i eithrio o'r ddeddfwriaeth newydd, parhaodd heb ei ddiwygio tan 1870 yn 'gronfa ysblennydd o ddiflastod', yn ôl y Parch. Emilius Nicholson, yn ei *Cambrian Traveller's Guide* (1840). Roedd y system dlotai yn atgas gan breswylwyr, trethdalwyr, arweinwyr crefyddol a dyngarwyr. Weithiau byddai'r atgasedd hwn yn ffrwydro. Yn Llanfair Caereinion ym mis Ebrill 1837, ymosododd torf gynddeiriog ar swyddogion Bwrdd Gwarchodwyr Llanfyllin a oedd newydd ei sefydlu, gan gynnwys ei Gadeirydd, Martin Williams. Fel tirfeddiannwr lleol a fanteisiodd ar blanhigfa siwgr â chaethweision yn Jamaica, roedd yntau'n bell o fod yn dlawd ei hun [50].

52 Chwarel lechi'r Arglwydd Penrhyn
1808

Roedd Richard Pennant, y Barwn Penrhyn cyntaf, yn ddyn ffodus. Yn 1754, etifeddodd chwe phlanhigfa siwgr yn Jamaica, a sefydlwyd yn gyntaf gan un o'i hynafiaid o Sir y Fflint, Gifford Pennant o Dreffynnon, gyda dros 600 o gaethweision yn gweithio ynddynt. Cadwai lygad ar ei asedau, o bell. Mewn llythyr a anfonodd i Jamaica yn 1783, ysgrifennodd, 'mae'n dda gennyf glywed bod y Negroaid yn dda. Mae clywed adroddiad da amdanynt, ac am y Gwartheg, bob amser yn rhoi pleser.' Defnyddiodd Pennant ei ddylanwad fel aelod seneddol i ymgyrchu am flynyddoedd yn erbyn diddymu'r fasnach gaethweision **[50]**.

Yn 1765, priododd a thrwy ei wraig meddiannodd ran o ystâd Penrhyn yn Sir Gaernarfon. Ar ôl meddiannu gweddill yr ystâd yn y 1780au, defnyddiodd ei elw o'r siwgr i drawsnewid y diwydiant llechi lleol. Aeth at y tenantiaid bychain, a dalai rent cymedrol a breindaliadau i gloddio eu llechi eu hunain, a naill ai prynu eu cyfran neu eu gyrru ymaith. Cyfunwyd y mwyngloddiau blaenorol i greu un chwarel a chyflogwyd gweithwyr yn uniongyrchol, o dan oruchwyliaeth asiant.

Roedd Chwarel y Penrhyn yn anferth o'i chymharu â'r mwyngloddiau cynt, oedd ar raddfa fechan ac ar wasgar ar draws ymyl ogleddol Eryri. Gallai Pennant weld dyfodol disglair i lechi cyn belled ag y gallai eu hallforio yn hawdd. Adeiladodd lwybr o'i chwarel i'r arfordir wrth aber afon Cegin, Porth Penrhyn yn ddiweddarach. Yn 1801, daeth y trac yn un o'r rheilffyrdd cul cynharaf ym Mhrydain. Cludid llechi ar longau i Lundain, Bryste, Lerpwl ac Iwerddon, er mwyn eu rhoi ar doeon y tai yn y trefi a'r dinasoedd a oedd yn tyfu'n gyflym ac i wneud cerrig beddi, cerrig palmant a llechi ysgrifennu.

Cloddiwyd y chwarel ar raddfa fawr. Erbyn 1792, cynhyrchai 500 o ddynion 15,000 o dunelli o lechi bob blwyddyn. Ymddangosai gwythiennau llechi ar yr wyneb, a gellid eu gweithio trwy ddefnyddio terasau neu lefelydd agored, eang yn ogystal â phyllau. Roedd gwaith yn y chwarel yn galed ac yn beryglus, ac roedd angen bod yn dra medrus i hollti a gorffen llechi. Dyfeisiwyd categorïau gan dad-yng-nghyfraith Pennant a roddodd deitlau benywaidd i'r llechi, fel boneddiges, duges ac ymerodres, yn ôl eu maint.

Erbyn y bedwaredd ganrif ar bymtheg, roedd Chwarel y Penrhyn yn olygfa syfrdanol a oedd yn denu twristiaid o bell. Yn 1807, cyrhaeddodd yr artist topograffig amatur John Nixon i gofnodi'r pyllau mawr a chlogwyni llechi, gyda gweithwyr yn torri llechi a gwthio trolïau ar draciau. Atgynhyrchwyd ei ddarlun fel ysgythriad yn yr *European Magazine*. Dilynodd artistiaid eraill. Paentiodd Henry Hawkins lun olew mawreddog i goffáu ymweliad y Dywysoges Victoria **[58]** yn 13 mlwydd oed ar 8 Medi 1832. Ysgrifennodd hi yn ei dyddiadur, 'roedd yn rhyfedd iawn gweld y dynion yn hollti'r llechi, ac eraill yn eu torri tra oedd eraill yn hongian ar raff i dorri'r llechi; gyrrai eraill letemau i mewn i ddarn o graig ac yn y modd hwnnw, byddent yn torri talp ymaith. Yna esgynnon ni i'n cerbydau a gyrru i Gastell Penrhyn, adeilad cwbl ryfeddol'. Adeiladwyd Castell Penrhyn, plasty neo-Normanaidd, oedd heb ei orffen yn 1832, gan yr ail Farwn Penrhyn, George Hay Dawkins-Pennant, am tua £150,000 (£50m yn nhermau ariannol heddiw) i ddathlu ei rym a'i lwyddiant wrth estyn ei chwarel.

Ddwy flynedd yn ddiweddarach, cafodd yr Arglwydd Penrhyn lwc annisgwyl. Talodd y Trysorlys £14,682 o iawndal iddo am golli 764 o gaethweision ar bedair planhigfa siwgr yn Jamaica, yn dilyn Deddf Diddymu Caethwasiaeth 1833.

Drawn by J. Nixon Esq.

Engraved by S. Rawle.

LORD PENRYN'S SLATE QUARRY,

near Bangor, N. Wales.

53 Papurau punnoedd Banc Aberystwyth a Thregaron

1810-14

Oddeutu 1810, agorodd tri dyn, John Evans, Joseph Jones a William Davies, fanc yn Aberystwyth. Nid oedd yn anodd sefydlu banc, cyhyd â bod cyfalaf digonol ar gael. Roedd dau gant a thri deg o fanciau wedi'u sefydlu y tu allan i Lundain erbyn 1797, fel ymateb i dwf a chymhlethdod cynyddol economïau lleol, a'r galw am wella llif arian a benthyciadau. Cynyddodd y nifer i 721 (tua 40 yng Nghymru) erbyn 1810.

Agorodd y dynion gangen yn Nhregaron, a daethpwyd i adnabod y banc fel Banc Aberystwyth a Thregaron, neu 'Fanc y Ddafad Ddu' ar ôl y ddelwedd o ddafad ddu a ymddangosodd ar y papurau punnoedd a gyhoeddwyd rhwng 1810 a 1814. Gwelwyd un ddafad ar y papur £1, dwy ddafad ar y papur £2, a deg ar y papur £10.

Roedd y dewis o ddefaid yn briodol, gan fod y banc yn adlewyrchu prif fusnes Sir Aberteifi, sef amaeth. Roedd defaid a gwartheg yn hanfodol i'w heconomi. Roedd rhai tirfeddianwyr yn 'wellhawyr', yn awyddus i gynyddu cynhyrchiant cnydau a stoc – arbrofai Thomas Johnes o'r Hafod yn gyson – ond roedd y rhan fwyaf o ffermydd yn draddodiadol ac yn fychain. Gellid gofyn prisiau da am wlân a chig tra oedd y rhyfel â Ffrainc yn parhau, ac roedd gan Sir Aberteifi economi allforio.

Cyn dyfodiad y banciau, cynhelid rhai o'u swyddogaethau gan borthmyn. Roedd porthmyn yn hollbwysig i'r fasnach wartheg yng nghanolbarth Cymru. Prynent wartheg a fagwyd yn lleol mewn ffeiriau lleol a'u cerdded i'r marchnadoedd mawr yng nghanolbarth Lloegr a Llundain. Defnyddient eu llwybrau eu hunain i groesi tir diffaith Mynyddoedd Cambria, gan gynnwys y ffordd o Dregaron i Abergwesyn. Pedolai sawl gof yn Nhregaron y gwartheg ar gyfer y daith (teithiai hyd at 400 anifail yn yr un gyr). Âi'r porthmyn â newyddion, llythyrau a deunydd printiedig o gwmpas y wlad, ac arian a biliau yn ôl ac ymlaen ar draws y ffin â Lloegr. Gallai'r symiau a drafodwyd ganddynt fod yn fawr, a'u henillion yn sylweddol.

Yn ei lyfr *Wild Wales* (1862), cofiodd George Borrow iddo gyfarfod â chyn-borthmon ger Tregaron a gofyn iddo a oedd wedi gadael y fasnach ers tro. 'Do wir', daeth yr ateb, 'rhoi'r gorau iddi amser maith yn ôl, byth ers i'r rheilffordd uffernol ddod yn ffasiwn'. Yn yr 1880au, tynnodd y ffotograffydd John Thomas lun o ddau borthmon ag ôl y tywydd ar eu hwynebau. Roeddent ymhlith y rhai olaf yn Sir Drefaldwyn. Nid yw eu henwau yn hysbys.

Daeth tranc Banc Aberystwyth a Thregaron lawer cynt. Roedd yn brin o gyfalaf, ac ar ôl rhybudd am 'ymgais a wnaeth hen elynion yn ddiweddar i'w niweidio', ymddiddymodd y banc yn 1815. Gyda diwedd y rhyfel â Ffrainc y flwyddyn honno, daeth dirwasgiad amaethyddol, a waethygwyd gan gyfres o gynaeafau gwael. Methodd llawer o fanciau, er i Fanc yr Eidion Du yn Llanymddyfri oroesi nes iddo gael ei werthu i Fanc Lloyds yn 1909. Ni chylchredwyd papurau punnoedd dilys o Gymru ers hynny, er gwaethaf ymgais gan Richard Williams i gyhoeddi papurau Cymreig yn 1968-69, ond cafodd ei atal gan y llywodraeth. Roedd rhai o'r rhain yn dwyn y geiriau atseiniol 'The Black Sheep Company of Wales Limited'.

Dau borthmon, Trefaldwyn (John Thomas)
(Llyfrgell Genedlaethol Cymru)

54. Llestr *potpourri*
1815-1817

Wrth i weithio copr ddatblygu ar lannau afon Tawe yn Abertawe yn y ddeunawfed ganrif, tyfai diwydiant arall yn ei gysgod. Yn 1764, sefydlodd William Coles, meistr haearn o Gaerloyw, grochendy, a elwid yn ddiweddarach yn Grochendy Cambria, ar lan orllewinol yr afon. Cynhyrchai lestri pridd bras at ddefnydd gartref, gan ddefnyddio cleiau lleol. Cyflogodd John, mab William, y rheolwr George Haynes ac ehangodd ac aildrefnodd Haynes y crochendy, gan gyflogi hefyd arbenigwyr fel yr ysgythrwr Thomas Rothwell, y modelwr George Bentley a'r artist Thomas Pardoe.

Yn 1802, prynwyd y cwmni gan William Dillwyn, Crynwr o Pennsylvania ac ymgyrchydd gwrthgaethwasiaeth adnabyddus, ar gyfer ei fab Lewis Weston Dillwyn. Roedd Lewis yn fotanegydd medrus – yn 1804, fe'i hetholwyd i'r Gymdeithas Frenhinol am ei waith cyhoeddedig ar algâu a chregyn. Yn 1835, roedd yn un o sylfaenwyr Cymdeithas Athronyddol a Llenyddol Abertawe (Sefydliad Brenhinol De Cymru yn ddiweddarach), rhwydwaith pwysig o wyddonwyr a pheirianwyr blaenllaw yn y dref. Ef a rybuddiodd William Buckland yn 1822 am arwyddocâd y darganfyddiadau cynhanesyddol yn Ogof Paviland [2].

Yn 1810, wedi iddo ddysgu sgiliau crochenwaith gan Haynes, agorodd Lewis Weston Dillwyn ddwy odyn newydd a chyflwynodd offer newydd. Mewnforiodd glai a chaolin o Gernyw a rhwng 1814 a 1817 creodd lestri porslen lled dryloyw o'r ansawdd gorau. Daeth William Billingsley, artist medrus a arbenigai mewn paentio blodau, i Abertawe o'r ffatri borslen yn Nantgarw i baentio ei nwyddau.

Mae'r llestr *potpourri*, a fwriadwyd i gynnwys perlysiau a blodau persawrus, yn un o'r darnau mwyaf cymhleth i ddod o'r 'Gweithfeydd Tsieina' yn Abertawe.

Mae ganddo ddau dirlun a baentiwyd gan Billingsley: Castell Caerffili, a'r bont dros afon Taf ym Mhontypridd a godwyd gan William Edwards. Roedd y bont wedi'i chydnabod eisoes yn un o ryfeddodau Cymru. Cafodd ymgais gyntaf Edwards, yn 1746, ei ysgubo ymaith gan lifogydd. Ond roedd y bedwaredd bont yn llwyddiant yn 1756, ac mae'n goroesi hyd heddiw fel pont droed.

Fe ddysgodd William Edwards, a aned yn Eglwysilan, sgiliau gwaith maen ar ei liwt ei hun, yn rhannol trwy astudio gwaith cerrig Castell Caerffili. Yn ddiweddarach, dyluniodd bontydd eraill ar draws de Cymru, ac roedd tri o'i feibion hefyd yn bontwyr. Yn ddyn ifanc, daeth dan ddylanwad Howell Harris [45]. Yn 1742, ar anogaeth Harris ac eraill, adeiladodd 'Dŷ Newydd', y tŷ cwrdd Methodistaidd cyntaf a adeiladwyd yn bwrpasol yng Nghymru, yn Waun Fach, Groeswen, a bu'n weinidog yno am ddeugain mlynedd.

Ar adeg ei hagoriad, dywedwyd mai pont newydd Pontypridd oedd y bont bwa sengl fwyaf yn y byd, gyda'i llinell grom serth i'w choron a thri gwagle crwn ar bob ochr i leihau pwysau ar y canol. Roedd yn atynfa i artistiaid gan gynnwys Richard Wilson, Julius Caesar Ibbetson a J.M.W. Turner. Lleoliad cwbl wledig sydd i'r bont yn eu gweithiau. Ymwelodd yr awdur Benjamin Heath Malkin yn 1803 ac ysgrifennodd am y 'bont aruthrol', 'toreth y goedwig grog' a'r 'bryniau sy'n amgáu'r afon'. Ni ddechreuodd Pontypridd, a elwid yn 'Newbridge' o hyd, ddatblygu fel tref nes sefydlu gweithfeydd cadwyni Brown Lenox yn 1816. Roedd ei phoblogaeth yn fach tan y 1880au, pan ddaeth yn borth i'r diwydiant glo a ffynnodd yng nghymoedd y Rhondda a Thaf.

55 Terfysgoedd Merthyr
1816

Yn ôl yr economegydd Walter Davies, ni ddangosodd Merthyr Tudful yn 1750 'unrhyw arwyddion o'r cyfoeth a'r boblogaeth oedd i ddod, yn fwy nag unrhyw bentref mynyddig arall ym maes glo Morgannwg'. Ond yn sydyn, diolch i haearn, daeth yn ganolbwynt i'r chwyldro diwydiannol. Erbyn 1811, roedd dros 11,000 o bobl yn byw yno, y plwyf mwyaf poblog yng Nghymru. Roedd gan Ferthyr ddwy ar bymtheg o ffwrneisi haearn, a gynhyrchai 30,000 o dunelli o haearn crai. Roedd digonedd o fwyn haearn, calchfaen a glo ar gael, a daeth hwb i'r diwydiant ar ôl i'r 'dull Cymreig' o bwdlo i gynhyrchu haearn hydrin gael ei ddyfeisio yn y 1780au.

Heidiodd pobl i weithfeydd haearn Merthyr o Gymru a thu hwnt. Roedd digon o waith i 'bwdlers' medrus, 'rholiwyr' a ffwrneiswyr yn ogystal â llafurwyr. Cynyddodd y galw am haearn gan ddiwydiant a'r lluoedd arfog, cyn i ddiwedd rhyfeloedd Napoleon ddod â dirwasgiad economaidd. Bygythiodd cyflogwyr dorri cyflogau, ac yn haf 1816, cododd pris ŷd yn sydyn yn sgil y rhagolygon am gynhaeaf gwael.

Ym Merthyr, trodd anfodlonrwydd yn anobaith. Nid oedd undebau llafur yn bod eto: gweithredodd dynion trwy streiciau, bygythiadau, terfysgoedd a thrais yn erbyn asiantiaid ac eiddo cyflogwyr. Ym mis Hydref 1816, aeth torf o weithwyr o weithdy i weithdy, yn atal y ffwrneisi chwyth rhag gweithio. Ym Merthyr, gyrron nhw'r heddlu i ffwrdd a bygwth y cyflogwyr a'u rheolwyr. Cyrhaeddodd milwyr, ond roedd y dorf eisoes wedi ymadael i ysgogi streiciau mewn trefi eraill. Pan ddychwelodd y terfysgwyr i'r dref, roedd dynion o'r 55fed Catrawd a Marchoglu Abertawe yn aros amdanynt. Ar ôl ymosodiad gan y gŵyr meirch, adferwyd cyfraith a threfn heb dywallt gwaed ond safodd sawl dyn ei brawf a chael ei garcharu.

Dangosa paentiad Penry Williams ddyfodiad y 55fed Catrawd a Marchoglu Abertawe ar bwys y Castle Inn. Mae milwyr y cotiau coch yn dal eu bidogau a'u picellau'n uchel; rhed pobl rhag milwyr eraill sy'n nesáu; mae marchfilwyr ar garlam. Roedd Williams yn bedair ar ddeg oed pan beintiodd yr olygfa. Cydnabuwyd ei dalent yn gynnar gan brif berchennog y gweithfeydd haearn ym Merthyr, William Crawshay, a helpodd, mae'n debyg, i drefnu ei hyfforddiant celf yn Llundain.

Gwnaeth Williams sawl llun o eiddo Crawshay, gan gynnwys ei gartref, Castell Cyfarthfa, a gwaith haearn Cyfarthfa, y gweithfeydd haearn mwyaf yn y byd, yn ôl y sôn. Yn ei lun o'r gweithfeydd lliw nos a baentiodd yn 1825, dangosa Williams weithwyr yn cludo a gweithio'r metel.

Trwy ochr agored yr adeilad, gellir gweld Castell Cyfarthfa, oedd newydd ei gwblhau ar gost o £30,000. Yn ôl ei bensaer, Robert Lugar, roedd y gweithfeydd 'yn y nos yn cynnig golygfa wirioneddol odidog, yn debyg i'r Pandemonium enwog'.

Parhaodd gweithwyr i wrthsefyll eu hamodau gwaith a'r ffordd y caent eu trin gan eu cyflogwyr. Cryfhawyd diwylliant radical Merthyr tua diwedd y 1820au trwy'r galwadau cynyddol am ddiwygio gwleidyddol. Yn 1831, yn rhannol oherwydd i Crawshay ostwng cyflogau, ffrwydrodd anfodlonrwydd mewn gwrthryfel difrifol a gwaedlyd, 'Gwrthryfel Merthyr'. Dyma'r achlysur y defnyddiwyd y faner goch am y tro cyntaf fel symbol o wrthryfel, a phryd bu farw merthyr dosbarth gweithiol cyntaf Cymru, Richard Lewis, ' Dic Penderyn'.

Gweithfeydd haearn Cyfarthfa
(Amgueddfa ac Oriel Gelf Castell Cyfarthfa)

56 Ych Nannau
1824

Ar 25 Mehefin 1824, roedd Robert Williames Vaughan, etifedd Nannau, ystâd 12,000 erw yn Sir Feirionnydd, yn un ar hugain mlwydd oed. I nodi cyrraedd ei lawn oed, gorchmynnodd ei dad, a oedd o'r un enw, Robert Williames Vaughan, ddathliadau cyhoeddus.

Adroddodd papur newydd ar y paratoadau. 'Gyda'r wawr, taniwyd 21 rownd o gynnau o Gader Idris, a atseiniwyd gan gynnau a osodwyd ar fryn yn agos i Nannau. Ar yr un adeg gynnar, cychwynnodd clychau tŵr eglwys Dolgellau ganu'n bersain, gan barhau trwy weddill y dydd. Canodd helgyrn ac utgyrn milisia Sir Feirionnydd ganiad y bore, gan barhau i chwarae alawon milwraidd ac eraill; arddangoswyd baneri ar dyrau'r eglwys, ac mewn gwahanol rannau o'r dref.

'Am un o'r gloch, ffurfiwyd gorymdaith fawreddog, a aeth yn ei blaen o Ddolgellau i Nannau, gan gynnwys nifer fawr o foneddigion parchus ar gefn ceffyl, gyda llu di-rif yn dilyn ar droed; yna dilynodd coets geindeg wedi'i thynnu gan bedwar ceffyl coch hardd a addurnwyd yn foethus â llawryfoedd a rhubanau.'

Cawsant eu croesawu yn Nannau, lle codwyd pabell arbennig i gynnwys dau gant o giniawyr (roedd asgell gegin newydd wedi'i hychwanegu at y tŷ yn gynt). Eisteddai tri chant o bobl eraill i giniawa mewn mannau eraill. Ar ôl y cwrs pysgod mwynhaent olwythion o ych gwyn gwerthfawr, 165 o bwysau, a gyflwynwyd gan gowmon yr ystâd, Sion Dafydd. Llifai gwin a chwrw'n rhydd.

I goffáu'r digwyddiad, comisiynwyd llun o Sion Dafydd a'r ych gan yr artist Daniel Clowes o Gaer. Ymgorfforwyd y cyrn a'r carnau yn ddiweddarach i gandelabrwm cywrain. Archebwyd chwe chwpan llwncdestun arbennig, a wnaed o goed Derwen Ceubren yr Ellyll, coeden hynafol yn Nannau. Yn ôl y traddodiad poblogaidd, carcharodd Owain Glyndŵr [25] ei gefnder bradychus Hywel Sele ynddi. Mae'r arysgrif yn y Gymraeg o gwmpas ymyl arian un o'r cwpanau yn darllen, 'tra pelydr haul ar Gader Idris, boed croeso yn Nannau, a Fychan i'w drefnu'.

Nid 'boneddigion' oedd yr unig bobl i elwa ar haelioni Syr Robert Vaughan. Rhostiwyd ychen eraill yng Nghorwen, Abermaw a'r Bala, a gwahoddwyd tlodion yr ardal i flasu'r cig eidion, wedi'i dreulio â chwrw. Taniwyd tân gwyllt, ac yn Nolgellau cododd balŵn aer poeth i'r awyr.

Roedd Vaughan yn un o'r tirfeddianwyr mawr olaf a deimlai, er gwaethaf ei geidwadaeth gymdeithasol a gwleidyddol, ei fod yn gyfrifol am ei denantiaid a'i fod yn rhannu eu diwylliant. Roedd ei holl reddfau yn adweithiol. Roedd yn erbyn Catholigion, diwygio'r senedd a diddymu caethwasiaeth. Ond gwleidydd llugoer ydoedd: yn ei 44 mlynedd fel aelod seneddol dros Feirionnydd, areithiodd ond unwaith yn Nhŷ'r Cyffredin. Teimlai'n fwy cartrefol adref yng Nghymru. Roedd ei dŷ yn Nannau yn agored i bawb, a bu'n noddwr i feirdd Cymraeg. Ysgrifennodd un ohonynt, Meurig Idris, farwnad hir iddo pan fu farw yn 1843.

Nid oedd gan Robert Williames Vaughan, y mab, yr un rhinweddau â'i dad. Nid oedd ganddo etifedd chwaith, a phan fu farw yn 1859, chwalwyd yr ystâd yn ddarnau. Roedd yr hen draddodiad o wrogaeth a nawdd yn dod i ben. Roedd diwygiad gwleidyddol ar y gweill, a golygai newid economaidd fod arian yn cael ei ystyried yn bwysicach na hanes teuluol neu etifeddu tir.

57

Peiriant trawst Mynachlog Nedd
1824

Cernyw oedd cartref gwreiddiol nifer o arloeswyr
diwydiannol de Cymru. Tua 1800, symudodd John
Vivian o Truro i reoli gweithfeydd copr ym Mhenclawdd
a Chasllwchwr; sefydlodd ei fab, John Henry Vivian,
weithfeydd smeltio copr yn Hafod yn Abertawe. Bu
Richard Trevithick, o bentref ger Camborne, yn gyfrifol
am daith y locomotif gyntaf yn y byd, o Benydarren i
Abercynon yn 1804.

Yn gynharach, yn 1792, sefydlodd grŵp o Grynwyr
o Falmouth Gwmni Haearn Mynachlog Nedd. Eu nod
cychwynnol oedd gwneud cydrannau haearn ar gyfer
peiriannau pwmpio mewn mwyngloddiau tun yng
Nghernyw. Codon nhw ddwy ffwrnais, wedi'u tanio gan
injan stêm Boulton a Watt bwerus. Gwelodd ymwelydd
yn 1798 'ddwy ffwrnais chwyth enfawr ... ar waith yn
gyson, bob un yn cynhyrchu mwy na deg ar hugain o
dunelli o haearn crai bob wythnos'. Daeth y cwmni yn
adnabyddus am ansawdd uchel a manylrwydd eithriadol
ei waith. Ehangodd ystod ei gynnyrch i gynnwys
locomotifau stêm, peiriannau ar gyfer gweithfeydd dŵr a
nwy, ac offer a ddefnyddid mewn mwyngloddiau.

Un o arbenigeddau Mynachlog Nedd oedd
peiriannau llong. Ym mis Mehefin 1824, aeth 'cwmni
niferus a pharchus iawn o foneddigion a boneddigesau'
ar wibdaith ar y stemar olwyn newydd *Lord Beresford*
ym Mae Abertawe. 'Mae'r llong', meddai papur newydd
y *Cambrian*, 'yn eithriadol o ddeniadol yr olwg, ac mae
ganddi lety rhagorol a helaeth. Mae ganddi ddau beiriant
ardderchog, o farchnerth fwy na 60 yr un, a wnaethpwyd
gan Gwmni Mynachlog Nedd dan ofal H. Price, Ysw., sy'n
ei gyrru ar gyflymder o 10 neu 11 milltir yr awr, heb greu
unrhyw deimlad annymunol.'

Erbyn hyn, Henry Habberley Price oedd perchennog
cwmni Mynachlog Nedd, gyda'i frawd, Joseph Tregelles

Price. Rhy cerdd ddychanol Saesneg gan Edward Pease
flas o ymroddiad a phroffesiynoldeb Joseph:

> Joseph Price, Joseph Price,
> Manwl gywir ym mhob dyfais,
> Fe dybiais ryw nos mewn breuddwyd clên
>
> Eich bod chi'n mynd a chysgu
> Bwyta, yfed a chymysgu
> A gweddïo bob bore Sul dan stêm.

Yn sgil ei enw da, enillodd y cwmni gontractau dramor.
Ym mis Chwefror 1824, adroddodd y *Cambrian*, fod
'cytundebau sylweddol o fewn y pythefnos diwethaf ar
gyfer injans stêm a pheiriannau eraill gan y Gymdeithas
Fwyngloddio Eingl-Fecsicanaidd. Rydym ar ddeall mai
cwmni Mynachlog Nedd, Mri Walker a'r Cwmni o Swydd
Stafford a Mr. George Stephenson o Newcastle yw'r
contractwyr'. Mewn casgliad prin o luniadau peirianneg
cynnar, ceir cynllun a gweddlun manwl o beiriant trawst
sengl 53 modfedd a gynlluniwyd ym Mynachlog Nedd
dan y contract hwn.

Ar 4 Mawrth 1825, hwyliodd y *Rosalind* o Abertawe
i Fecsico â llwyth o'r peiriannau gorffenedig a deugain
o beirianwyr a mwynwyr. Adroddodd papur newydd,
'rhaid bod y dorf gefnogol a ymgasglodd ar y pier
i ddymuno llwyddiant a hapusrwydd iddynt yn
galonogol iawn i'r anturiaethwyr dewr hyn'. Un o'r
rhai ar fwrdd y llong oedd David Williams, asiant y
Gymdeithas Fwyngloddio Eingl-Fecsicanaidd. Mae ei
lythyrau i Abertawe yn rhoi darlun bywiog o'r daith
hir, y mwyngloddiau arian yn Guanajuato a bywyd ym
Mecsico: roedd yn ddrwg ganddo nad oedd 'merched
pert i baratoi ein bwyd, na diferyn o gwrw da fel sy
gennych yng Nglandŵr'.

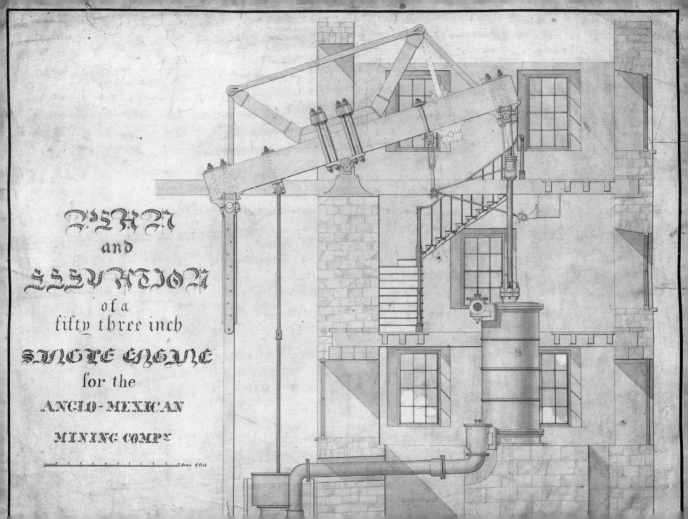

PLAN
and
ELEVATION
of a
fifty three inch
SINGLE ENGINE
for the
ANGLO-MEXICAN
MINING COMPᵞ

Scale of Feet

58 Het Gymreig
c1830

Ers tro, mae'r 'het Gymreig' yn symbol, mewn lluniau poblogaidd, o fenywod a merched Cymreig. Mae tua 180 o esiamplau gwreiddiol mewn amgueddfeydd.

Dau fersiwn sydd, ill dau â choronau uchel a chantelau gwastad caled. Mae gan un goron bigfain; mae'r llall, a ddefnyddid yng ngogledd-orllewin Cymru, yn fyrrach ac yn fwy silindrig. Ffelt oedd deunydd y rhai cynharaf, ond gwnaed y rhan fwyaf o'r esiamplau sydd wedi goroesi o blwsh sidan ('befar'), ar sylfaen bwcram caled. Gwnaethpwyd y rhan fwyaf o'r rhain gan ddau gwmni o Loegr, Christys a Carver and Co., yn benodol ar gyfer y farchnad Gymreig. Roeddent yn ddrud; diau mai menywod gwledig mwy cefnog a fyddai'n eu gwisgo, ar achlysuron arbennig.

Mae gwreiddiau'r het yn anhysbys. Gwisgid hetiau ffelt uchel gan Biwritaniaid yr unfed ganrif ar bymtheg, ond aeth yr arfer yn angof. Nododd teithwyr yng Nghymru fod menywod yn aml yn gwisgo hetiau dynion. Daeth yr 'het Gymreig' i'r amlwg yn gynnar yn y 1830au. Dywedwyd i'r Dywysoges Victoria, pan aeth trwy Fangor ym mis Awst 1832 **[52]**, 'ymddangos, er mwyn talu teyrnged i ferched teg Cambria, ym mhenwisg y wlad, yr het Gymreig'. Mae'n bosibl bod ei hesiampl yn ddylanwadol. Ysgrifennodd yr awdur Americanaidd Nathaniel Hawthorne, wedi ymweliad â gogledd Cymru yn 1854, fod 'llawer o'r gwragedd Cymreig, yn enwedig y rhai hŷn, yn gwisgo hetiau befar duon â choronau uchel, yn debyg iawn i rai'r dynion. O'r herwydd, maent yn edrych yn hyll ac yn wrachaidd.'

Yn 1834, enillodd Augusta Hall, Arglwyddes Llanofer **[59]**, y wobr gyntaf mewn eisteddfod yng Nghaerdydd am draethawd oedd yn annog cadw'r iaith Gymraeg a 'gwisgoedd cenedlaethol Cymru', gan gynnwys yr 'het befar daclus a defnyddiol'. Ar yr un pryd, cyhoeddwyd set o luniau o ferched Cymreig â 'gwisgoedd rhanbarthol' gwahanol, yn cynnwys betgwn, ond heb yr het Gymreig. Nid Arglwyddes Llanofer oedd yn gyfrifol am ddyfeisio'r het Gymreig, ond rhagwelodd hi sut newidiodd yr het o fod yn eicon traddodiad i fod yn symbol o hunaniaeth genedlaethol. Erbyn y 1860au, roedd yn amhosibl gwisgo'r hetiau heb deimlo'n hunanymwybodol. Tynnwyd lluniau o ferched yn eu gwisgo mewn stiwdio neu mewn sefyllfaoedd a lwyfannwyd.

Diau mai'r Saeson a hyrwyddodd y siôl a'r het fel symbolau cenedlaethol Cymreig. Yn 1909, prynodd yr Arglwydd Leverhulme, y meistr sebon o Port Sunlight, ddyfrlliw o'r enw *Salem*, gan artist o Loegr, Sydney Curnow Vosper. Rhoddodd brintiau ohono yn gyfnewid am docynnau a ddosbarthwyd gyda thalpiau sebon 'Sunlight'. Sefydlodd y darlun poblogaidd hwn yng nghapel y Bedyddwyr ym Mhentre Gwynfryn, Ardudwy, ddelwedd bwerus ond hen ffasiwn o'r Gymru draddodiadol, gyda'i leoliad gwledig, capel Anghydffurfiol, duwioldeb dwys ac, yn fwyaf trawiadol, ei het a'i siôl Gymreig. Cydymffurfiai Siân Owen, y ffigur canolog, â delwedd gyffredin Gymreig, y fatriarch gref, lem. Mewn delweddau poblogaidd, fel yng nghartwnau papur newydd J.M. Staniforth, roedd yr ystrydeb hon eisoes wedi dechrau ymddangos fel symbol o'r genedl, 'Dame Wales', ynghyd â het uchel a siôl. Yn aml, cynrychiolai awdurdod moesol traddodiadol Cymreig. Mewn cartŵn yn 1889 cerydda dref Caerdydd, 'cywilydd arnoch – rhedeg eich bysiau ar ddydd Sul!' Gallai hefyd leisio barn fwy cenedlatholgar. Yn 1895, wrth i Gorfforaeth Birmingham adeiladu cronfeydd dŵr Elan, dyma hi'n annerch Sais â rhaw yn ei law, 'dod i ddwgyd y dŵr o'm mynyddoedd, ydych! Caredig iawn wir. Ond cofiwch, syr, y bydd llais gen i yn y mater'.

59 Medal Eisteddfod y Fenni
1834

Yn 1823 priododd Augusta Waddington, Saesnes a etifeddodd ystâd Llanofer ger y Fenni, Benjamin Hall o Abercarn (tybir i 'Big Ben' gael ei enwi ar ei ôl, o'i gyfnod fel comisiynydd gwaith yn ystod adeiladu'r Senedd). Bum mlynedd ar bymtheg yn ddiweddarach, pan urddwyd ei gŵr yn farwn, cafodd y teitl Arglwyddes Llanofer. Prin ei bod hi'n dilyn y patrwm o wraig ufudd, aristocrataidd. Yn hytrach, roedd hi'n 'Gymraes dreisgar', chwedl un o'i hedmygwyr – yn benderfynol o hyrwyddo, gydag egni a phenderfyniad, popeth Cymreig, yn enwedig yr iaith Gymraeg a diwylliant Cymreig traddodiadol.

Roedd Augusta yn agos at ffrind i'w mam, Arglwyddes Elisabeth Coffin Greenly, siaradwraig Gymraeg rugl, cerddor a noddwraig i Iolo Morganwg [18]. Yn 1826, cyfarfu Augusta â Thomas Price, a elwir yn 'Carnhuanawc', hanesydd, areithydd ac *entrepreneur* diwylliannol, ac un o grŵp o glerigwyr Anglicanaidd oedd yn ymroddedig i ddiwylliant y Gymraeg. O dan eu dylanwad, dysgodd hi Gymraeg ac ymdaflodd i lawer o weithgareddau. Cyflogai siaradwyr Cymraeg yn Llanover Court, cefnogai'r cylchgrawn Cymraeg cyntaf i ferched, *Y Gymraes*, ac ariannodd ddwy ysgol gyfrwng Cymraeg yn Llanofer a'r Sefydliad Colegol Cymreig yn Llanymddyfri. Chwaraeai'r delyn, a hyrwyddodd y y defnydd o'r delyn deires Gymreig, a cherddoriaeth draddodiadol Gymreig. Anogai warchod gwisg menywod Cymreig [58] a sefydlodd felin wlân ar ei hystâd.

Yn 1834, ymunodd Arglwyddes Llanofer â Chymdeithas Cymreigyddion y Fenni, a sefydlwyd y flwyddyn flaenorol gan Thomas Price ac eraill gyda'r bwriad o drefnu eisteddfodau. Roedd gan yr eisteddfod, gyda beirdd a cherddorion yn cystadlu am wobrau, hanes hir ond bylchog. Cynhaliodd Gruffudd ap Nicolas eisteddfod yng Nghaerfyrddin tua 1450, a dilynodd eraill yng Nghaerwys yn 1523 a 1567. Wedi cyfres o gynulliadau anffurfiol (ac alcoholaidd) yn y ddeunawfed ganrif, bu eisteddfod yn Llangollen yn 1789, a rhwng 1809 a 1834 cynhaliwyd 'eisteddfodau taleithiol' o amgylch Cymru gan bedair cymdeithas 'Cambrian'. Cynhaliodd y Cymreigyddion eu heisteddfod gyntaf, un fechan, yn 1834, y gyntaf o ddeg hyd at 1853. Dyfarnwyd gwobrau am farddoniaeth a llenyddiaeth. Dyfarnwyd y wobr am draethawd ar 'Hanes Gwent cyn y Rhufeiniaid' i Eiddil Ifor, ffugenw Thomas Evan Watkins. Dangosa ei fedal ryfelwr cynhanesyddol, ag iddo ychydig o ddillad ond llawer o arfau. Saif o flaen tirwedd gyda chromlech, ac mae ganddo waywffon, cleddyf, bwa a saethau, a tharian gron fach sy'n debyg i fwcler canoloesol [29].

Dros amser, tyfodd eisteddfodau'r Fenni. Erbyn y bedwaredd, yn 1837, roedd Arglwyddes Llanofer wedi denu nifer fawr o uchelwyr a boneddigion, yr oedd rhai ohonynt yn noddi'r 34 cystadleuaeth. Cyfanswm yr arian gwobrwyo oedd 150 gini. Cynigiodd Arglwyddes Greenly wobr am y casgliad gorau o gerddoriaeth Gymreig heb ei gyhoeddi. Yr enillydd oedd Maria Jane Williams, ac ymddangosodd ei gwaith, y casgliad cyntaf a gyhoeddwyd o ganeuon gwerin Cymreig, yn 1844, gyda help gan Arglwyddes Llanofer ac eraill, fel *Ancient National Airs of Gwent and Morganwg*.

Yn eisteddfod 1848, enillydd Gwobr Tywysog Cymru oedd fferyllydd o Ferthyr Tudful, Thomas Stephens, am y traethawd hir ysgolheigaidd cyntaf ar lenyddiaeth Gymraeg yr oesoedd canol, a gyhoeddwyd yn ddiweddarach fel *The Literature of the Kymry*. Roedd Stephens mewn cysylltiad ag academyddion o Ffrainc a'r Almaen, a gwahoddwyd llawer ohonynt i Llanover Court. Mynychodd dirprwyaeth o Lydaw'r eisteddfod yn 1838 – rhagarwydd o'r mudiad 'pan-Geltaidd' diweddarach.

60

Portreadau o weithwyr diwydiannol
c1835

'Trueiniaid yn rhostio mewn chwys a baw, ymysg eu ffwrneisi, pyllau a melinau rholio … 50,000 o ddynion pardduog, du, oer a llaith … yn crafu bywoliaeth drostynt eu hunain'. Dyna sut gwelodd Thomas Carlyle, a ymwelodd â Merthyr Tudful yn 1850, weithwyr diwydiannol y dref, fel tyrfa ddiwahân o ddioddefaint dynol. Ond mae cyfres anarferol o un ar bymtheg o bortreadau bychain yn dangos rhai ohonynt fel pobl go iawn, gyda nodweddion personol a phriodoleddau arbennig.

Yr haearnfeistr Francis Crawshay a gomisiynodd y lluniau, a baentiwyd, yn ôl pob tebyg, gan arlunydd teithiol, William Jones Chapman, tua 1835. Roedd Francis yn fab i William Crawshay II, a gododd Gastell Cyfarthfa [55]. Ymddengys fod William wedi ystyried bod Francis yn llai dibynadwy na'i fab arall, Robert Thompson, a rhoddodd y cyfrifoldeb dros reoli dau o'i fentrau llai iddo, y gwaith haearn yn Hirwaun yng Nghwm Cynon a gwaith tunplat newydd yn Nhrefforest. Yn ôl y traddodiad, cyflogwr anarferol oedd Francis. Gwrthododd fyw yn 'nhŷ'r perchennog' yn Hirwaun, gan ddewis byw mewn tŷ bychan ar bwys y gwaith. Cymerai ddiddordeb yn ei weithwyr, gan ddysgu Cymraeg ei hun fel y gallai siarad â nhw'n hawdd. Yn eu tro, roedden nhw'n ei alw'n 'Mr Frank'.

Dangosa'r portreadau i gyd ddynion ag enwau unigol a weithiai yn Hirwaun neu yn Nhrefforest. (Does dim menywod, a fyddai heb os wedi cael eu cyflogi hefyd.) Maent yn cynnwys gweithwyr goruchwyliol yn ogystal â gweithwyr llaw, medrus a di-grefft. Ymhlith y galwedigaethau a restrir, mae chwarelwr, gweithiwr coethffwrn, mecanydd, saer, storman, ceidwad porthdy, rheolwr melinau tun ac asiant mwynol. Gellir eu hadnabod fel unigolion yn ôl eu hwynebau; mae eu dillad yn adlewyrchu eu galwedigaeth, ac weithiau maen nhw'n cario offer eu crefft. Paentiwyd y dynion i gyd ag urddas a pharch. Mae David Davies, yn ei wasgod a siaced a het â chantel llydan, yn 'llenwr lludw' yng ngwaith haearn Hirwaun. Mae'n cario rhaw hir, a'r tu ôl iddo cwyd mwg o'r cols poeth. Disgrifir William James, sy'n gwisgo cap a chadach, fel 'rholiwr' yng ngwaith Trefforest. Mae'n cario pâr o grafangau mawr i ddal y dalennau tunplat, ac mae'n gwisgo ffedog drwchus i ddiogelu ei hun rhag y metel poeth ac ystwyth.

Yn 1836, symudodd Francis Crawshay i dŷ newydd, Forest House, yn Nhrefforest, i fod yn agos at y gwaith tunplat oedd yn tyfu. Ond roedd ei ymroddiad i reoli'r busnes yn llugoer. Roedd yn well ganddo ddiddordebau eraill, gan gynnwys gweithgareddau bonheddig traddodiadol fel hela, ond hefyd rhai mwy hynod. Tua 1848, cododd dŵr carreg crwn uwchben Hirwaun, a elwid weithiau'n 'ffug-gastell', er mai ei bwrpas o bosibl oedd fel lloches rhag ofn i derfysgoedd fel rhai 1831 [55] a gwrthryfel y Siartwyr yn 1839 [61] ddigwydd eto. Yn Nhrefforest, daeth yn gyfaill i Dr William Price o Lantrisant, a oedd yn gynghorydd meddygol i deulu Crawshay. Roedd Price yn annodweddiadol o oes Victoria, yn Siartydd a wrthwynebai briodas, Cristnogaeth, bwyta cig ac ysmygu tybaco. Yn 1884, creodd stŵr trwy amlosgi corff ei fab, Iesu Grist. Ei nod oedd adfywio crefydd y Derwyddon [49], gan ddyfeisio traddodiadau a regalia i gefnogi ei achos. Sefydlodd Francis Crawshay ei gylch derwyddol ei hun ger Forest House; yn ei ewyllys, gwaharddodd un o'i feibion rhag ei ddymchwel, dan gosb colli ei gyfran o'r etifeddiaeth.

61 Pistolau John Frost
1839

Ar nos Sul 3 Tachwedd 1839 llifodd tua thair mil o weithwyr Siartaidd, yn arfog â gynnau, picellau, cyllyll a phastynau, i lawr cymoedd Sirhywi ac Ebwy mewn tair colofn i gyd-gyfarfod yng Nghasnewydd. Dechreuodd un grŵp, dan arweiniad tafarnwr, Zephaniah Williams, o Nant-y-glo, daeth grŵp John Frost o'r Coed-duon, ac arweiniodd William Jones, gwneuthurwr watshis, drydydd grŵp o Bont-y-pŵl.

Dyma ddechrau Gwrthryfel Casnewydd, y gwrthdaro mwyaf difrifol rhwng gweithwyr a'r wladwriaeth Brydeinig yn y bedwaredd ganrif ar bymtheg. Roedd y gorymdeithwyr eisoes yn dioddef o effeithiau dirwasgiad economaidd, cael eu hecsbloetio gan eu cyflogwyr a gorthrwm Deddf y Tlodion [51]. Fe'u hymfflamychwyd ymhellach gan wrthwynebiad y llywodraeth i ofynion arweinwyr y Siartwyr am ddiwygio gwleidyddol radical, megis y bleidlais i bob dyn, y bleidlais gudd a seneddau blynyddol. Yng Nghymru, canfu Siartiaeth dir ffrwythlon. Yng Nghaerfyrddin, sefydlodd y cyfreithiwr Hugh Williams Gymdeithas y Gweithwyr yn 1837. Roedd Morgan Williams yn weithredol ym Merthyr Tudful a Dr William Price ym Mhontypridd [60]. Dan arweiniad Thomas Powell, meddiannodd y Siartwyr Lanidloes trwy rym am bum niwrnod ym mis Ebrill 1839. Y prif ffigwr yn y de-ddwyrain oedd John Frost, brethynnwr a chyn-Faer Casnewydd, a oedd yn adnabyddus mewn cylchoedd radical yn Llundain.

Amcan gorymdeithwyr Casnewydd oedd dychryn yr awdurdodau fel eu bod yn rhyddhau Henry Vincent, arweinydd y Siartwyr, a Siartwyr Casnewydd a gedwid yn y ddalfa yng Ngwesty'r Westgate. Roedd arweinwyr mwy radical, fel Zephaniah Williams, am gipio a meddiannu Casnewydd a threfi'r maes glo. Cafodd yr ymosodiad ar Gasnewydd ar fore 4 Tachwedd ei gydlynu'n wael ac roedd yr ymgyrch yn y dref yn anhrefnus. Pan ymgasglodd y dorf o flaen gwesty'r Westgate, dechreuodd milwyr danio. Lladdwyd o leiaf ugain o'r Siartwyr. Daliwyd eu harweinwyr ac anfonwyd nhw i sefyll eu prawf ar gyhuddiad o frad. Pan arestiwyd Frost, adroddodd papur newydd, 'estynnodd dri phistol newydd o'i bocedi, tua hanner cant o fwledi, a chorn powdwr'. Mewn sesiwn arbennig yn Nhrefynwy ym mis Rhagfyr 1839, cafwyd wyth o'r diffynyddion yn euog a chondemniwyd nhw i farwolaeth. Ar ôl protestiadau taer, cytunodd y llywodraeth i newid y dedfrydau i rai llai llym. Carcharwyd pump a chludwyd Williams, Jones a Frost i Wlad Van Diemen (Tasmania). Yn 1856, caniatawyd i Frost ddychwelyd i Brydain. Ac yntau'n radical o hyd, siaradodd ym Merthyr yn 1857 yn erbyn alltudio.

Ni wnaeth trechu gwrthryfel Casnewydd ac atgyfodiad yr economi yn y 1840au arwain at dranc Siartiaeth yng Nghymru. Ym Merthyr, parhaodd Morgan Williams i ymgyrchu. Cymerodd y dref ran mewn streic gyffredinol yn 1842, a hyd yn oed yn y 1850au cynhaliwyd cyfarfodydd a llofnodwyd deisebau. Ym mis Ebrill 1870, dadorchuddiodd William Gould, hen Siartydd o Ferthyr, y blwch cyfrif pleidleisiau mecanyddol roedd e newydd ei ddyfeisio, mewn ymgais i beirianeiddio un o ofynion allweddol y Siartwyr, y bleidlais gudd. 'Yn sicr mae'n ddarn dyfeisgar iawn o fecanwaith', dywedodd y *Merthyr Telegraph*, 'fodd bynnag, canfu Mr Simons ddiffyg wrth weithredu'r system'. Ni fabwysiadwyd peiriant Gould erioed.

**Blwch cyfrif pleidleisiau William Gould
(Amgueddfa ac Oriel Gelf Castell Cyfarthfa)**

62 Bedydd yn Llanbadarn
c1840

John Miles a sefydlodd eglwys gyntaf y Bedyddwyr yng Nghymru ym mhentref Llanilltud Gŵyr, yn 1649. Wedi i'r Werinlywodraeth ddod i ben, erlidiwyd y Bedyddwyr, fel Anghydffurfwyr eraill, am eu credoau. Ymfudodd llawer i ogledd America. Hwyliodd Miles i Loegr Newydd a sefydlu tref Swansea, Massachussetts. Arhosodd Bedyddwyr eraill gartref. Erbyn 1800, roedd 60 o gapeli, ond erbyn cyfrifiad crefyddol 1851, roedd 533 wedi'u rhestru.

Symbol o ymroddiad personol y Bedyddwyr i Grist oedd y ddefod nodweddiadol o fedyddio oedolion trwy eu trochi'n llwyr. Byddai pob cynulleidfa yn penodi ei gweinidogion a'i swyddogion ei hun, heb oruchwyliaeth gan glerigwyr allanol. Gallai'r ysbryd democrataidd hwn arwain at aelodau'n cymryd safbwyntiau radical, fel yn achos Morgan John Rhys ar gaethwasiaeth a chwyldro **[50]**. Yn nes ymlaen, mabwysiadodd y Bedyddwyr ddull efengylaidd angerddol, a daeth llawer yn bregethwyr o fri a fyddai'n denu tyrfaoedd mawr ledled Cymru.

Y seren gydnabyddedig ymysg y rhain oedd Christmas Evans. Ganed Evans ger Llandysul yn 1776. Dechreuodd fel gwas fferm anllythrennog, a chollodd ei lygad chwith mewn ffrwgwd. Cafodd dröedigaeth yn 1783, gan ymuno â'r Bedyddwyr, a daeth yn weinidog yn Llŷn ac Ynys Môn. Roedd ei arddull bregethu yn ddramatig a llawn dychymyg. Deuai llawer o bobl i'w glywed. Yn ôl un cofiannydd, gallai'r llygad oedd ar ôl 'oleuo byddin trwy'r anialwch ar noson dywyll'. Gallai fod yn ffyrnig. 'Roedd anffyddiwr arwynebol', meddai cofiannydd arall, 'yn gwawdio'r syniad o Dduw, oherwydd, fel yr honnai, nid oedd ganddo dystiolaeth synhwyradwy ei fod yn bodoli. Atebodd Mr Evans, "Fy nghyfaill, ni welodd y wadden

yn y ddôl mo'r brenin; a fydd yn dweud felly nad oes brenin? O wadden atheistaidd!" ' Bu farw Evans yn 1838, ond roedd ei enw yn dal yn enwog ddegawdau yn ddiweddarach, pan fyddai ffigurynnau Swydd Stafford ohono i'w gweld yn nhai pobl dduwiol.

Paentiwyd 'Bedydd yn Llanbadarn' tua 1840. Dangosa fedydd yn afon Rheidol ger Llanbadarn Fawr, y tu allan i Aberystwyth. Mae'r ffigurau wedi'u gwisgo'n eu dillad gorau: mae'r rhan fwyaf o'r merched yn gwisgo 'hetiau Cymreig' **[58]** ac mae un yn cario parasol. Yng nghanol y ffrwd, saif dynes, yn aros i gael ei throchi gan y gweinidog – yn ôl pob tebyg, gweinidog capel Moriah y Bedyddwyr, tua milltir i ffwrdd.

Bu'r arlunydd anhysbys yn gyfrifol am bum deg wyth o beintiadau eraill, yr un mor ddiddorol â hwn. Roedd e neu hi yn arlunydd amatur, ond yn hynod sensitif, gyda llygad arbennig o dda am gyfansoddiad a manylder. Yn y lluniau eraill, mae afonydd, porthladdoedd, pontydd, cestyll, eglwysi a melinau, yn aml yn Aberystwyth a'r cyffiniau, a gwelir pysgotwyr, ffermwyr a merched yn gweithio.

Yn 1996, cyhoeddodd Gwyneth Lewis, 'Bedydd yn Llanbadarn', cerdd wedi'i hysbrydoli gan y llun. Saif 'Margaret Ann' yn yr afon:

> Wrth i ddŵr gau amdani
> Fe glywodd ru
> Brithyll yn anadlu
> A holl bwysau
> A hanes y dŵr
> Yn gyffro
> Rhyngddi hi a'r pregethwr.

Ffiguryn o Christmas Evans (Amgueddfa Cymru)

63 Blaenddelw'r *Governor Fenner*
1841

Ar 24 Chwefror 1841, cychwynnodd y llong hwyliau *Governor Fenner* ei thaith o Lerpwl i Efrog Newydd. Ar ei bwrdd, roedd criw o 18 a 107 o deithwyr, y rhan fwyaf yn ymfudwyr o Iwerddon. Am 2.20 y bore, bymtheg milltir o arfordir Caergybi, tarodd yn erbyn stemar olwyn yr *SS Nottingham*, hollti'n ddau, a suddo bron yn syth. Dim ond y capten a'r is-gapten a oroesodd. Drannoeth, daeth stemar ar draws yr adran flaen o'r llongddrylliad yn arnofio ger Ynysoedd y Moelrhoniaid, ac achubwyd rhannau ohoni, gan gynnwys blaenddelw'r llong. Ceryddwyd Capten Andrews o'r *Governor Fenner* am nad oedd ei long yn dangos goleuadau adeg y gwrthdrawiad. Dywedwyd bod y llong 'mor bwdr â gellygen' ac 'yn hen ac yn graciog ac yn simsan'.

Adeiladwyd y *Governor Fenner* yn Swansea, Massachussetts **[62]** yn 1827. Ar un adeg, ei pherchennog oedd teulu'r DeWolfs o Rhode Island, a enillodd eu cyfoeth o'r fasnach gaethweision, ac fe'i defnyddiwyd hefyd ar gyfer hela morfilod cyn dod yn llong i gludo ymfudwyr.

Ni cherfiwyd blaenddelw'r llong o un bloc o bren, yn ôl yr arfer ym Mhrydain, ond fe'i ffurfiwyd o naw astell unionsyth o bren. Yn aml, delweddau o wleidyddion amlwg sy'n ymddangos ar flaenddelwau Americanaidd, yn yr achos hwn James Fenner, Llywodraethwr Rhode Island. Yn 2014, adferodd cadwraethwyr y flaenddelw a'i hail-beintio yn unol ag arddull enghreifftiau sy'n goroesi.

Daeth llwybrau môr arfordir Cymru yn brysurach yn y bedwaredd ganrif ar bymtheg, gyda thwf mewn masnach ac ymfudo, yn enwedig i America. Er gwaethaf mapiau gwell a chymhorthion mordwyo **[47]**, roedd yr arfordir yn dal yn lle peryglus iawn. Mewn tywydd stormus neu niwlog, gallai llongau daro creigiau a riffiau, fel Ynysoedd y Moelrhoniaid ger Ynys Môn, neu fynd yn sownd ar draethellau a thraethau, megis Cefn Sidan yn Sir Gaerfyrddin. Yn ystod y bedwaredd ganrif ar bymtheg, bu 100 o longddrylliadau ar gyfartaledd bob blwyddyn, gyda chyfartaledd o 78 o forwyr yn cael eu lladd. Roedd hyn er gwaethaf y twf mewn goleudai. Adeiladwyd goleudy Ynysoedd y Moelrhoniaid, un o'r goleudai cynharaf yng Nghymru, gan William Trench yn 1717. Bwriad Trench oedd codi tâl ar longau a basiai ei oleudy, ond roeddent yn amhosibl i'w casglu, a bu farw mewn dyled. Yn y diwedd cafodd Tŷ'r Drindod reolaeth ar y goleudy yn 1841. Erbyn y 1860au, roedd wedi trefnu goleudai i warchod pob llecyn allweddol ar arfordir Cymru.

Darparodd llongau gyflogaeth i lawer o bobl mewn cymunedau arfordirol yng Nghymru – fel capteiniaid a chriwiau llongau, adeiladwyr llongau ac, yn ddiweddarach, docwyr. Dangosa cipolwg ar gofebion tu allan i eglwysi Aberdaron yn Llŷn neu Lansanffraid yng Ngheredigion fod bron pob teulu mewn rhai pentrefi yn dibynnu ar y môr i wneud bywoliaeth, a bod morwyr yn teithio i Dde America a chyrchfannau pell eraill. Yn Llansanffraid, adeiladwyd dros hanner cant o longau pren rhwng 1786 a 1864; yn ddiweddarach, drylliwyd tua hanner ohonynt. Roedd afon Mawddach, sydd bellach yn gwbl wledig, yn ganolfan bwysig i adeiladu llongau: adeiladwyd 318 o longau rhwng 1750 a 1865 mewn iardiau ym Mhenmaen-pŵl a hwyliwyd nhw i lawr yr afon i'w gorffen a'u cofrestru yn Abermaw.

Yn sgil twf porthladdoedd allforio glo Caerdydd a'r Barri yn y 1880au, crëwyd miloedd o swyddi morwrol newydd, a denwyd morwyr o bob cwr o'r byd. Ymgartrefodd llawer ohonynt, a daeth Tre-biwt yng Nghaerdydd yn un o'r cymunedau aml-ethnig sylweddol cyntaf ym Mhrydain **[83]**.

64. Y brig *Credo*
1848

Beth allech ei wneud pe baech yn denant fferm fach yn Sir Aberteifi yng nghanol y bedwaredd ganrif ar bymtheg, yn methu â chadw dau ben llinyn ynghyd? Roedd dau ddewis amlwg. Un oedd mudo i ardal ddiwydiannol yn rhywle arall yng Nghymru neu yn Lloegr, lle roedd swyddi ar gael ac enillion yn uwch. Y llall oedd ymfudo i America i ffermio – ateb a argymhellodd Samuel Roberts, awdur radical a gelyn i landlordiaid gormesol Cymreig, a geisiodd sefydlu anheddiad Cymreig yn nwyrain Tennessee yn 1857.

Cynigiodd y 'good brig' *Credo*, a oedd yn eiddo i deulu Jones o Aberystwyth, fynd ag ymfudwyr o'r dref honno i Quebec am £3 5s ar gyfer pob oedolyn a £1 12s 6d ar gyfer pob plentyn. Teithiai'r llong, a allai gario 200 o deithwyr, yr un môr-lwybr yn rheolaidd o 1836, gan ddychwelyd i Aberystwyth o ogledd America gyda llwythi o bren. Mae'n annhebygol bod llawer o'r ymfudwyr ar ei bwrdd yn Ebrill 1848 yn bwriadu ymgartrefu yng Nghanada. Roedd yn rhatach mynd i Ogledd America Brydeinig na hwylio i Efrog Newydd: yna byddent yn teithio dros y tir i'r de i ble roedd eu cydwladwyr eisoes wedi ymsefydlu yn yr Unol Daleithiau.

Roedd y baich ariannol o gludo teulu yn drwm, ar ôl ychwanegu costau cynnal ('teithwyr i ddarparu eu bwyd ac ati eu hunain') ac arian ar gyfer setlo yn America. Roedd y fordaith yn hir, yn gyfyng ac yn anghyfforddus, a chyfleusterau meddygol yn brin. Argymhellodd John Humphreys, capten y *Credo*, 'Humphreys' Tonic Aperient Pills, meddyginiaeth werthfawr iawn at afiechydon bustl ac afu, ac anhwylderau eraill y stumog a'r coluddion'. Roedd y feddyginiaeth hon, fe honnodd, wedi adfer iechyd saer y llong pan fethodd pob meddyginiaeth arall.

Roedd y pwysau i adael yn gryf. Amaethyddiaeth oedd gwaith y mwyafrif o bobl Sir Aberteifi. Ond hyd yn oed pan enillent incwm ychwanegol trwy fwyngloddio plwm neu weu hosanau, prin y gallai ffermwyr ennill digon, hyd yn oed mewn amseroedd economaidd ffafriol. Pan oedd prisiau'n isel a chynaeafau'n methu, teimlai llawer o deuluoedd, yn enwedig mewn ucheldiroedd fel Mynydd Bach yng nghanolbarth Ceredigion, nad oedd ganddynt unrhyw ddewis arall ond symud. Cyrhaeddodd allfudo o'r sir i America ei anterth rhwng y 1830au a'r 1850au.

Tueddai setlwyr sir Aberteifi glystyru mewn lleoliadau penodol yn yr Unol Daleithiau, fel Sir Waukesha yn Wisconsin a siroedd Jackson a Gallia yn Ohio, a elwid yn 'Little Cardiganshire' i ddechrau. Yn rhannol, fe'u harweiniwyd gan y rhai a oedd wedi mynd o'u blaenau. Yn Aberystwyth yn 1837, cyhoeddodd y Parch. Edward Jones o Cincinnati ei bamffled *Y Teithiwr Americanaidd*, arweinlyfr ymarferol ar gyfer darpar-ymfudwyr i'r Unol Daleithiau, 'y rhai y mae olwyn rhagluniaeth, yn ei doethineb, wedi troi yn eu herbyn'.

Serch hynny, roedd ymfudo i America ar raddfa gymharol fach, ac er i lawer mwy o weithwyr fferm adael y sir am feysydd glo de Cymru tua diwedd y ganrif, cynyddodd poblogaeth gyfan Sir Aberteifi yn raddol rhwng 1840 a 1880, cyn disgyn yn ystod y degawdau dilynol. Dim ond ers y 1980au y mae ei phoblogaeth wedi cynyddu'n sylweddol.

Mae'r atgof am y *Credo* yn dal yn fyw. Yn 2002, cyhoeddodd Mari Rhian Owen ei drama *The Good Brig Credo* a ysgrifennodd ar gyfer cwmni theatr Arad Goch. Fe'i hysbrydolwyd gan y poster i ddramateiddio teimladau'r ymfudwyr ar fwrdd y llong.

TO
PARTIES DESIROUS OF EMIGRATING
To AMERICA.

18  48.

THE GOOD
BRIG CREDO,

Of Aberystwyth, John Humphreys, Master,

WILL SAIL FROM THAT PORT (WEATHER PERMITTING)

FOR QUEBEC DIRECT,

On the 4th of April next,

And will take PASSENGERS upon the following terms and conditions :—

	£	s.	d.		s.	d.	
Adults, 14 years of age and upwards -	3	0	0	with 5	0	head money
Children, 1 year and under 14 of age -	1	10	0	„	2	6	„ „
Infants, under 12 months - - - - - Free.							

Passengers to find their own Provisions, &c., and the Ship will find Water, Fuel, and Bed Places.

As a limited number only will be engaged, the Passage should be secured by the 13th of March at the latest, at which time a deposit of £2 for each Adult, and £1 each Child must be made, which will be forfeited in the event of the Passenger declining the Voyage. The Passengers to be on board not later than Monday, the 3rd of April, when they will be required to pay the remainder of the Passage Money, and the Head Money.

☞ Any further information that may be required, can be obtained on application to Mr Thomas Jones, at the Reprooth, or to the Master on board.

J. COX, PRINTER AND STATIONER, PIER STREET, ABERYSTWYTH

65 Y Fonesig Venedotia'n trochi'r ysbiwyr
1848

Yn 1847, cyhoeddodd y llywodraeth adroddiad 1,252 o dudalennau mewn print bychan, o'r enw *Reports of the Commissioners of Inquiry into the state of education in Wales*. Yng Nghymru, taniodd ffrwydrad o ddicter. Ymhlith yr ymatebion roedd drama ddychanol gan R.J. Derfel, *Brad y Llyfrau Gleision*, a 'brad y llyfrau gleision' yw'r ymadrodd sydd wedi glynu wrth yr adroddiad fyth ers hynny.

Cymro o Sir Gaerfyrddin, William Williams, AS dros Coventry, a berswadiodd lywodraeth Prydain i ymchwilio i gyflwr addysg yng Nghymru, 'yn enwedig y ffyrdd sydd ar gael i'r dosbarthiadau llafur ennill gwybodaeth am yr iaith Saesneg'. Anfonwyd tri Chomisiynydd o Lundain. Roeddent yn drylwyr wrth gasglu ystadegau a thystiolaeth. Ond roeddent yn ifanc ac yn ddibrofiad, ac nid oeddent yn gwybod llawer am addysgu na Chymru, na dim byd am yr iaith Gymraeg chwaith.

Amlygodd eu hadroddiad yn fanwl pa mor annigonol oedd addysg elfennol ledled y wlad. Nid oedd digon o ysgolion, yn gyffredinol darparai athrawon addysg o ansawdd gwael, ac roedd anllythrennedd yn gyffredin. Ond yr hyn a ddywedodd y comisiynwyr am Gymru a'r Cymry yn gyffredinol a ddigiodd gynifer. Llithrwyd yn rhy hawdd o ddadansoddi i gondemnio moesol. Fe welon nhw dlodi fel symptom o ddirywiad moesol. Cwynon nhw am restr hir o bechodau: 'mân ddwyn, palu celwyddau, twyllo, pob math o ymddygiad anonest, meddwdod a segurdod, a llacrwydd moesau merched', gan gefnogi eu cyhuddiadau â dyfyniadau gan nifer o weinidogion yr Efengyl (dyma felly yw 'brad ' R.J. Derfel). Cysyllton nhw anfoesoldeb â gwrthsafiad cymdeithasol a gwrthryfelgarwch gwleidyddol: 'Mae moesau'r boblogaeth sy'n ymgynnull ym Mryn-mawr a Beaufort a'r cyffiniau'n isel iawn. Mae meddwdod, cabledd, anwedduster, drygioni rhywiol ac anhrefn yn rhemp yno. Roedd yr

ardal hon yn un o brif ffynonellau Siartiaeth' **[61]**. O ran iaith y bobl, 'mae'r iaith Gymraeg yn anfantais enfawr i Gymru, ac yn rhwystr amryfal i gynnydd moesol a ffyniant masnachol y bobl. Nid yw'n hawdd goramcangyfrif ei heffeithiau dieflig... Mae'n hollti'r bobl rhag y gyfathrach a fyddai'n hyrwyddo eu gwareiddiad yn fawr, ac yn atal mynediad i wybodaeth sy'n gwella i'w meddyliau. Fel prawf o hyn, nid oes llenyddiaeth Gymraeg sy'n deilwng o'r enw.'

Roedd yr adwaith yng Nghymru yn ffyrnig. Defnyddiodd Anghydffurfwyr y dyfyniadau beirniadol niferus gan glerigwyr Anglicanaidd yn yr adroddiad i baentio eu hunain fel unig wir amddiffynwyr y genedl. Ond defnyddiodd llawer ohonynt ei gasgliadau damniol fel tystiolaeth bod rhaid diwygio moesau, crefydd ac iaith fel mater o frys. Daeth dirwest yn flaenoriaeth, a'r iaith Saesneg yn ffordd tuag at gael eich derbyn yn gymdeithasol.

Un o'r Anghydffurfwyr a ymatebodd fwyaf ffyrnig i'r adroddiad oedd arlunydd o Landudno, Hugh Hughes. Yr oedd yn dirluniwr medrus, ond ei arbenigedd oedd portreadau o weinidogion ac aelodau o'r dosbarth canol Anghydffurfiol oedd ar gynnydd. Yn 1823, darluniodd y cylchgrawn Cymraeg cyntaf i blant, *Yr Addysgydd*. Ac yntau'n radical gwleidyddol ac yn rebel, cyfrannodd gyfres o ddeg cartŵn pigog, '*Pictures for the Million of Wales*', i *The Principality*, a gyhoeddwyd yn 1848 gan ei gyfaill Evan Jones (Ieuan Gwynedd), un o feirniaid blaenllaw y Llyfrau Gleision. Dangosa un ohonynt Gymru fel gwraig, gyda het a gwisg Gymreig **[58]**, sy'n gollwng y tri chomisiynydd neu 'ysbiwyr' i mewn i Fôr Iwerddon. Profodd y cartwnau'n ddylanwadol, a chafodd y Fonesig Venedotia ('Mrs Gwynedd'), hynafiad i Gymru fel ffigwr mam, ei hailargraffu a'i haddasu'n aml.

66 Telyn deires John Roberts

c1850

Offeryn cyngerdd clasurol o'r Eidal oedd y delyn deires. O'r ail ganrif ar bymtheg, fe'i mabwysiadwyd yn frwdfrydig gan delynorion yng Nghymru oedd yn gweithio o fewn traddodiad cartref. Y delyn deires hon, ac nid y delyn hŷn, symlach a ganwyd ers yr oesoedd canol, a elwir yn 'delyn Gymreig'. Câi ei chanu o hyd, yn bennaf yng ngogledd Cymru, ymhell ar ôl iddi syrthio allan o ffasiwn mewn gwledydd eraill. Yn hytrach nag un rhes o dannau roedd ganddi dair, gyda'r ddwy res allanol wedi'u tiwnio yn unsain i raddfa ddiatonig, a'r un yn y canol yn cyflenwi nodau cromatig.

Erbyn y bedwaredd ganrif ar bymtheg, roedd y delyn deires yn colli tir i'r delyn bedal gonfensiynol a chanddi un rhes o dannau. Penderfynodd Arglwyddes Llanofer [59], a oedd yn awyddus i gefnogi traddodiadau Cymreig a oedd mewn perygl, ei 'hachub'. Creodd 'ysgoloriaethau' ar gyfer telynorion ifainc, comisiynodd Bassett Jones o Gaerdydd i wneud telynau teires fel gwobrau mewn eisteddfodau a chystadlaethau, a chyflogai delynor preswyl, John Wood Jones, yn Llanofer.

Roma fel John Wood Jones oedd wedi helpu i gadw'r delyn deires yn fyw yng Nghymru. Dywedwyd ei fod yn ddisgynnydd i Abram Wood, a ddaeth â'i deulu i Gymru tua 1730. Daeth e a Roma eraill yn adnabyddus yng ngogledd Cymru am ragori ar ganu'r ffidil a'r delyn. Ac yntau'n un o wyrion Abram Wood, daeth John Roberts yn enwog fel chwaraewr telyn deires. Fe'i ganwyd yn Llanrhaeadr-yng-Nghinmeirch [27] yn 1816, ac roedd yn siaradwr Romani rhugl. Bu'n gwasanaethu gyda'r Ffiwsilwyr Brenhinol Cymreig am naw mlynedd, cyn priodi Romani, Eleanor Wood Jones, ac ymgartrefu yn y Drenewydd a dod yn berfformiwr proffesiynol. Fe'i dysgwyd i chwarae gan ei ewythr, Archelaus Wood, ac yn ddiweddarach gan Richard Roberts o Gaernarfon. Enillodd John Roberts lawer o gystadlaethau, gan gynnwys y rhai yn eisteddfodau'r Fenni o 1842 a 1848 [59], gan gyfuno traddodiadau Romani a Chymreig yn rhwydd. Roedd sawl un o'i dri phlentyn ar ddeg yn gerddorion. Yn aml byddent yn perfformio gydag e dan yr enw 'The Roberts Family' a 'The Cambrian Minstrels'.

Yn 1885, anrhydeddwyd Roberts mewn seremoni ar lan Llyn Geirionnydd, wedi'i threfnu gan John Roberts arall, argraffwr, llyfrwerthwr a bardd (ei enw barddol oedd Gwilym Cowlyd). Sefydlodd Gwilym Cowlyd, a oedd wedi'i ddigio gan Seisnigo cynyddol yr Eisteddfod Genedlaethol, ŵyl gystadleuol, Arwest Glan Geirionnydd, a Gorsedd arall. Yn y man anghysbell hwn, lle geni tybiedig y bardd Taliesin, rhoddodd Gwilym Cowlyd yr enw 'Telynor Cymru' i Roberts.

Delwedd ramantaidd o John Roberts sy'n ymddangos mewn portread olew a beintiwyd gan arlunydd anhysbys tua 1890. Mae'r telynor yn gwisgo gŵn hir gwyn gyda chlogyn glas a chap meddal – o bosibl y wisg farddol oedd ganddo yn seremoni Llyn Geirionnydd. Mae'r gwisgoedd, y farf wen hir a'r ystum difrifol yn cysylltu'r darlun gyda darluniau dychmygol eraill o feirdd a cherddorion Cymreig.

Trosglwyddwyd traddodiad y delyn deires, yn arbennig gan Nansi Richards, a honnai iddi gael ei dysgu yn rhannol gan Roma a arhosai ar fferm y teulu ym Mhen-y-bont-fawr, Sir Drefaldwyn.

Paentiad olew o John Roberts gan artist anhysbys
(Amgueddfa Sir Faesyfed)

67 John Dillwyn Llewelyn a'i gamera
c1853

Mae'r camera, dywedodd William Henry Fox Talbot, yr arloeswr ffotograffiaeth o Loegr, 'yn cofnodi beth bynnag y mae'n ei weld, ac yn sicr byddai'n dylunio simnai neu ddyn glanhau simnai yr un mor ddiduedd ag y byddai'n dylunio Apollo Belvedere'. Roedd Fox Talbot yn perthyn i'r Talbotiaid o Ben-rhys, Gŵyr, a byddai'n ymweld â nhw yn aml. Yn 1833, pan ddechreuodd arbrofi ar sefydlogi delweddau ar bapur gan ddefnyddio'r hyn a alwodd yn 'llunio ffotogenig', priododd ei gyfnither, Emma Talbot o Ben-rhys, â John Dillwyn Llewelyn, mab Lewis Weston Dillwyn **[54]**.

Bu Llewelyn yn astudio cemeg yn Rhydychen ac yn 1839, dechreuodd arbrofi ar dechnegau ffotograffig ar ei ystâd ym Mhenlle'r-gaer, ychydig i'r gogledd o Abertawe, gydag Emma a'i gyfaill Calvert Richard Jones. Eu diddordeb cychwynnol oedd y broses daguerreoteip Ffrengig, a gyhoeddwyd tua'r un pryd â dyfais Talbot. Defnyddiodd Calvert Jones ddaguerreoteip pan dynnodd y ffotograff Cymreig gyntaf, o Gastell Margam, ar 9 Mawrth 1841. Ond techneg Talbot a oroesodd, a mabwysiadodd Jones a Llewelyn ddatblygiad ohono, sef 'caloteipio'. Roedd 'caloteipio' yn cyflwyno cymal arall i'r broses, y negatif, a oedd yn eu galluogi i wneud sawl print o'r un llun.

Erbyn 1852, pan etholwyd e i gyngor Cymdeithas Ffotograffig Llundain, roedd Llewelyn wedi troi ei sylw at y broses 'colodion gwlyb' newydd a ddefnyddiai wydr yn hytrach na phapur i greu negatifau cliriach gydag amserau datguddio byrrach. Ond bu raid cotio'r cemegau ar y plât gwydr yn union cyn datguddio, tra roedden nhw'n dal yn llaith a'u datblygu cyn eu bod

yn sychu. Er mwyn tynnu lluniau yn yr awyr agored roedd angen ystafell dywyll symudol, fel yn y ddelwedd o Llewelyn yn sefyll wrth ymyl ei gamera, â'i babell ddatblygu y tu ôl iddo.

Ar ôl dyfeisio caead disgynnol, gallai Llewelyn dynnu lluniau sydyn, fel llun o donnau'n torri ar y traeth ym Mae Caswell yn 1853. Enillodd fedal arian am bedwar llun o'r fath yn yr Exposition Universelle ym Mharis yn 1855. Tirluniau, lluniau o'u hystadau a'u heiddo, a'u teuluoedd yn eu cartrefi neu ar deithiau a gwyliau, a apeliai fwyaf fel testunau i ffotograffwyr cynnar Abertawe.

Roedd gan John Dillwyn Llewelyn, fel ei dad, ddiddordeb mawr yn y gwyddorau. Yn 1841, hwyliodd y cwch cyntaf ym Mhrydain i'w yrru gan drydan ar un o lynnoedd Penlle'r-gaer. Fel botanegydd amatur a phensaer tirwedd, creodd un o'r tai tegeirian cyntaf ym Mhrydain, ac yn 1851 adeiladodd arsyllfa ym Mhenlle'r-gaer fel anrheg i'w ferch hynaf, Thereza, oedd hefyd yn ffotograffydd. Dyma ble y byddai hi'n ei gynorthwyo i dynnu rhai o'r lluniau cynharaf o'r lleuad.

Chwaer i Llewelyn, Mary, oedd un o'r ffotograffwyr benywaidd cyntaf. Mae ei phrintiau halen caloteip bach o flodau, anifeiliaid, plant a ffrindiau yn dueddol o fod yn fwy anffurfiol a chynnes na rhai ei brawd. Defnyddiai gamera llai, yr oedd angen amseroedd datguddio cymharol fyr arno, ac felly gallai dynnu lluniau mwy naturiol.

Erbyn 1860, roedd y teulu cyfan wedi rhoi'r gorau i dynnu lluniau. Roedd ffotograffiaeth fasnachol yn dechrau, ac oes yr amatur arloesol ar ben.

Camera John Dillwyn Llewelyn
(Amgueddfa Genedlaethol y Glannau)

68 Hen Wlad Fy Nhadau
1856

Wrth i wledydd newydd ddod i'r amlwg yn Ewrop yn ystod y bedwaredd ganrif ar bymtheg, cafodd anthemau cenedlaethol eu cyfansoddi neu eu haddasu, fel ffordd o annog pobl i uniaethu'n gyhoeddus â'u cymunedau. Yn Hwngari, er enghraifft, rhoddwyd geiriau 'Himnusz', a ysgrifennwyd gan y bardd Ferenc Kölcsey yn 1823, ar gân gan y cyfansoddwr Ferenc Erkel yn 1844. Derbyniwyd y cyfuniad yn gyflym fel anthem genedlaethol answyddogol Hwngari.

Dilynodd Cymru batrwm tebyg. Daeth geiriau a thôn ynghyd trwy gydweithio, rhwng Evan James, a ysgrifennodd y geiriau, a'i fab James, a gyfansoddodd y dôn (mae'n ansicr p'un a ddaeth yn gyntaf, y geiriau ynteu'r gerddoriaeth). Telynor oedd James James, a diddanai pobl yn ei dref ei hun, Pontypridd. Noda llawysgrif *Hen Wlad fy Nhadau* yn glir mai ef oedd cyfansoddwr yr alaw emynol a elwir yn 'Glan Rhondda'; rhoddir y dyddiad fel mis Ionawr 1856. Cafodd ei pherfformio gyntaf yn festri Capel Tabor, Maesteg, ym mis Ionawr neu Chwefror 1856.

Mae gan *Hen Wlad fy Nhadau* dri phennill, sy'n sôn am deimladau gwladgarol ('pleidiol wyf i'm gwlad'), dewrder milwrol ('gwrol ryfelwyr'), dawn ddiwylliannol ('gwlad beirdd a chantorion') a thirweddau arbennig ('hen Gymru fynyddig, paradwys y bardd'). Mae'r rhain yn elfennau cyffredin mewn anthemau cenedlaethol eraill. Yr hyn sy'n fwy nodedig yw ei phwyslais ar barhad yr iaith Gymraeg hynafol ('bydded i'r heniaith barhau').

Cydiodd yr anthem yn fuan. Cynhwyswyd y dôn yn *Gems of Welsh Melody* gan Owain Alaw (John Owen) a gyhoeddwyd yn 1860, llyfr a ddaeth yn boblogaidd a lledaenu ymwybyddiaeth o *Hen Wlad Fy Nhadau*, fel y'i gelwid bellach, yn gyflym.

Roedd perfformiadau yn yr Eisteddfod, fel un gan Robert Rees (Eos Morlais) ym Mangor yn 1874, yn ddylanwadol, a chanwyd *Hen Wlad Fy Nhadau* fwyfwy mewn cynulliadau gwladgarol. Fe'i canwyd gan y dorf yn y gêm rygbi ryngwladol yn 1905 rhwng Cymru a Chrysau Duon Seland Newydd, fel ymateb bwriadol i'r Haka. Dichon mai hwn oedd y tro cyntaf i anthem genedlaethol gael ei chanu mewn digwyddiad chwaraeon mawr. Erbyn hynny, roedd dau gerflun efydd o faint naturiol wedi'u comisiynu i goffáu ei chrewyr gan William Goscombe John **[23]**, wedi marwolaeth James James yn 1902. Yn y pen draw, dadorchuddiwyd nhw ym Mharc Ynysangharad, Pontypridd ar 23 Gorffennaf 1930.

Dechreuodd yr anthem gael ei recordio – am y tro cyntaf gan Madge Breeze, a'i chanodd ar 11 Mawrth 1899 ar gyfer disg un ochr a ryddhawyd gan y Gramophone Company. Record fwy diweddar yw'r fersiwn gitâr gan Tich Gwilym yn 1978 mewn dynwarediad o 'The star-spangled banner' gan Jimi Hendrix. Tra byddai'r rhwygiadau a'r afluniadau o gitâr Hendrix yn awgrymu ymosodiad ar anthem filwrol pŵer ymerodrol, mae naws y fersiwn Gymreig yn fwy dof ac yn fwy parchus i'r gwreiddiol.

Pan ddaliwyd John Redwood, Ysgrifennydd Gwladol Cymru, ar gamera yn meimio geiriau *Hen Wlad Fy Nhadau* mewn cynhadledd o Blaid Geidwadol Cymru yn 1993, bu cryn dipyn o chwerthin am ei ben. I lawer yng Nghymru, roedd y digwyddiad hwn yn symbol o'r angen am ddatganoli gwleidyddol ac am roi terfyn ar reoli eu gwlad gan San Steffan y unig **[98]**.

Cofeb i Evan a James James (Parc Ynysangharad, Pontypridd)

69 Taith rad i Fangor
1859

Ym mis Tachwedd 1855 ysgrifennodd 'A Clwydian' i'r *North Wales Chronicle* i brotestio yn erbyn cynllun i adeiladu rheilffordd newydd:

'Mae Dyffryn Clwyd nawr yn dioddef o ymosodiad difrifol o dwymyn ysbeidiol. Twymyn reilffordd, rwy'n golygu ... Cyhoeddwyd prosbectws, cyfalaf £60,000!! mewn cyfranddaliadau decpunt, ar gyfer rheilffordd o Ddinbych i'r Rhyl! Nid awgrymwyd erioed ymgymeriad mwy anaddawol o ran y cyfranddalwyr, nac un mwy diwerth i'r cyhoedd, yn fy marn i.'

Roedd y gair 'twymyn' eisoes yn ystrydeb i ddisgrifio'r angerdd i adeiladu rheilffyrdd a losgai trwy Gymru o ganol y 1840au. Buddsoddai hapfasnachwyr cyfoethog eu harian, ac arian pobl eraill, i osod llinellau newydd i wasanaethu anghenion diwydiant ac i gludo pobl, gan gynnwys y 'gwibdeithwyr' newydd. Weithiau paratowyd cynlluniau, a chasglwyd arian ar eu cyfer, ar sail brwdfrydedd a gobaith yn hytrach nag ymchwil ofalus. Mynnai 'A Clwydian' nad oedd patrymau trafnidiaeth presennol yn awgrymu bod digon o alw i gyfiawnhau rheilffordd newydd. Ond yn rhifyn nesaf y papur newydd, daeth ymosodiad ffyrnig arno.

Yr awdur oedd Thomas Gee o Ddinbych, cyhoeddwr a chefnogwr i'r llinell newydd. Honnodd fod 'rheilffordd yn 1855 mor hanfodol i bob cynnydd ag yr oedd ffordd dyrpeg dda hanner can mlynedd yn ôl'. 'Mae rheilffordd', meddai, 'yn lledaenu undod a ffyniant i ble bynnag mae'n mynd.' Roedd Gee yn ddyn dylanwadol. Eisoes yn 1845 roedd wedi dechrau cyhoeddi cylchgrawn *Y Traethodydd*, ac yn fuan byddai'n lansio papur newydd *Baner Cymru* (*Baner ac Amserau Cymru* yn ddiweddarach*)* a gwyddoniadur uchelgeisiol *Y Gwyddoniadur Cymreig*. Trwy'r cyhoeddiadau hyn, helpodd i lunio'r llais Anghydffurfiol newydd oedd i dra-arglwyddiaethu ar Gymru: Cymraeg ei iaith, cenedlaetholgar, Rhyddfrydol, crefyddol, dirwestol ac yn erbyn landlordiaid – llais pwerus gwahanol i'r sefydliad Anglicanaidd, Ceidwadol a thirfeddiannol. I T. Gwynn Jones **[84]**, Gee oedd 'i bob pwrpas, yr un dyn a wnaeth Gymru fodern yr hyn ydyw'n wleidyddol'.

Yn fuan, aeth gwrthwynebiadau i gynlluniau'r rheilffordd i'r gwynt, ac enillodd Gee a'i gynghreiriaid y dydd. Cawsant gymeradwyaeth gan y Senedd a chefnogwyr ariannol, ac agorwyd Rheilffordd Dyffryn Clwyd ym mis Hydref 1858. Y contractwyr oedd David Davies o Landinam a Thomas Savin o Groesoswallt. Roedd Davies **[40]** ar ddechrau ei yrfa hir fel gŵr mawr y rheilffyrdd a pherchennog glo. Roedd ei bartner Savin yn llai llwyddiannus. Ei fethdaliad yn 1866 a ganiataodd i Goleg newydd y Brifysgol brynu, am bris rhad, Gwesty'r Castell yn Aberystwyth, yr oedd Savin wedi'i ddatblygu i dwristiaid oedd yn cyrraedd ar Reilffordd y Cambrian.

Defnyddiwyd Rheilffordd Dyffryn Clwyd ar gyfer trenau 'gwibdaith' rhad arbennig i fynd â phobl o Ddinbych, Rhuddlan a Llanelwy i'r cyrchfannau glan môr, gan gynnwys Llandudno, Bae Colwyn a Bangor, a dyfai ar hyd arfordir gogledd Cymru. Denai'r trefi hyn ymwelwyr o ogledd Lloegr oedd yn teithio ar hyd Rheilffordd Caer a Chaergybi Robert Stephenson, a agorwyd i Fangor yn 1848. O bryd i'w gilydd, daethai twristiaeth â phroblemau. Yn 1854, daeth ymwelwyr ar drên o Benbedw, a chododd rhai ohonynt, dan ddylanwad alcohol, derfysg ym Mangor, gan ymladd a difrodi eiddo. Yn ddiamau, fe wnaeth y rhai ar y trên o Ddinbych ar 14 Medi 1859 ymddwyn yn berffaith, yn enwedig gan mai Cymdeithas y Methodistiaid Calfinaidd a drefnodd y daith – o bosib trwy Thomas Gee, argraffydd y poster, a oedd yn weinidog ordeiniedig gyda'r Methodistiaid.

VALE OF CLWYD RAILWAY.

CALVINISTIC METHODIST ASSOCIATION.

CHEAP TRIP
TO
BANGOR,
ON
Wednesday, September the 14th, 1859.

TIME & FARE TABLE FOR THE DOUBLE JOURNEY.

Denbigh	-	7. O. a.m.	Fare	3s. 8d.
Trefnant	-	7. 10. -	-	3s. 6d.
St. Asaph	-	7. 26. -	-	3s. 3d.
Rhuddlan	-	7. 36. -	-	3s. Od.
Rhyl -	-	8. 12. -		

Return.---Special Trains will leave BANGOR at 9. 15. p.m., by which Passengers will return.

September 9th, 1859.   DENBIGH, PRINTED BY THOMAS GEE.

70 Sarffutgorn

1860au

Nodwedd ddiwylliannol gyffredin mewn cymunedau dosbarth gweithiol diwydiannol oedd y band pres. Fel y côr, daeth y band pres â cherddorion amatur at ei gilydd i ddatblygu a rhannu eu sgiliau. Ar ôl i offerynnau ddechrau cael eu masgynhyrchu tua 1850, daethant yn ddigon rhad fel y gallai grwpiau lleol eu prynu drwy gynlluniau hurbrynu. Yn aml, cefnogai cyflogwyr fandiau, er mwyn annog eu gweithwyr i ddefnyddio eu hamser hamdden yn adeiladol. Ond roedd y band pres cyntaf i'w sefydlu yng Nghymru yn wahanol: eiddo personol ei sylfaenydd oedd e, ac roedd yn rhannol broffesiynol.

Daeth Robert Thompson Crawshay [60] yn rheolwr ar waith haearn Cyfarthfa ym Merthyr Tudful yn 1839. Yn 1838, sefydlodd Fand Cyfarthfa, yn rhannol i chwarae mewn digwyddiadau cymdeithasol megis cyngherddau, dawnsfeydd a phriodasau a gynhelid yng Nghastell Cyfarthfa [55]. Roedd tuag ugain o chwaraewyr, a'r rhan fwyaf ohonynt yn weithwyr yn y gweithfeydd haearn a phobl leol. Roedd eraill yn gerddorion proffesiynol, gan gynnwys rhai a fu'n aelodau o fandiau syrcas. Mae nifer o'u hofferynnau wedi goroesi. Felly hefyd gopïau llawysgrif o dros 100 o enghreifftiau o *repertoire* y band, a oedd yn cynnwys walsis ysgafn, galops a chwadriliau, trawsgrifiadau o ddarnau cerddorfaol ac operatig, a chomisiynau achlysurol. Yn y 1870au, cyhoeddodd y cyfansoddwr Joseph Parry 'Concerto Tudful' ar gyfer y band. Mae'r offerynnau pres sy'n goroesi, megis biwglau a thrombonau, yn gymysgedd o fersiynau hŷn ag iddynt allweddi, a modelau diweddarach â falfiau piston.

Un o offerynnau'r band oedd y sarffutgorn (ophicleide), offeryn bas-bariton bysellog a batentwyd yn Ffrainc yn 1821. Roedd ganddo diwbiau wedi'u plygu yn ôl ac fe'i chwaraeid, fel trombôn, gyda genau cwpanog. Câi ei chwarae yn y gerddorfa glasurol yn ogystal â mewn bandiau pres. Cyflogodd Crawshay gerddor arbenigol i chwarae'r offeryn. Symudodd Sam Hughes, mab i friciwr o Swydd Stafford, i Ferthyr yn y 1850au a chafodd swydd gan Crawshay fel asiant rheilffyrdd yn y dref. Arhosodd gyda'r band hyd at tua 1860, ac yn ddiweddarach daeth yn Athro Ophicleide yn Ysgol Gerdd y Guildhall a'r Ysgol Gerdd Filwrol Frenhinol. Bu farw mewn tlodi yn 1898. Bu farw ei offeryn o'i flaen, wedi'i ddisodli gan y tiwba (mewn cerddorfeydd) a'r ewffoniwm (mewn bandiau pres).

Cystadlodd Band Cyfarthfa yn y gystadleuaeth bandiau pres genedlaethol gyntaf yn y Crystal Palace yn 1860, gan ennill dwy wobr. Dywedodd awdur yn *Household Words* i'r Band 'ddarparu difyrrwch call a choeth i'r dosbarthiadau a fyddai fel arall yn debygol o dreulio eu hamser hamdden mewn ffordd lai anrhydeddus na dysgu neu wrando ar gerddoriaeth'. Goroesodd y Band farwolaeth Robert Thompson Crawshay yn 1879 ond heb gadw ei statws. Roedd Crawshay wedi cau gwaith haearn Cyfarthfa yn 1875, a gwrthododd newid ei feddwl er gwaethaf protest fawr gan y gweithwyr, y tynnwyd llun ohoni, y tu allan i'r Castell, dwy flynedd yn ddiweddarach.

Erbyn hyn, roedd dwsinau o fandiau pres ar waith mewn ardaloedd diwydiannol. Hyrwyddai rhai yr achos dirwestol, fel y Cory Band, a sefydlwyd yn 1880, a Band Dirwest Tongwynlais (1888). Roedd gan eraill gysylltiadau cryf â'r mudiad llafur, a byddent yn cymryd rhan mewn gorymdeithiau a gwrthdystiadau.

Gweithwyr y tu allan i Gastell Cyfarthfa
(Amgueddfa ac Oriel Gelf Cyfarthfa)

71 Tri chawr pregethu
1869

Roedd pregethu'n sgil cyhoeddus a ddenodd edmygedd mawr yng Nghymru. Dyma oedd un o'r prif ddulliau o ledaenu'r neges Anghydffurfiol ymhlith y bobl. Y tri 'chawr' pregethwrol cydnabyddedig oedd John Elias, Christmas Evans a William Williams o'r Wern. Bu'r tri yn treulio llawer o'u hamser ar y ffordd, gan ddenu torfeydd mawr yn yr awyr agored a'u tanio trwy rym eu rhethreg a'u cymeriad. Gosodon nhw'r sylfeini ar gyfer yr oruchafiaeth Anghydffurfiol yn ail hanner y bedwaredd ganrif ar bymtheg.

Roedd John Elias, mab gwehydd a ffermwr yn Aber-erch, yn hunan-addysgedig. Ar ôl argyfwng ysbrydol, ymunodd â'r Methodistiaid Calfinaidd ac o'i gartref yn Llanfechell, Ynys Môn, cychwynnodd ar ei deithiau pregethu di-dor yn 1796, a gwneud tipyn o enw iddo'i hun yn fuan. Yn 1811, roedd yn un o'r cyntaf i'w ordeinio gan y Methodistiaid, mewn seremoni yn y Bala a nododd eu hymwahanu ffurfiol oddi wrth Eglwys Loegr. Cafodd ei bregethau grymus, dros gyfnod o ddeng mlynedd ar hugain a mwy, effaith mor eithriadol ar ei ddilynwyr iddo gael ei alw'n 'Y Pab o Fôn'. Pan fu farw yn 1841, ymunodd 10,000 o bobl â'i orymdaith angladdol ger Biwmares.

Un o brif themâu Elias oedd pechod. Gwelodd bechod ymhob man o'i gwmpas ymhlith y bobl, a ni fyddai byth yn blino ar ymosod arno. Yn Rhuddlan yn 1802, canfu fod ffair yn cael ei chynnal ar y Saboth, ar gyfer gwerthu offer fferm a llogi gweithwyr. Yn ôl un adroddiad, 'pan gyrhaeddodd Elias y tir, roeddent ar fin ymgymryd â'u trafodion ffiaidd: cariai nifer fawr eu bachau a'u pladuriau ar eu breichiau a'u hysgwyddau: roedd sain a sŵn telynau a ffidlau; roedd y chwaraewyr yn eu diod.' Siaradodd Elias o risiau'r dafarn a 'diolchodd i'r Arglwydd dro ar ôl tro nad oedd yn gadael i'r ddaear agor a'u llyncu yn fyw i uffern'. Roedd ei araith mor bwerus aeth braw ac edifeirwch yn drech na'r gynulleidfa. 'Rhoddwyd terfyn llwyr ar y drwg oedd mor rhemp a dychrynllyd yn Rhuddlan'.

Calfiniaeth galed Elias a'r modd y fflangellai weithgareddau pechadurus a gyflymodd y symudiad tuag at yr ymddygiad sobr, parchus a cheryddgar weithiau oedd yn nodweddiadol o ddiwylliant Anghydffurfiol yn hwyrach yn y ganrif. Bu'r twf yn eu henwadau yn rhyfeddol. Erbyn 1851, roedd 2,813 o gapeli wedi'u hadeiladu yng Nghymru, llawer ohonynt mewn ardaloedd diwydiannol a anwybyddwyd gan Eglwys Loegr, ac fel arfer, Cymraeg oedd eu hiaith. Byddai Anghydffurfwyr yn raddol yn siapio a rheoli materion cyhoeddus yr oes, gan gynnwys degymau, dirwest a datgysylltu'r Eglwys, a chawsant flas ar wleidydda, a chryn lwyddiant yn hynny o beth – rhywbeth a fyddai wedi bod yn anathema i Elias a'i gyfoedion.

Roedd Christmas Evans hefyd yn bregethwr carismataidd **[62]**, tra roedd gan William Williams o'r Wern, oedd yn weinidog gyda'r Annibynwyr, gymeriad ysgafnach nag Elias, ac arddull llawn dychymyg. Yn 1869, ymhell ar ôl eu marwolaeth, paentiwyd y tri 'chawr' fel grŵp gan yr arlunydd William Williams (Ap Caledfryn). Seiliodd ei bortreadau ar ddarluniau gwreiddiol – paentiwyd Christmas Evans, er enghraifft, gan Hugh Hughes **[65]**. Enillodd ei bortreadau ei hun gylchrediad eang trwy atgynyrchiadau print. Enillodd John Thomas **[53]** arian drwy werthu copïau ffotograffig o baentiadau gwreiddiol, ac o 'gasgliadau pregethwyr', megis 'Enwogion y pulpud Cymreig' a'r 'Tadau Ymneillduol'.

Tri Chedyrn Cymru.
Y Parchedigion

John Elias
o Fon 1841

Christmas Evans,
1776 – 1838

W. Williams
or Wern 1840

72 Cwilt seren ganolog
c. 1875

Yn y bedwaredd ganrif ar bymtheg, gweithiai merched
Cymru'n galed ac am oriau hir, yn y cartref neu yn y
caeau, ond heb lawer o gyfle i ennill arian drostynt eu
hunain. Un ffordd oedd gwasanaethu yng nghartrefi
teuluoedd cefnog. Un arall oedd gwneud a gwerthu dillad
a thecstilau eraill. Daeth dosbarth penodol o frethynwyr
benywaidd i'r amlwg yn ystod y ganrif, sef y cwiltwyr.

Prynwyd cwiltiau pob dydd, wedi'u gwneud o
wlân neu gotwm, â 'batin' neu wadin gwlân tu mewn,
er mwyn cadw pobl yn gynnes yn y gwely. Cedwid
rhai mwy cywrain, addurniadol fel 'cwiltiau gorau', er
enghraifft at ddefnydd ymwelwyr, neu fe'u rhoddwyd fel
rhan o waddol priodas. Ychydig o gwiltiau cynnar sydd
wedi goroesi, ond mae digon o hyd i ddangos traddodiad
oedd yn fywiog o tua 1850 hyd yr Ail Ryfel Byd.

Mewn cyfnodau cynharach, defnyddiwyd cwiltiau
i leinio arfwisg, neu fe'u gwnaed gan ferched teuluoedd
cyfoethog i ddangos eu doniau gwnïo. Ond o ganol y
bedwaredd ganrif ar bymtheg cododd diwydiant cartref i
wasanaethu cartrefi llai llewyrchus. Gwnaed a gwerthwyd
cwiltiau gan weithwyr proffesiynol, yn aml yn ferched
di-briod neu'n weddwon a oedd heb incwm arall. Mewn
ardaloedd gwledig, teithiai rhai ohonynt o fferm i fferm,
gan letya gyda'r teulu nes cwblhau'r gwaith. Byddai'r
fferm yn storio'r ffrâm bren betryal y gwnaed y cwilt arni,
a threuliai'r weithwraig, efallai gyda help gan brentis, hyd
at bythefnos yn cynhyrchu cwiltiau. Gallai cwiltwraig
eithriadol o ddeheuig ac egnïol orffen dau mewn wythnos.

Fel arfer, perchennog y tŷ oedd yn dewis a darparu'r
defnydd a'r llenwad. Roedd y llenwad yn aml yn
wlân, o garpiau a gasglwyd ar gloddiau, neu frethyn
blanced wedi'i ailgylchu. Gwlanen leol oedd y deunydd
traddodiadol ar gyfer y gorchudd, ond defnyddid cotwm
ffatri a chotwm sidan ar gyfer cwiltiau diweddarach.

Mae'r rhan fwyaf o gwiltiau heb lofnod, a'u
tarddiad fel arfer yn anhysbys, ond gwyddys i'r 'cwilt
seren ganolog' hwn, sy'n dyddio o tua 1875, gael ei
wneud gan gwiltwraig o Aberdâr, Sara Lewis. Roedd
hi'n wneuthurwraig uchel ei pharch a thrysorwyd
ei chwiltiau gan eu perchnogion am eu hansawdd
eithriadol a gwreiddioldeb y cynlluniau. Gwnaed yr
enghraifft hon, sy'n mesur 209cm wrth 186cm, o
wlanen a gwlân ac mae ganddo ddyluniad geometrig
nerthol. Trefnir y gorchudd blaen o amgylch seren wyth
pigyn a ailadroddir gydag amrywiadau ym mhob cornel.
Cwblheir y cynllun gyda blociau petryal mawr ac igam-
ogamau breision. Fel llawer o gwiltiau nodweddiadol
Gymreig cynhwysa amrywiaeth o liwiau trawiadol
– coch, du, glas tywyll a lliwiau brown a llwydion. Yn
ôl rhai, cafodd y cwiltiau geometrig a lliwgar a wnaed
gan y gymuned Amish yn yr Unol Daleithiau eu
dylanwadu gan y rhai yr aeth ymfudwyr Cymreig â nhw
i Pennsylvania.

Dirywiodd y diwydiant cwiltio Cymraeg ar ôl 1880,
gyda dyfodiad dillad gwely masgynnyrch, ac eto ar
ôl y Rhyfel Byd Cyntaf. Fe'i hadferwyd trwy'r Biwro
Diwydiannau Gwledig, a sefydlwyd yn 1928 i ysgogi
diwydiannau crefft yn y dirwasgiad economaidd
(rhoddodd y Biwro gymorth hefyd i Arbrawf Bryn-mawr
[86]). Cafodd merched gymorth i gaffael deunyddiau
a llenwadau, a gwerthwyd eu gwaith, o ansawdd uchel
bob tro, trwy siopau yng Nghaerdydd a Llundain, yn aml
i westai fel Claridges a'r Dorchester. Dysgwyd cwiltio yng
Ngholeg Technegol Aberdâr. Daeth y gweithgaredd hwn
i ben adeg yr Ail Ryfel Byd, a daeth cwiltio, er gwaethaf
diddordeb gan bobl frwdfrydig newydd fel Laura Ashley
[94], yn fusnes ar raddfa lai, anfasnachol yn bennaf, fel
y mae heddiw.

73 Stampiau menyn
19eg ganrif

Erbyn 1851 roedd mwy o bobl yng Nghymru yn gweithio mewn diwydiant nag ar y tir. I rai, dangosodd hyn mai Cymru a ddatblygodd i fod y wlad ddiwydiannol gyntaf yn y byd. Ond amaeth o hyd a ddarparodd y nifer fwyaf o swyddi (35% o ddynion cyflogedig), a pharhâi'n bwysig i economi Cymru.

Prin fod gwneud bywoliaeth o'r tir yn beth hawdd, ac roedd yr elw yn isel. Cafodd tywydd ansicr, landlordiaid gormesol, marchnadoedd newidiol a thechnolegau newydd oll effaith ar ffermwyr. Yn Sir Gaerfyrddin, roedd ffermio llaeth yn gyffredin, ac ar ôl 1870, rhoddwyd mwy o dir i bori a llai i gnydau. Roedd cludo cynnyrch llaeth i ganolfannau poblog ar long neu ar y ffyrdd yn llafurus. Cyfwelodd comisiynwyr addysg 1844 **[65]** â ffermwr o Gaerfyrddin na allai gwblhau'r daith i Abertawe o fewn pedair awr ar hugain, ac roedd tollau i'w talu i'r ddau gyfeiriad. Ond ar ôl i Gaerfyrddin ymuno â'r rhwydwaith rheilffordd yn 1852, gellid cludo llaeth, menyn a chaws i Abertawe a thu hwnt yn rhad ac yn gyflym.

Ar y cyfan roedd llaethydda ar raddfa fach o hyd. Ar ffermydd y gwnaed menyn a chaws, gan ddefnyddio buchesi lleol. Roedd gwneud menyn yn waith benywaidd, a wneid yn aml gan wraig y ffermwr, gyda help o bosibl gan forwyn laeth. Godrent wartheg yn y cae a storio'r llaeth mewn padellau bas mewn pantri. Ar ôl casglu digon o hufen, trosglwyddent ef i fuddai, a'i gorddi nes i lympiau menyn ffurfio o fewn y llaeth enwyn. Yn olaf, ychwanegent halen a siapio'r menyn yn flociau pwys neu hanner pwys, gan ddefnyddio patiau a chloriannau.

Yna argraffent wyneb pob bloc â marc y fferm unigol, i nodi ffynhonnell y menyn (heb bapur lapio yn wreiddiol). Gosodwyd y stamp gan ddefnyddio offeryn pren, fel arfer o bren sycamorwydden er mwyn osgoi staenio'r menyn. Mae'r printiau sy'n goroesi yn dangos amrywiaeth fawr o siapiau, ac o ddyluniadau - gwenyn, gwartheg, ysgall, dail a blodau.

Erbyn 1911, dim ond 12% o ddynion yng Nghymru a gyflogwyd mewn amaeth, er nad oedd nifer y gweithwyr (96,000) wedi gostwng yn sylweddol ers 1851. Roedd ffermwyr yn fwy tebygol o fod yn berchnogion nag yn denantiaid, wrth i'r ystadau mawr grebachu. Oherwydd pwysau cystadleuol i gynhyrchu hufen, menyn a chaws yn fwy effeithlon, sefydlwyd cydweithfeydd amaethyddol a ffatrïoedd llaeth yn ne-orllewin Sir Gaerfyrddin. Yn ddiweddarach, wrth i laeth hylif ddod yn fwy proffidiol, deuai lorïau llaeth i gasglu cynnyrch o ffermydd unigol. Bu sefydlu'r Bwrdd Marchnata Llaeth yn 1933 yn help i sefydlogi prisiau ac incwm ffermwyr.

Ffactor arall oedd yn ysgogi newid oedd twf addysg amaethyddol. O'r 1880au, dysgwyd technegau llaeth modern mewn ysgolion arbenigol, fel yr ysgol yn Nercwys, Sir y Fflint (yn y llun). Sefydlwyd ffatri gaws yn y pentref yn 1919.

O 1850, symudodd llawer o weithwyr llaeth de Cymru, yn enwedig o Geredigion, i Lundain i gadw gwartheg a sefydlu busnesau cyflenwi llaeth. Yn 1881 roedd 240 o gowmyn yn Llundain â chyfenwau Cymraeg, a hyd yn oed yn y 1950au roedd 500 o laethdai Cymreig ar waith.

Dosbarth llaeth Nercwys, Archifdy Sir y Fflint

74. Dau droseddwr o Sir Aberteifi
1900

Ymledodd defnydd amrywiol o dechnoleg newydd ffotograffiaeth **[67]** yn gyflym. O 1850, dechreuodd awdurdodau carchar a heddlu yng Nghymru gadw ffotograffau o ddynion a merched oedd yn euog o droseddau, fel modd i'w hadnabod yn y dyfodol.

Dyna a wnaeth Heddlu Sir Aberteifi, a sefydlwyd yn 1844 gyda deunaw swyddog. Rhwng 1897 a 1933, cynhaliai ei gofrestr ffotograffig ei hun o droseddwyr, a gofnoda'r mân droseddau a gyflawnwyd yn y sir. Ymhlith y troseddau, yr oedd y rhan fwyaf ohonynt yn gysylltiedig â thlodi, roedd dwyn (gan gynnwys dwyn 'cwningod', 'ffured a rhwydi', '32 pwys o flew gwartheg'), ysbeilio, lladrata, cardota, ymosod a difrodi eiddo. Y cosbau mwyaf cyffredin a osodai'r ynadon yn y Llysoedd Chwarter a'r Cwrt Bach oedd llafur caled a charchar.

Dynion o'r dosbarth gweithiol yw'r rhan fwyaf o'r troseddwyr yn y lluniau, ac fe'u gelwir fel arfer yn 'llafurwyr'. Gwisgant ddillad gwael, ac yn aml edrychant yn hŷn na'r oedran a roddir yn eu disgrifiadau ysgrifenedig. Y drosedd fwyaf gyffredin gan fenywod a gofnodir yw lladrata, fel yn achos Elizabeth Boswell. Gelwir hi'n 'sipsi' (roedd Boswell yn enw ar deulu Romani adnabyddus). Yn aml roedd Roma yn destun amheuaeth a rhagfarn, fel pobl a fethent, gyda rhai eithriadau, â chydymffurfio â safonau ffordd sefydlog o fyw **[66]**. Adroddodd y *Cambrian News* ei hachos. 'Cafodd Elizabeth Boswell, pedler, Llandeilo, ei chyhuddo o ddwyn swllt drwy dwyll oddi wrth Alice Gater yng Ngwesty'r Pier, Aberystwyth, a hefyd o fod yn feddw ar y briffordd ar nos Sadwrn, Mawrth 31ain [1900]'. Pan arestiwyd hi, roedd hi mor feddw fel bu rhaid mynd â hi i'r ddalfa mewn berfa drol. Prin fod ei hamddiffyniad yn gryf: 'sa i'n cofio dim amboutu'r peth; os dywed y ferch imi ei ddwgid, rhaid ei bod hi'n dweud y gwir.' Cafodd ddirwy o 20 swllt a chostau, neu, yn lle talu, fis o lafur caled, ac fe'i rhwymwyd ar y cyhuddiad o feddwdod.

Nid trosedd gyntaf Elizabeth oedd dwyn o Westy'r Pier. Yn 1897, dedfrydwyd hi yng Nghaerfyrddin i naw mis o garchar gyda llafur caled am ymosod ar ddyn mud a byddar, ac ym mis Ionawr 1899 cafodd ddau fis o garchar am ymosod. Ym mis Gorffennaf 1899, dyfarnwyd Elizabeth Boswell a Matilda Price, a ddisgrifir fel 'pedleriaid', yn euog yn Aberystwyth o ddwyn dau swm o arian o dŷ Jane Ann Jones a Mary Anne Hughes yn Llanbadarn Fawr. 'Aeth y carcharorion i'w tŷ', adroddodd papur newydd, 'a chodi'r arian oddi ar y bwrdd, ac yna cynnig dweud eu ffortiwn wrthynt yn gyfnewid.' Pan ofynnwyd iddynt ddychwelyd yr arian, 'dywedasant y byddent yn eu lladd neu yn eu rheibio'. Anfonwyd y ddwy i'r carchar am saith diwrnod gyda llafur caled. Yng Nghaerfyrddin ym mis Gorffennaf 1900, cafodd Elizabeth ei chyhuddo o dan yr enw Emma Jones o beri anaf corfforol difrifol i dafarnwraig y Llew Coch, Llandyfaelog. 'Roedd ei het a'i siôl', yn ôl papur newydd, 'yn llachar, fel rhai'r sipsiwn'.

Gwyddys llai am George Edwards o Dregaron. Diau fod gadael ei wraig a'i blentyn yn llai o bryder i'r ynadon na'r gost ychwanegol i warcheidwaid Undeb y Tlodion o ddarparu ar eu cyfer, yn yr awyr agored, neu yn llai tebygol, yn nhloty Aberystwyth. Yn ôl adroddiad o 1894 roedd y tloty, ar riw Penglais, yn 'lle hwyliog, glân ac yn raenus yr olwg'. Efallai fod ei drigolion yn anghytuno, ac nid yw'r dystiolaeth o dlotai eraill **[51]** yn bositif.

Elizabeth Boswell Gipsy.
was fined 20/ and costs at
Aberystwyth for larceny at
the Pier Hotel Aberystwyth
31.3.00.

George Edwards Tregaron
Apprehended at Penybont
Radnor on the 11.5.00.
for deserting his wife
and child and leaving
them chargeable to
Aberystwyth Union

75 Y Fari Lwyd

1900au cynnar

Yn 1852, cyhoeddodd gweinidog gyda'r Bedyddwyr fu'n byw yn y Blaenau, William Roberts, lyfr o'r enw *Crefydd yr Oesoedd Tywyll*. Ei is-deitl oedd 'Henafiaethau Defodol, Chwareuyddol a Choelgrefyddol', a nod yr awdur oedd tynnu sylw ei ddarllenwyr at barhad arferion paganaidd a Phabyddol yng Nghymru. Credai y dylid diwreiddio'r rhain gan eu bod yn annerbyniol yn y gymdeithas gyfoes, ac yn anghydnaws â'i moesau diwygiedig. Yn uchel ar ei restr o ofergoelion andwyol roedd y Fari Lwyd, traddodiad gwasaela oedd yn gyffredin yn bennaf yn ne Cymru (ystyr 'Mari Lwyd' oedd 'caseg lwyd' neu o bosibl 'Mair Fendigedig').

Yn ôl hanes Roberts, dechreuai taith y Fari Lwyd cyn y Nadolig, pan âi dynion ifainc i chwilio am benglog ceffyl. Arni hi, gosodent asgwrn gên pren, gan ddefnyddio sbring fel y gallai gweithredwr y ceffyl agor y geg a'i chau â chlep. Yna cysylltent rubanau amryliw, plu a blew ceffyl fel mwng, ac 'asgwrn cefn' pren gyda chynfas i guddio'r ceffyl-ddyn oddi tanodd.

Yng nghwmni'r Fari Lwyd roedd sawl cymeriad dynol, gan gynnwys 'Pwnsh', 'Shuan', 'Merryman', 'Sargeant' a 'Corporal'. Gwisgai rhai'n daclus ac yn ffurfiol, ac eraill mewn carpiau brwnt. Dechreuent eu hymweliadau ar Noswyl Nadolig a byddent yn parhau, weithiau am hyd at fis. Byddent yn cyrraedd tŷ a chanu ambell bennill, gan ofyn am gael mynd i mewn. Gwrthodai'r perchennog, gan ymateb mewn geiriau ffraeth. Mae Roberts yn rhoi enghreifftiau o'r penillion a ganwyd. Dechreua'r Fari Lwyd,

Wel, dyma ni'n dwad,
Gyfeillion diniwed,
I 'mofyn am genad – i ganu.

Chwech o wŷr hawddgar
Rhai goreu ar y ddaear
I ganu mewn gwir-air – am gwrw.

Fel arfer, ar ôl deialog hir mewn penillion, y ceffyl oedd yr enillydd a châi fynediad gyda'i osgordd. Y tu mewn, rhedai'r ceffyl ar ôl merched y tŷ, dan anadlu, ffroeni, cnoi a gweryru. Dawnsiai'r ymwelwyr a chanu gyda thannau'r crwth **[46]**, cyn eistedd i lawr i fwyta ac yfed cwrw. Dymunent flwyddyn newydd lewyrchus i'w gwesteiwyr cyn corlannu'r Fari Lwyd a symud ymlaen i'r tŷ nesaf i ailddechrau.

I Roberts, symptom oedd y Fari Lwyd o barhad trist Catholigiaeth yng Nghymru. Diystyrodd y ddamcaniaeth amgen fod Mari Lwyd yn dywysoges ryfelgar enwog o'r oes cyn-Gristnogol. Ers hynny, mae eraill wedi dadlau dros darddiad yn yr 'oesoedd tywyll', ond nid oes tystiolaeth ysgrifenedig i'r Fari Lwyd ddigwydd cyn 1800.

Daeth Roberts â'i drafodaeth i ben trwy ddweud, 'dymunaf i'r ffolineb hwn (Mari Lwyd), a phob ffolinebau eraill, na chaffont le yn un man ond yn amgueddfa'r hanesydd a'r henafiaethydd'. Cytunodd golygydd papur newydd *Seren Cymru*, gan rybuddio bod yr arfer mor rhemp ag erioed yng Nghwmaman, lle roedd 'haid o segurwyr, wedi ymwisgo yn fwy tebyg i ellyllon o'r pwll diwaelod nag i resymolion' yn dychryn perchnogion tai.

Hanes Roberts yw un o'r adroddiadau cynnar mwyaf manwl o'r Fari Lwyd. Dichon i'w gyhoeddiad gael effaith oedd yn groes i'r un a fwriadodd, gan fod tystiolaeth fod yr arfer wedi'i adfywio mewn ambell fan. Daeth y Fari Lwyd gyferbyn o Langynwyd yn gynnar yn y 1900au, ac mae'r arfer yn dal yn fyw yn y pentref hyd heddiw. Yn 2012, trefnodd prosiect i hyrwyddo'r Fari Lwyd becyn pac-fflat cardbord, 'er mwyn delio â'r anhawster o gael gafael ar ben sgerbwd ceffyl'.

76 Streic Fawr y Penrhyn
1900

Erbyn 1899, cyflogid dros 2,500 o ddynion yn chwarel lechi'r Penrhyn oedd yn eiddo i'r Arglwydd Penrhyn [52]. Erbyn hyn, cynhyrchai gogledd Cymru dros 90% o'r llechi a gloddiwyd ym Mhrydain, a Phenrhyn oedd chwarel fwyaf y byd.

Roedd George Sholto Gordon Douglas-Pennant, ail Farwn Penrhyn, a addysgwyd yn Eton a Rhydychen, yn Dori Anglicanaidd cyfoethog tu hwnt. Yn 1886, etifeddodd ystadau ei dad, dros 72,000 erw yng Nghymru yn unig, a'r chwarel a enillai dros £100,000 y flwyddyn iddo. Ymysg ei ddiddordebau roedd rasio ceffylau, hela a physgota. Er nad oedd gan y chwarelwyr fawr o addysg ffurfiol roeddent ymhell o fod heb ddiwylliant. Cymraeg oedd iaith y mwyafrif llethol ohonynt, ac roeddent yn Anghydffurfiol ac yn wleidyddol radical. Roedd eu gwaith yn galed ac yn beryglus, a'u tâl yn wael, ond roedd y chwarelwyr medrus – creigwyr, holltwyr a naddwyr – yn falch iawn o'u crefft.

Os nad oedd fawr yn gyffredin rhwng y perchennog a'r gweithwyr yn ddiwylliannol, roedd yr agendor diwydiannol rhyngddynt yn lletach byth. Roedd yr Arglwydd Penrhyn yn barod i brynu ffyddlondeb trwy dadofalaeth, ond mynnodd fod ganddo'r grym llwyr i gyfarwyddo'r chwarel a'i weithlu. Trysorai'r gweithwyr y system draddodiadol o 'fargen', dull o drefnu gwaith a thaliadau a oedd yn rhannol o dan eu rheolaeth. Arweiniodd anghydfod cyflog yn 1874 at sefydlu Undeb Chwarelwyr Gogledd Cymru. Yn anaml y bu'r Undeb yn cynrychioli llawer mwy na hanner gweithwyr Chwarel Penrhyn, ond roedd yn anathema i'r Arglwydd Penrhyn. Roedd yn benderfynol o dorri ei gryfder cyfunol a'r system 'fargen'.

Yn 1896-7, gwenwynwyd y berthynas gan streic hir dros hawl yr Undeb i gael ei gydnabod. Ar 5 Tachwedd 1900, cerddodd y dynion allan, wedi'u digio bod rhai gweithwyr wedi'u hatal ac achos cyfreithiol wedi'i ddwyn yn erbyn eraill. Ar 6 Tachwedd, gosododd rheolwr yr Arglwydd Penrhyn, E. A. Young, bosteri i gyhoeddi atal y streicwyr oll rhag gweithio am bythefnos. Roedd Young, cyfrifydd o Lundain, yn anhyblyg ac yn ddirmygus o'r gweithwyr. 'Mae'r Cymry hyn', ysgrifennodd, 'mor anwybodus a phlentynnaidd fel bod dim modd dadlau gyda nhw.' Ar 22 Tachwedd, ar ôl anghydfod arall ynghylch gosod 'bargeinion', aeth y gweithlu cyfan ar streic a gadael y chwarel. Wedyn caeodd yr Arglwydd Penrhyn y chwarel. Ni wnaeth y rhan fwyaf fyth ddychwelyd.

Ymfudodd llawer o streicwyr i dde Cymru i chwilio am waith yn y pyllau glo. Cynhaliai'r gweddill wrthdystiadau, casglu cefnogaeth a chymorth, a cheisio cytundeb trwy drafodaeth. Gosodent reolaeth gymdeithasol i roi pwysau ar ddynion i beidio â dychwelyd i'r gwaith, yn enwedig pan ailagorodd Penrhyn y chwarel ym mis Mehefin 1901. Cafodd bradwyr eu difrïo, eu bygwth a'u gwahardd o dafarndai, siopau a chapeli. Fe'u gelwid yn gynffonwyr, 'creaduriaid ar ffurf dynion a chynffonau ganddynt, eto nid dynion oeddynt', chwedl un streiciwr. Dangosai streicwyr bosteri yn ffenestri eu tai i ddweud, 'Nid oes bradwr yn y tŷ hwn'.

Gwrthododd Penrhyn bob gynnig i gymodi. Erbyn Tachwedd 1903, roedd yr Undeb ar ben ei dennyn. Wedi cael eu trechu, aeth dynion nad oeddent ar restr ddu Young nôl i'r gwaith. Ni ailffynnodd y chwarel byth eto, na diwydiant llechi Cymru, wrth i gystadleuaeth gynyddu a'r galw am lechi syrthio. Parhau am ddegawdau a wnaeth y chwerwder a achoswyd gan yr anghydfod hir.

Poster ffenestr (Gwasanaeth Archifau Gwynedd)

PENRHYN QUARRY.

NOTICE.

Inasmuch as a number of the Penrhyn Quarry Employees has during the last fortnight actively participated in certain acts of violence and intimidation against some of their fellow-workmen and officials, and to-day nearly all the Employees have left their work without leave, Notice is hereby given that such Employees are suspended for 14 days.

E. A. YOUNG

PORT PENRHYN,
Bangor, November 6th, 1900.

Chwarel y Penrhyn.

RHYBUDD.

Yn gymaint ag i nifer o weithwyr Chwarel y Penrhyn yn ystod y pythefnos diweddaf gymeryd rhan weithredol mewn ymosodiadau o greulondeb a bygythiadau yn erbyn rhai o'u cyd-weithwyr a swyddogion, ac heddyw i agos yr oll o'r gweithwyr adael eu gwaith heb ganiatad, rhoddir Rhybudd drwy hyn fod y cyfryw weithwyr yn cael eu hatal am bedwar-diwrnod-ar-ddeg.

E. A. YOUNG

PORT PENRHYN,
Bangor, Tachwedd 6ed, 1900.

77

Poster etholiadol Keir Hardie
1900

Yn etholiad cyffredinol 1900, etholwyd arweinydd undeb llafur o'r Alban, 'cynhyrfwr mwyaf ei ddydd', i gynrychioli Merthyr Tudful, er syndod i bawb bron, gan gynnwys ef ei hun. James Keir Hardie oedd aelod seneddol cyntaf 'Llafur' i'w ethol i'r Senedd.

Wyth mis ynghynt, sefydlodd Keir Hardie ac eraill y 'Labour Representation Committee', a ail-enwyd yn Blaid Lafur yn 1906, i ddod ag undebau llafur ynghyd â phleidiau gwleidyddol a chymdeithasau, yn enwedig y Blaid Lafur Annibynnol (ILP), gyda'r nod o ennill cynrychiolaeth uniongyrchol yn y Senedd i weithwyr.

Nid fu'n rhaid i'r LRC aros yn hir. Ym mis Medi 1900, galwodd y llywodraeth Geidwadol etholiad cyffredinol yn ddirybudd, i fanteisio ar deimladau jingoistaidd am y rhyfel yn Ne Affrica a rhwygiadau ynglŷn â'r rhyfel yn y Blaid Ryddfrydol. Ym Merthyr, enwebwyd ymgeisydd gan gangen leol yr ILP, yr oedd bron i 300 aelod ganddi. Er bod arweinwyr y glowyr o blaid dyn lleol, Keir Hardie a enillodd yr enwebiad. Methodd y Blaid Geidwadol â chynnig ymgeisydd, ac yn y gystadleuaeth ar gyfer y ddwy sedd oedd ar gael yn yr etholaeth wynebodd Keir Hardie ddau aelod seneddol Rhyddfrydol presennol, Pritchard Morgan a D.A. Thomas. Roedd y rhain yn casáu ei gilydd gymaint – roedd Morgan yn imperialydd ymosodol, Thomas yn wrthwynebydd i'r rhyfel – fel bod Keir Hardie wedi manteisio ar gymeradwyaeth Thomas a phleidleisiau llawer o gefnogwyr Rhyddfrydol.

Roedd gan Keir Hardie fanteision eraill. Roedd yn adnabyddus yn ne Cymru. 'Nid ydym yn ddieithriaid i'n gilydd', ysgrifennodd at yr etholwyr, 'Yr oeddwn yn eich plith yn ceisio codi eich calon, eich cefnogi a'ch cryfhau yn nyddiau tywyll eich brwydr ddiwydiannol fawr yn ddiweddar', gan gyfeirio at streic a 'lock-out'

y glowyr yn 1898 **[80]**. Fe'i cynorthwywyd gan dîm egnïol o drefnwyr, aelodau o genhedlaeth newydd o ymgyrchwyr yr ILP ac undebau llafur a oedd wedi colli ffydd yn y gred mai trwy'r Blaid Ryddfrydol y gellid gwella achos y gweithwyr.

Enillodd Keir Hardie 5,745 o bleidleisiau, gan gymryd un o'r seddi ar draul Morgan, a fu'n beio Thomas am 'fy mwrw allan o'r sedd yr oeddwn wedi'i meddiannu am y deuddeg mlynedd diwethaf'. Am flynyddoedd lawer, bu raid i'r Blaid Lafur gydweithio'n dactegol gydag adrannau o'r Blaid Ryddfrydol nes ei bod yn ddigon cryf i weithio ar ei phen ei hun. Enwebwyd chwe ymgeisydd Llafur yn 1900, ond dau'n unig, gan gynnwys Keir Hardie, a gafodd eu hethol. Yn yr etholiad cyffredinol nesaf yn 1906, pan ail-etholwyd ef, enillodd y blaid 29 aelod seneddol, diolch i gytundeb gyda'r Rhyddfrydwyr. Erbyn hyn roedd y mudiad llafur yn dechrau trefnu'n effeithiol. Roedd yr ILP yn gryfach, a sefydlwyd cangen o'r LRC ym Merthyr yn 1903. Roedd arweinwyr y glowyr wedi rhoi eu gelyniaeth o'r neilltu, ac roedd ymgeiswyr Llafur yn cael eu hethol i fyrddau llywodraeth leol. Bu dyfarniad gan Dŷ'r Arglwyddi yn 'achos Taff Vale' y gallai cyflogwyr erlyn undebau llafur am streicio, gan fygwth dyfodol ariannol undebau, yn sbardun recriwtio i'r mudiad. Erbyn 1903, yn ôl Keir Hardie mewn araith ym Mhontypridd, 'daethai Cymru yn dalwrn lle byddai ymladd ar y cwestiynau mawr i lafur'. Fe'i hail-etholwyd yn un o'r ddau aelod seneddol dros Ferthyr yn y ddau etholiad yn 1910. Ond oherwydd ei wrthwynebiad yn ddiweddarach i'r Rhyfel Byd Cyntaf **[84]**, collodd ei gefnogaeth a'i iechyd ei hun, a bu farw ym mis Medi 1915.

VOTE FOR HARDIE,

a. Webster.

THE LABOUR CANDIDATE.

Vote for HARDIE

— AND THE FOLLOWING PROGRAMME —

1.—Temperance Reform.
2.—Disestablishment.
3.—Old Age Pensions.
4.—Eight Hours for Miners and Railwaymen.
5.—Adult Suffrage.
6.—Abolition of the House of Lords.
7.—Home Rule all Round.
8.—Railway Nationalization.
9.—Taxation of Land Values and Royalties.
10.—Better and Brighter Homes for the People.
11.—Extension of the Compensation Act.
12.—Extension of the Conciliation and Arbitration Acts.

REMEMBER:

The rich and powerful can protect themselves: Parliaments exist to make laws for the workers and the poor.

Printed and Published by John F. Lewis, 42, High Street, Merthyr

78 Car modur cynnar o Sir Gâr
c1904

Ym mis Tachwedd 1896, cynhaliwyd Sioe Arglwydd Tredegar yng Nghasnewydd. Roedd gan Charles D. Phillips, perchennog Gweithfeydd Peirianneg Emlyn yn y dref, stondin yno. 'Ei nodwedd fwyaf deniadol', meddai papur newydd, 'oedd y cerbyd digeffyl, un o system Benz, a char a gyrhaeddodd ymysg y garfan gyntaf a deithiodd o Lundain i Brighton ddydd Sadwrn ... wynebodd Mr Phillips anhawster a chostau mawr wrth ddod ag e i'r sioe, ond doedd e ddim am i Gasnewydd fod ar ei hôl hi. Mae'n talu bob sylw i'r peth newydd hwn, a gall roi cyngor i un rhywun sydd ei angen, a dymuna gadw'r hyn sydd, yn ei dyb e, yn ddiwydiant aruthrol yn yr ardal os yn bosibl.'

Dichon mai hwn oedd y tro cyntaf i gar modur gael ei weld yng Nghymru. Yn fuan, unwaith y codwyd rhai o'r cyfyngiadau ar yrru cerbydau modur ar ffyrdd cyhoeddus, dechreuodd ceir a faniau ymddangos ar ffyrdd. Ond nes i fasgynhyrchu leihau eu prisiau, tueddai ceir i gael eu prynu gan gyfoethogion brwdfrydig yn unig. Yn 1904, dim ond 8,465 o geir a gofrestrwyd ym Mhrydain. Prynwr cynnar oedd Isaac Hayley, perchennog plasty Glanbrân ger Llanymddyfri. Tua 1904, pan gyflwynwyd cofrestru ceir, prynodd fodur gyda'r plât cofrestru 'UM7'. Mercedes oedd e, neu gopi o bosibl. Roedd Hayley yn ffotograffydd amatur brwdfrydig, ac ef, mae'n debyg, a dynnodd y llun, gan recriwtio pobl leol i eistedd ynddo. Eistedda gwraig â gwisg ffasiynol yn y cefn, a thri o bobl wledig wedi'u lapio mewn gwlanenni yn y seddi eraill. Gyrrwyd 'UM7', yn araf ac yn anghyfforddus ar ei deiars solet, o gwmpas ffyrdd y sir. Ymddengys mewn llun arall gan Hayley y tu allan i fwthyn yn Rhandirmwyn – y tro cyntaf, yn ôl pob golwg, y gwelwyd car modur yno. Efallai nad hwn oedd unig

gar Hayley. Cofiodd ei or-nith am *chauffeur* yn ei yrru o Lanymddyfri mewn Daimler.

Erbyn 1910, roedd ceir yn ddigon cyffredin fel bod modurdai yn dechrau ymddangos i'w gwerthu a'u gwasanaethu. Yn Garej y Goron, Llanymddyfri, gwerthai T. Roberts a'i Feibion geir Ford a ddeuent oddi ar y llinellau cynhyrchu newydd cyflym. Yn aml, datblygodd modurdai o siopau beiciau a ymatebodd i'r brwdfrydedd dros seiclo yn y 1890au. Yn Llandrindod, agorodd Tom Norton ei siop feiciau yn y Stryd Fawr yn 1898, ac adeiladodd garej fawr newydd yn 1911 dan yr enw 'Palace of Sport' (yn ddiweddarach ei enw oedd yr 'Automobile Palace'). O 1899, gwerthai George Ace, y pencampwr beicio wedi ymddeol, geir o'i siop feiciau yn Ninbych-y-pysgod.

Aeth gobeithion Charles Phillips ar gyfer diwydiant modur 'aruthrol' yng Nghymru heb eu cyflawni **[91]**. Ond daeth ffigur arall o Sir Fynwy, Charles Rolls, yn arloeswr peirianneg modur. Yn 1904, dangosodd ym Mharis y 'Rolls-Royce' cyntaf, a gynlluniodd mewn partneriaeth â'i gyfaill Henry Royce. Yn 1905, wrth ymyl cartref y teulu, Yr Hendre, ger Trefynwy, cododd ei dad 'dŷ modur' iddo neu weithdy car â phob math o gyfarpar ynddo, sy'n dal i oroesi hyd heddiw.

Bu Isaac Hayley yn byw yng Nglanbrân hyd ei farwolaeth yn 1929. Erbyn hynny, roedd ceir wedi peidio â bod yn fraint i bobl gefnog. Yn 1914, cofrestrwyd dros 132,000 o geir ym Mhrydain, ac yn 1929, 981,000. Adlewyrchodd lledaenu perchenogaeth ceir symudiad economaidd tuag at y dosbarth canol newydd ac oddi wrth y cyfoethogion traddodiadol. Gwerthwyd Glanbrân, a dymchwelwyd y tŷ, oedd eisoes mewn cyflwr gwael, yn 1930. Does dim o'r tŷ na'r ystâd ar ôl erbyn heddiw.

79 Mwg Evan Roberts

Tua 1905

Roedd Evan Roberts yn gyn-löwr ifanc o Gasllwchwr oedd yn hyfforddi i fod yn weinidog gyda'r Methodistiaid. Ym mis Tachwedd 1904, ym Mlaenannerch ger Aberteifi, fe'i llethwyd gan weledigaeth ddwys. 'Pwysodd iachawdwriaeth eneidiau yn drwm arnaf. Teimlais ar dân am fynd trwy Gymru gyfan i ddweud wrth y bobl am y Gwaredwr'. O Gasllwchwr, cychwynnodd ar saith taith, yn bennaf yn ne Cymru, gan siarad ddwywaith y dydd. Heidiodd miloedd i'w gyfarfodydd ecstatig, gan ganu a gweddïo am oriau. Caeodd tafarndai, gwagiodd meysydd chwarae a theatrau, gostyngodd troseddau a llenwyd y capeli.

Dyna o leiaf yw hanes traddodiadol diwygiad crefyddol Cymru 1904-5. Mae'r gwir yn fwy cymhleth. Roedd 'diwygiadau' yn gyffredin yng Nghymru. Bu'r esiampl genedlaethol ddiwethaf yn 1858-9, ond roedd o leiaf chwe diwygiad lleol wedi digwydd ers hynny. Yn Sir Aberteifi, roedd ymgyrch egnïol ar y gweill, dan arweiniad Joseph Jenkins, John Thickens a Seth Joshua, cyn i Evan Roberts gyrraedd. Roedd diwygwyr eraill ar waith yng ngogledd Cymru. Roedd pobl yn barod i dderbyn ei neges cyn i Roberts gyrraedd.

Y wasg a roes i Roberts y rhan flaenllaw yn y diwygiad. Erbyn 1900, cyrhaeddai papurau newydd gynulleidfa dorfol, ac roedd eu perchnogion yn ymwybodol o'u gallu i effeithio ar farn y cyhoedd. Mynychodd gohebwyr gyfarfodydd cynharaf Roberts yng Nghasllwchwr:

'Dechreuodd pethau am saith o'r gloch, a pharhau heb egwyl tan 4.30 o'r gloch fore Gwener. Yn ystod yr holl amser hwn, roedd y gynulleidfa dan ddylanwad angerdd a hwyl grefyddol ddofn ... Cerddodd [Roberts] i fyny ac i lawr yr eiliau, gyda'r Beibl ar agor yn ei law, gan annog y naill a'r llall, a mynd ar ei bengliniau gyda thrydydd i grefu bendith o orsedd gras. Cwympodd pobl fel pe baent wedi'u bwrw. Cododd menyw ifanc i ddatgan emyn a ganodd â difrifwch dwfn. Tra roedd hi'n canu syrthiodd pobl yn eu seddi ... a dechrau gweiddi am faddeuant.'

Rhoes y *Western Mail* sawl colofn bob dydd i Roberts, gydag adroddiadau llygad-dystion, bywgraffiadau, cyfweliadau, llythyrau a lluniau. Ymhlith y penawdau roedd 'Merched yn llewygu a dynion yn llefain' ac 'Anffyddiwr yn llosgi ei lyfrau'. Daeth Roberts yn enwog ar unwaith. Rhoed ei ddelwedd ar fygiau cartref, a'i eiriau ar silindrau cwyr (adferwyd un ohonynt yn 2004, gan adfywio llais a fu'n dawel am ganrif).

Gallai ffocws y wasg ar Roberts fod wedi niweidio ei achos. Ymosododd rhai gweinidogion ar ei ymgyrch fel 'diwygiad ffug, rhith, parodi cableddus o'r peth go iawn'. Cymerodd ei emosiynoldeb, meddent, fantais ar fenywod ifainc bregus, ac nid oedd ganddo barch at awdurdodau capel. Hefyd, dangosodd Roberts arwyddion o ansefydlogrwydd meddyliol; wedi chwalfa nerfau llwyr yn gynnar yn 1906, daeth ei ymgyrch i ben.

Bu llawer o drafod am darddiad y diwygiad. Er nad oedd aelodaeth y capeli erioed wedi bod yn uwch, ofn llawer o Anghydffurfwyr oedd bod yr aelodau'n mynychu allan o arfer, nid o argyhoeddiad, a bod secwlariaid a sosialwyr yn tanseilio ffydd Gristnogol. Roedd angen ailgynnau angerdd ac egni'r Methodistiaid cynnar. Dros dro, arweiniodd y diwygiad at dwf yn y nifer o aelodau yn y capeli, ond yn y pen draw, ni allod atal y dirywiad hirdymor mewn cred ac arfer Cristnogol yng Nghymru.

Silindr cwyr o lais Evan Roberts (Llyfrgell Genedlaethol Cymru)

80 Tyllu'r glo
c1905

Erbyn 1900, roedd glo wedi trawsnewid Cymru. Roedd galw mawr amdano i yrru peiriannau stêm ar dir a môr, gartref a thros y môr: cloddiwyd 39.3 miliwn o dunelli o lo yn ne Cymru yn 1900. Yn 1851, dim ond tua 2,000 o bobl a oedd yn byw yng nghymoedd Rhondda cyn-ddiwydiannol; roedd dros 113,000 yn 1901. Cyflogid y rhan fwyaf o ddynion mewn oed yn y saith deg neu fwy o byllau glo yno, lle tyfodd rhuban di-dor o drefi a phentrefi. Y tu allan i'r maes glo, tyfodd Caerdydd, Abertawe ac yn ddiweddarach, y Barri fel porthladdoedd allforio glo. Daeth pobl o Gymru wledig i weithio yn y diwydiant, ac elwodd y wlad gyfan i raddau o'r cyfoeth a greodd glo.

Cyflogai rhai o'r pyllau dros 1,000 o weithwyr yr un, ac roeddent yn eiddo i gwmnïau mawr, fel Ocean Coal Company David Davies. Ond yn un o'r pyllau llai y tynnodd William E. Jones, mab i löwr o Bont-y-pŵl, yn 13 oed, luniau arloesol o lowyr wrth eu gwaith. Roedd ganddo gamera hanner plât a thrybedd. I oleuo, defnyddiodd badell fflach a magnesiwm, gan ofalu i weithio ond mewn ardaloedd oedd heb nwyon ffrwydrol.

Gweithia'r glöwr mewn 'ffas', ar ddiwedd 'hedin ochr' oddi ar y prif dwnnel ym mhwll Plas y Coed ger Pont-y-pŵl. Ar bwys postyn pren sy'n cynnal y to, a chyda chymorth cannwyll noeth, defnyddia ei fandrel neu gaib i hacio haen wastad o lo i ffwrdd ar waelod yr wythïen, a thorri'n unionsyth i lawn uchder y wythïen. Yn y dull hwn, a elwir yn 'tyllu'r glo', roedd yn bosibl tynnu gweddill y glo trwy letemu, morthwylio neu chwythu. Mewn cyfweliad yn 1974, adnabu Jones y glöwr fel dyn a gystadlai yn erbyn ei dad i ennill y ffas orau a'r 'dram' neu'r wagen fach a ddefnyddid i gasglu a symud y glo.

Roedd gweithle'r glöwr yn gyfyng, yn dywyll ac yn beryglus iawn. Digwyddai damweiniau'n aml, a thrychinebau bob blwyddyn bron. Roedd afiechydon yr ysgyfaint yn gyffredin. Gallai gweithio yng ngolau cannwyll arwain at lygadgrynu, anhwylder sy'n peri i'r llygaid symud yn afreolus.

Roedd Jabez Jones yn aelod gweithgar o Ffederasiwn Glowyr De Cymru ac yn traethu'n aml am yr angen i wella cyflogau ac amodau gwaith y glowyr. Roedd ei fab, William Jones yn tynnu lluniau ar ran ei dad ac yn eu datblygu a'u paratoi gartref. Dangosai sleidiau llusern Jabez luniau disglair ei fab. Cofiodd William, 'roedd gennym ffrâm ddeunaw troedfedd gyda chynfas bymtheg troedfedd arno, a'r carbid ar gyfer gwneud y nwy yn y llusern'. Roedd gan Jabez a'i wraig wyth o blant: 'Ffederasiwn y Glowyr a'r plant oedd ein bywyd y dyddiau hynny'.

Sefydlwyd Ffederasiwn Glowyr De Cymru yn 1898 ar ôl 'lock-out' chwerw gan y cyflogwyr. Brwydrodd yn llwyddiannus am ddiwedd i'r 'Raddfa Lithrig', a gysylltai gyflog glowyr â phris glo, ac yn fuan daeth yn llais cryf dros achos y glowyr. Enillodd y Blaid Lafur Annibynnol, yr oedd Jabez hefyd yn aelod ohoni, gefnogaeth ar ôl y streic, gan baratoi'r ffordd i gynrychioli llafur yn y Senedd **[77]**.

Map Gordon o faes glo de Cymru (Llyfrgell Genedlaethol Cymru)

81 Cap Billy Meredith
1910

Tyfodd pêl-droed a rygbi, prif chwaraeon Cymru, o'r gymdeithas ddiwydiannol a ddatblygai yn ne a gogledd-ddwyrain Cymru. I chwaraewyr a gwylwyr dosbarth gweithiol, roedd chwaraeon yn rhyddhad o rym cynhyrchu diwydiannol a'r ddisgyblaeth a osodai arnynt.

Yn y gogledd-ddwyrain roedd gwreiddiau pêl-droed Cymru. Cododd Cymdeithas Bêl-droed Cymru, sef breuddwyd cyfreithiwr lleol, Llewelyn Kenrick, o gyfarfod yn y Wynnstay Arms, Wrecsam ym mis Chwefror 1876, gyda'r nod o drefnu gêm ryngwladol yn erbyn yr Alban. Chwaraewyd y gêm yn Glasgow ym mis Mawrth. Er i Gymru golli – a cholli eto mewn gêm yn ôl yn Wrecsam ym 1877 – dyna blannu'r hadau ar gyfer diwylliant pêl-droed ffyniannus yn ardal Wrecsam a Rhiwabon. Erbyn 1900, roedd pêl-droed wedi ymledu i dde Cymru gan ddenu torfeydd mawr.

Seren gyntaf y gêm yng Nghymru – ac un o'r rhai mwyaf erioed – oedd Billy Meredith. Fe'i ganed ger y Waun yn 1874. Roedd ei dad yn gweithio ym mhwll glo Black Park, un o'r rhai hynaf yn y gogledd, ac yn ddeuddeg oed dyma Billy yn ei ddilyn, gan weithio merlod, gwthio tryciau olwynog a thanio boeleri. Yn fuan, dangosodd arwyddion ei fod yn chwaraewr pêl-droed addawol, ac yn bymtheg oed roedd yn nhîm eilyddion y Waun. Erbyn iddo fod yn 19 oed, chwaraeai i Northwich Victoria yn ail adran y Gynghrair Pêl-droed. Ym mis Medi 1894, arwyddodd fel chwaraewr proffesiynol gyda Manchester City. Ar gyfer ei gêm gyntaf i'r clwb, gorffennodd weithio yn y pwll ddydd Gwener, dal trên dros nos i Newcastle i chwarae yn y gêm, a dychwelodd i'r Waun am ei sifft nos Sul. Rhoes orau i'w swydd yn y pwll ym mis Ionawr 1895.

Gan chwarae ar yr asgell dde, enillodd Meredith enw da am ei sgil wrth reoli'r bêl a phasio'n gyflym ac yn gywir. Roedd yn sgoriwr goliau toreithiog. Gwelir peth o'i gelfyddyd yn glir mewn ffilm sy'n goroesi o'r gêm ryngwladol rhwng Cymru a Lloegr yn 1910 yn Wrecsam. Byddai'n paratoi ar gyfer gemau yn drylwyr. Ymfalchïai yn ei ffitrwydd, ac ni fyddai'n ysmygu nac yfed alcohol. Ei arfer traddodiadol oedd sugno ar ddeintbig trwy gydol y gemau. Roedd yn gapten ar Manchester City wrth iddynt ennill dyrchafiad ac ennill Cwpan y Gymdeithas Bêl-droed yn 1904.

Yn 1905, canfu'r Gymdeithas Bêl-droed Meredith yn euog o geisio trefnu canlyniad gêm, ac fe'i gwaharddwyd rhag chwarae am ddeunaw mis. Ond yn fuan, ailgydiodd yn ei yrfa, yn awr gyda Manchester United, a pharhaodd i chwarae pêl-droed tan 1924, pan oedd bron yn hanner can mlwydd oed. Ymddangosodd dros Gymru bedwar deg wyth o weithiau, sef record ar gyfer ei gyfnod, a sgoriodd un gôl ar ddeg. Ar 5 Mawrth 1910, enillodd gap – ystyr 'ennill cap' oedd derbyn cap go iawn – am chwarae yn y gêm yn erbyn yr Alban yn Kilmarnock. 'Heddiw chwaraeodd W. Meredith, yr asgellwr enwog', meddai papur newydd, 'ei unfed gêm ryngwladol ar ddeg ar hugain dros "Gymru fach ddewr".' Er gwaethaf eu dewrder, collodd y Cymry'r gêm 1-0. 'Gan Meredith y cychwynnwyd y rhan fwyaf o ymosodiadau Cymru, a chan mai yn anaml y methai â chael y bêl i gwrt y gôl, roedd yn aml yn arf peryglus.'

Roedd Billy Meredith yn ddyn penderfynol oddi ar y cae, gan amddiffyn yn ffyrnig statws proffesiynol ei gyd-chwaraewyr pêl-droed. Yn 1907, bu'n helpu i sefydlu Undeb y Chwaraewyr, gan gadeirio ei gyfarfod cyntaf ym Manceinion. Ymgyrchodd yr Undeb i gael gwared â'r uchafswm cyflog a'r cyfyngiad ar chwaraewyr yn symud rhwng clybiau.

82 Dwy ddol swffragét
c1910

Yn hwyr y daeth democratiaeth i Brydain. Er gwaethaf y Deddfau Diwygio yn 1832, 1867 a 1884, ac ymdrechion y Siartwyr a'u holynwyr, roedd dros hanner y boblogaeth yn dal yn anghymwys i bleidleisio mewn etholiadau ar ddiwedd y bedwaredd ganrif ar bymtheg: dros 40% o ddynion, a phob merch.

Tyfodd pwysau i roi'r bleidlais i fenywod. Dadleuodd John Stuart Mill ac eraill yr achos, a chyflwynwyd biliau i'r Senedd yn rheolaidd ar ôl 1870. Ond bu gwrthwynebiad cryf. Wfftiwyd merched oherwydd honnwyd eu bod yn rhy wan neu'n afresymol neu'n anghymwys fel arall i haeddu'r bleidlais.

Dechreuodd menywod drefnu eu hunain, yn lleol ac yn genedlaethol, i alw am newid. Dibynnai Undeb Cenedlaethol Cymdeithasau Etholfraint i Ferched, a sefydlwyd yn 1897, ar ddulliau cyfansoddiadol, fel lobïo'r Senedd, cyfarfodydd cyhoeddus, deisebu a chyhoeddusrwydd. Sefydlodd Emmeline a Christabel Pankhurst eu grŵp eu hunain, Undeb Cymdeithasol a Gwleidyddol y Merched (WSPU), a ddefnyddiai, yn nes ymlaen, ddulliau mwy milwriaethus. Byddai 'swffragetiaid' yn clymu eu hunain i reiliau, rhoi eiddo ar dân, ac amharu ar gyfarfodydd cyhoeddus.

Roedd merched o Gymru ar flaen y gad yn y mudiadau hyn. Sefydlwyd y sefydliad etholfraint cyntaf yn y wlad yn Llandudno ym mis Ionawr 1907. Fe'i dilynwyd yn gyflym gan dros 30 sefydliad arall. Erbyn 1912, Cymdeithas Etholfraint i Ferched Caerdydd a'r Cylch oedd y grŵp lleol mwyaf y tu allan i Lundain. Ei gyd-sylfaenydd oedd Millicent Mackenzie, Athro Addysg yng Nghaerdydd a'r unig fenyw i fod yn ymgeisydd yng Nghymru yn etholiad cyffredinol 1918. Bu hefyd grŵp hollt, milwriaethus ond di-drais, o'r WSPU, Cynghrair Rhyddid y Merched, yr oedd cangen arbennig o gref ohoni yn Abertawe a

sefydlwyd yn 1909 dan arweinyddiaeth Emily Phipps.

Un o arweinwyr mwyaf radical y mudiad oedd y wraig fusnes Margaret Haig Mackworth, y Fonesig Rhondda yn ddiweddarach, a sefydlodd gangen Casnewydd y WSPU. Yn 1913, cafodd ei dedfrydu i dedfrydu i garchar am roi llythyrau ar dân mewn blwch post yng Nghasnewydd. Fe'i rhyddhawyd ar ôl mynd ar streic newyn, tacteg gyffredin gan y swffragetiaid. Daeth Lloyd George yn darged penodol i'r swffragetiaid, ac fe'i herlidiwyd gan yr ymgyrchwyr sawl tro pan siaradodd yng Nghymru.

Mae 'Miss Flora Copper' yn adlewyrchiad cywir o'r ymgyrchydd nodweddiadol: gwraig ddosbarth canol ag addysg dda, gydag agwedd benderfynol a baner sy'n dangos ei hamcan yn glir. Gwisga liwiau'r swffragét, sef porffor, gwyn a gwyrdd. Dichon fod y ddol yn cael ei gwerthu mewn ffair i hybu'r achos – neu gallai fod yn ddychanol ei natur, gyda chwarae ar eiriau ('floor a copper').

Bwriad yr ail ddol, yn ddi-os, yw ennyn gwawd neu ddirmyg. Pêl ping-pong yw ei phen, mae gwep ddiflas arni, a hen ddillad amdani. Yn waeth, gosodwyd pinnau yn ei phen a'i chorff, fel pe bai mewn defod fwdw. Dol gwrth-swffragét yw hon. Tystia i gryfder y teimladau ymhlith gwrthwynebwyr i'r etholfraint, hyd yn oed ymysg menywod eu hunain. Roedd ganddynt eu sefydliad eu hunain, y Gynghrair Genedlaethol yn Erbyn yr Etholfraint i Ferched, a sefydlwyd yn 1908. Erbyn 1910, roedd ganddi ganghennau yng Nghaerdydd, Casnewydd a gogledd Cymru, ond yn 1910, bu rhaid iddi uno â Chynghrair Genedlaethol y Dynion yn erbyn yr Etholfraint i Ferched.

O'r diwedd yn 1918, tua diwedd y Rhyfel Byd Cyntaf, enillodd menywod yr hawl i bleidleisio mewn etholiadau cyffredinol. Hyd yn oed wedyn, eithriwyd y rhai dan 30 oed, ac nid tan 1928 y gallai'r rhan fwyaf o ferched a dynion 21 oed a throsodd bleidleisio.

83 Trigolion Tre-biwt
c1918

Allforiwyd y rhan fwyaf o'r glo o dde Cymru cyn y Rhyfel Byd Cyntaf. Erbyn 1907, pan agorodd Doc Alexandra, Caerdydd oedd porthladd allforio glo mwyaf y byd, lle cludwyd naw miliwn o dunelli'r flwyddyn. Tyfodd adeiladau masnachol o gwmpas y porthladd – banciau, swyddfeydd llongau a'r Gyfnewidfa Lo a agorwyd yn 1883. Roedd angen tai ar gyfer y morwyr, y docwyr a gweithwyr eraill, a chododd ardal newydd gynlluniedig, a enwyd ar ôl perchennog y porthladd, yr ail Farcwis Bute.

Daeth Tre-biwt, grid trwchus o strydoedd teras â'i ganolbwynt ar Sgwâr Loudon, yn gartref i amryfal bobloedd o'r Ymerodraeth Brydeinig a thu hwnt. O Iwerddon a Norwy, Somalia a Yemen, India'r Gorllewin, Sbaen, yr Eidal a mannau eraill, buont yn adeiladu cymuned lle bu ieithoedd, crefyddau a diwylliannau yn byw yn agos iawn at ei gilydd. Dywedwyd bod tua 700 o bobl nad oeddent yn wyn yn byw yng Nghaerdydd yn 1914.

Cyrhaeddodd llawer mwy yn ystod y Rhyfel Byd Cyntaf – yn ôl un amcangyfrif, lladdwyd 1,000 o forwyr croenddu o Gaerdydd yn y rhyfel. Erbyn 1919, roedd rhwng 1,000 a 2,000 o bobl o dras Arabaidd yn byw yn y ddinas, y mwyafrif wedi'u gollwng o'r lluoedd arfog a llawer ohonynt allan o waith. Yn fuan wedi'r Rhyfel, tynnodd ffotograffydd anhysbys lun o grŵp o bobl Tre-biwt ar fin mynd ar wibdaith. Yn y blaendir, saif chwe dyn, du yn bennaf, â siwtiau a hetiau trwsiadus. Dichon fod rhai yn gerddorion (mae un yn dal gitâr). Eistedda merched a phlant, yn eu gwisgoedd a'u hetiau gorau, y tu ôl mewn brêc a dynnid gan geffyl.

Wrth i ddiweithdra a dirwasgiad gydio ar ôl y Rhyfel, cododd tensiynau yn y dociau. Beiai gweithwyr a aned ym Mhrydain forwyr o dramor am elwa o'r rhyfel, a chyhuddent nhw o dderbyn cyfraddau cyflog is a chystadlu am dai prin. Ym mis Mehefin 1919, troes anfodlonrwydd yn drais hiliol. Daeth tyrfa o ddynion gwyn ar draws brêc – fel yr un yn y llun, debyg iawn – ac ynddo ddynion du a'u gwragedd gwyn a ddeuent yn ôl o wibdaith. Roedd yn gas gan y dorf gysylltiadau traws-hiliol y dynion du a'u cyfoeth tybiedig, a dyma nhw'n dechrau ymladd. Bu farw tri dyn ac anafwyd dwsinau.

Mae hanes unigryw yn goroesi o'r ymladd, wedi'i ysgrifennu gan Somali ifanc a oedd newydd gyrraedd Tre-biwt, Ibrahim Ismaa'il. 'Yn Millicent Street, dechreuodd y frwydr tua 7:30pm a pharhau am beth amser. Amddiffynnodd saith neu wyth o'r Warsangeli [aelodau o lwyth Somalïaidd] y tŷ ac anafwyd y mwyafrif ohonynt yn ddifrifol. Cafodd rhai o'r bobl groenwyn hefyd glwyfau. Yn y diwedd, meddiannodd y gwynion y llawr cyntaf, ei drwytho mewn olew paraffin, a'i gynnau. Llwyddodd y Somaliaid i ddal i ymladd nes i'r heddlu gyrraedd. Gadawyd un ohonynt yn yr ystafell flaen fel petai'n farw, ac fe'i cludwyd yn ddiweddarach i'r ysbyty, lle gwellodd; dihangodd rhai trwy dŷ cyfagos a dod i ddweud wrthym y stori am yr hyn a ddigwyddodd; rhoddodd y lleill eu hunain i'r heddlu, a welon ni mohonynt am amser maith. Roedd y mwyafrif o'n gwladwyr bellach yn y ddalfa. Pan ddaeth eu hachos gerbron yr ynadon, cydnabuwyd eu bod wedi amddiffyn eu hunain, ac fe'u rhyddhawyd.'

Yn ddiweddarach, tyfodd mytholegau am Dre-biwt oedd yn gwrth-ddweud ei gilydd. Roedd rhai'n ofni Tre-biwt, neu 'Tiger Bay' i ddefnyddio teitl y ffilm o 1959, fel canolfan i drosedd, trais a drygioni, ac yn ei hosgoi, ond i bobl flaengar ramantaidd daeth Butetown i gynrychioli cynhesrwydd cymunedol a phobl aml-ethnig yn byw'n gytûn.

84. Cofeb ryfel Tabernacl
1921

Hyd yn oed os na roesant groeso i'r Rhyfel Mawr, fel y'i henwyd yn nes ymlaen, pan ddechreuodd ym mis Awst 1914, buan y cipiwyd y rhan fwyaf o Gymry gan frwdfrydedd dros yr ymladd. Roedd ganddynt ddyletswydd, meddai David Lloyd George mewn araith i Gymry Llundain ym mis Medi, i helpu 'Gwlad fach Belg', ar ôl ei goresgyniad gan yr Almaen, 'mochyn pen ffordd Ewrop'. Galwodd am aberth, 'ar ffurf clod a gwefr mudiad sy'n gweithio dros ryddid' – 'pinacl mawr aberth sy'n pwyntio fel bys cadarn tua'r nefoedd'. Anogodd sefydlu 'Catrawd Gymreig' newydd fel canolbwynt i falchder milwrol y Cymry.

Yn Aberystwyth, a oedd yn lletty i filwyr ac i ffoaduriaid o Wlad Belg, listiodd dynion i ymladd, gydag anogaeth gan undebau llafur, gwleidyddion, academyddion a phregethwyr capel yn ogystal â'r llywodraeth. Triniwyd gwrthwynebwyr i'r rhyfel â dirmyg a gwaeth. Cadwai'r bardd T. Gwynn Jones, darlithydd yng Ngholeg y Brifysgol, ddyddiadur chwerw a dadrithiedig a gofnodai erydu gwerthoedd gwâr wrth i'r dwymyn ryfel gydio. 'Ni allaf oddef agwedd y pregethwyr a'r eglwysi', ysgrifennodd, 'maen nhw'n mynd i mewn i'r pulpudau i fendithio rhyfel.' Bu'n addoli yn y Tabernacl, capel y Methodistiaid Calfinaidd. 'Un noson [ym mis Medi 1915], â'r Parch. R. J. Rees yn gweinyddu, methais â dygymod rhagor, a gadawais yr adeilad pan ganent ar ôl y weddi gyflwyniadol, nad oedd yn well nag apêl gan farbariad i dduw ei lwyth.' Adroddodd Jones hefyd am yr 'helfa am estroniaid', gan gynnwys erledigaeth Hermann Ethé, a anwyd yn yr Almaen a fu'n athro yn y Coleg ers 1875;

fe'i gorfodwyd i ffoi o'r dref ym mis Hydref 1914 gan dorf fygythiol.

Erbyn diwedd y Rhyfel ym mis Tachwedd 1918, lladdwyd dros 1,100 o bobl Sir Aberteifi. Yn 1921, gofynnodd henaduriaid y Tabernacl i gerflunydd o'r Eidal, Mario Rutelli, ddylunio cofeb efydd i bedwar ar ddeg o aelodau a fu farw. Bu'r mwyafrif yn filwyr cyffredin ar Ffrynt y Gorllewin. Mae angel gosgeiddig adeiniog yn gosod troed ar glôb yr arysgrifennir arno enwau'r dynion a laddwyd. Â'i dwinig a choronbleth a dail palmwydd, dichon mai symbol o Fuddugoliaeth ydyw, ond mae ei dymer yn farwnadol yn hytrach nag yn fuddugoliaethus.

Ddwy flynedd yn ddiweddarach, i goffáu'r 111 o dynion Aberystwyth a fu farw yn y Rhyfel, cwblhaodd Rutelli gofeb fwy ymffrostgar a chonfensiynol. Yma ar Ben y Castell gwireddir mewn carreg ac efydd y 'pinacl mawr o aberth sy'n pwyntio fel bys cadarn tua'r nefoedd', chwedl Lloyd George. Ar y brig, mae Buddugoliaeth fenywaidd adeiniog, ac ar ei throed, mae menyw noeth yn dod allan o glymau rhyfel.

Newidiodd y Rhyfel Gymru. Roedd gwladoli'r diwydiannau oedd yn hanfodol i'r rhyfel, fel glo a'r rheilffyrdd, yn argoel o'r posibiliadau o weithredu gan y wladwriaeth ar adeg heddwch. Ymgyfnerthodd y mudiad llafur. Denwyd menywod i waith a adawyd gan ddynion absennol, yn enwedig ar ôl cyflwyno gorfodaeth filwrol ym mis Mawrth 1916. Cawson nhw eu hunain mewn swyddi newydd, oedd yn talu'n well, mewn swyddfeydd, siopau, ffatrïoedd a chaeau (honnwyd mai yn Sir Aberteifi roedd Byddin Tir y Merched fwyaf Prydain).

Poster recriwtio o'r Rhyfel Byd Cyntaf (Llyfrgell Genedlaethol Cymru)

85 Siop Cymdeithas Gydweithredol Doc Penfro

c1922

Yn ystod y bedwaredd ganrif ar bymtheg, bu cynnydd yn nifer y siopau, a daeth y profiad o siopa yn fwy amrywiol. Datblygwyd arcedau nodweddiadol Caerdydd o 1858, sefydlwyd siop archebu drwy'r post arloesol yn y Drenewydd [94], ac agorwyd siopau adrannol mewn trefi mawr o'r 1870au. Daeth math newydd o siop – y storfa gydweithredol, yr oedd ei chwsmeriaid yn mwynhau cyfran o'i pherchnogaeth a'i helw.

Tyfodd y model cydweithredol o syniadau ac arfer Robert Owen, a anwyd yn y Drenewydd yn 1771. Wedi cael addysg sylfaenol, bu'n gweithio mewn siopau dillad yn Llundain a Manceinion cyn cael llwyddiant yn y diwydiant cotwm. Fel rheolwr melin New Lanark ar afon Clud, gweithredodd ei syniadau am wella amodau, addysg a thâl gweithwyr yn y felin. Yn 1813, agorodd storfa, gan werthu nwyddau o ansawdd da am bris rhesymol, a'r elw yn mynd tuag at addysgu'r gweithwyr. Ei nod oedd i weithwyr 'gyfnewid eu tlodi am gyfoeth, eu hanwybodaeth am wybodaeth, eu dicter am garedigrwydd, eu rhaniadau am undeb'.

Bu farw Owen yn 1858 a chladdwyd ef yn y Drenewydd, ond roedd eraill eisoes wedi mabwysiadu ei syniadau. O'r 1840au, agorwyd siopau cydweithredol yng ngogledd-orllewin Lloegr ac mewn ardaloedd eraill, a oedd yn eiddo i'w haelodau ac a reolid ganddynt yn ddemocrataidd. Derbynient ddifidendau rheolaidd. Yng Nghymru, datblygodd y mudiad yn araf ond o'r 1880au hwyr, roedd cymdeithasau cydweithredol yn weithredol mewn sawl tref. Nod y cydweithredwyr oedd cynnig gwasanaeth cyson, amgen, 'o'r crud i'r bedd', i'w haelodau. Yn ogystal â siopau, roedd siopau bara, banciau a chyfleusterau eraill, a threfnent weithgareddau cymdeithasol a chymunedol

fel corau, llyfrgelloedd a dosbarthiadau addysg.

Sefydlwyd Cymdeithas Gydweithredol Doc Penfro yn 1888. Cynhaliodd Joseph John gyfarfod o 38 o bobl leol i gynnig agor siop gydweithredol. Roedd yr ymateb yn galonogol. Penodwyd pwyllgor, i drefnu 'Cymdeithas ar egwyddorion cydweithredol, yn ôl system Rochdale', a recriwtiwyd tanysgrifwyr. Roedd y siop gyntaf yn ystafell flaen Joseph John, cyn i ystafelloedd gael eu rhentu yn 41 Bush Street. Yn fuan, agorwyd becws yn Pembroke Street, a defnyddiwyd asyn a chert a 'bachgen' i ddanfon nwyddau i gartrefi. Yn 1893, yn wyneb gwrthwynebiad gan fasnachwyr eraill, agorodd y Gymdeithas adeilad newydd ar dri llawr yn Sgwâr Albion; yn fuan ychwanegwyd becws a warws.

Tynnwyd llun o'r tu mewn i'r siop yn gynnar yn y 1920au. Mae'n llawn dop o nwyddau haearn a nwyddau eraill, wedi'u trefnu ar silffoedd a stondinau ac ynghrog o'r nenfwd. Cyflenwyd llawer o'r cynnyrch i'r Gymdeithas gan y Gymdeithas Gyfanwerthu Gydweithredol. Saif saith o staff â chotiau gwynion yn barod i helpu cwsmeriaid. Mae poster mawr yn hysbysebu'r 'Clwb Siocled', menter genedlaethol a drefnwyd gan Urdd Gydweithredol y Merched i werthu siocled Lutonia'r Co-op. Bob wythnos, cyfrannai cwsmeriaid swm bach i sicrhau y gallent rannu bocs siocled â'u perthnasau adeg y Nadolig.

Gwnaeth Cymdeithas Doc Penfro, a ddatblygodd ganghennau ym Mhenfro, Neyland, Wdig ac Aberdaugleddau, addasu i batrymau siopa newydd, trwy gyflwyno hunanwasanaeth ac agor uwchfarchnad yn Stryd Gordon yn y 1970au. Ond caeodd y Co-op olaf yn y dref yn 2005.

Mwgwd byw o Robert Owen (Amgueddfa Robert Owen)

86 Ffenestr Cymdeithas Cymorth Meddygol Tredegar
1920au

Yn gynnar yn y 1870au, trefnwyd Cronfa Iechyd ac Addysg yn Nhredegar, a oruchwyliwyd ar y cyd gan bwyllgor o gyflogwyr a gweithwyr. O dan y cynllun, talai gweithwyr Cwmni Haearn a Glo Tredegar danysgrifiadau rheolaidd ar gyfradd o 1¾d yn y bunt. Yn ei thro, cyflogai'r Gronfa feddyg i ddarparu gofal meddygol a thâl salwch am ddim. Erbyn y 1880au, roedd y pwyllgor wedi troi'n Gymdeithas Cymorth Meddygol Tredegar, a degawd yn ddiweddarach ymestynnodd ei haelodaeth i gynnwys diwydiannau lleol eraill.

Yn 1904, agorodd y Gymdeithas Ysbyty Bach Parc Tredegar, ar dir a roddwyd gan yr Arglwydd Tredegar. Sefydlwyd Pwyllgor Rheoli'r Ysbyty ar wahân i reoli'r cyfleuster newydd. Yn 1907, agorwyd ward i fenywod a phlant, ac yn 1914, adeiladwyd adain newydd.

O 1915 hyd ei farwolaeth yn 1933, Walter Conway oedd Ysgrifennydd y Gymdeithas Cymorth Meddygol. Yn ddyn egnïol ac uchel ei barch, roedd yn gyn-löwr ac yn weithgar yn y Blaid Lafur Annibynnol. Yn 1924, ymunodd Aneurin Bevan **[91]**, asiant y glowyr a dyn ifanc o dan adain Conway, â Phwyllgor Rheoli'r Ysbyty. Daeth yn Gadeirydd yn 1929, yn y flwyddyn yr etholwyd e i'r Senedd am y tro cyntaf. Bu Conway, Bevan ac eraill yn gweithio i dynnu rheolaeth y Pwyllgor o ddylanwad y Cwmni, ac i annog y Gymdeithas i ddarparu gwasanaeth cyffredinol i'r gymuned gyfan. Datblygodd cynllun Tredegar fel mai dyma'r cynllun mwyaf cynhwysfawr o'r cymdeithasau meddygol yng Nghymru. Yn y 1920au, cyflogai bum meddyg, llawfeddyg, dau fferyllydd, ffisiotherapydd, deintydd a nyrs ardal. Erbyn 1946, roedd 95% o boblogaeth Tredegar yn gymwys i gael triniaeth.

Bu'r nofelydd A. J. Cronin yn gweithio am dair blynedd yn y 1920au cynnar fel meddyg i Gymdeithas Tredegar. Yn *The Citadel* (1937), lle ymddengys Cronin fel Dr Andrew Manson a Thredegar fel 'Aberalaw', mae'n amlwg fod Manson yn anfodlon ar oruchwyliaeth ddemocrataidd dros y meddygon: 'Delfryd gwych oedd e, y grŵp hwn o weithwyr yn rheoli gwasanaethau meddygol y gymuned er budd eu cydweithwyr. Ond delfryd yn unig ydoedd. Roeddent yn rhy ragfarnllyd, rhy anneallus i weinyddu'r fath gynllun yn flaengar fyth'. Yn ei hunangofiant, disgrifiodd Cronin gynllun Tredegar fel 'paradwys i'r ffug-glaf a'r claf diglefyd'.

Yn ystod y 1920au a'r 1930au, wrth i'r pyllau glo gau a diweithdra ddwysáu, gostyngodd incwm y Gymdeithas tra roedd y galw ar ei gwasanaethau'n cynyddu. Yn 1926, blwyddyn y Streic Gyffredinol a 'lock-out' y glowyr, roedd gwariant £2,741 yn uwch na'r incwm. Adroddodd y Pwyllgor Rheoli fod 'y flwyddyn wedi bod yn un anodd iawn'. Yn 1927, bu raid iddo lansio ymgyrch codi arian, gan gynnwys apêl i siopwyr i annog eu cwsmeriaid i roddi papur arian a thunffoil.

Erbyn Awst 1945, roedd Aneurin Bevan yn Weinidog dros Iechyd yn y llywodraeth Lafur newydd. Ei flaenoriaeth gyntaf oedd sefydlu'r Gwasanaeth Iechyd Gwladol newydd, a ddaeth i fod ar 5 Gorffennaf 1948. Cydnabu Bevan fod y gwasanaeth iechyd yn seiliedig ar danysgrifio a ddatblygwyd yn Nhredegar wedi llwyddo i roi gofal meddygol yn rhad ac am ddim i weithwyr pan oedd ei angen arnynt. Ond roedd gan gynlluniau lleol, waeth pa mor dda roeddent, wendidau. Canlyniad eu natur digynllun a'u graddfa fechan oedd 'clytwaith o dadoldebau lleol', a dibynnent ar incwm preifat ac elusennol. Ym mis Ebrill 1946, dywedodd yn Nhŷ'r Cyffredin, 'credaf ei bod yn wrthun mewn cymuned wâr i ysbytai orfod dibynnu ar elusen breifat. Credaf y dylem fod wedi gadael diwrnodau fflagiau i ysbytai y tu ôl inni.'

TREDEGAR
MEDICAL AID
SOCIETY

SECRETARYS OFFICE

87 Cardiau darllen o Ysgol Esgairdawe
1927

Hyd at 1870, dibynnai plant Cymru ar glytwaith o ysgolion Anglicanaidd ac Anghydffurfiol i gael addysg elfennol – os cawsant addysg o gwbl. Cyflwynodd Deddf Addysg 1870 ysgolion elfennol seciwlar, a ariennid yn gyhoeddus ac a reolid gan Fyrddau ysgol. Dechreuodd rhaglen adeiladu ysgolion, ac er nad oedd addysg yn orfodol hyd 1880, byddai'r mwyafrif o blant bellach yn mynychu'r ysgol.

Yn 1877, agorwyd ysgol newydd yn Esgairdawe, pentref bach anghysbell yn Sir Gaerfyrddin. Erbyn mis Mehefin, roedd saith deg o blant wedi cofrestru. Yn aml, byddent yn cerdded milltiroedd lawer i'r ysgol newydd un ystafell ger y capel. Nid oedd presenoldeb yn rhad ac am ddim: talai plant geiniog neu ddwy neu dair ceiniog yr wythnos yn ôl eu hoedran. Flynyddoedd wedyn, cofiodd disgybl cynnar, D. Derwenydd Morgan, yr athro cyntaf, Robert Airey. 'Sais rhonc o berfedd Lloegr oedd yr Athro. Ni wyddai fwy o Gymraeg na gafr am y Greek Alphabet. Ni fedrem ni blant gwledig, anllythrennog ddeall yr un gair ohono. Nid wyf am feio'r dyn. Bwriad y Bwrdd ysgol oedd hyn, er mwyn dysgu Saesneg i'r plant, ac wrth gwrs lladd neu alltudio'r iaith Gymraeg, yn ben a chynffon, os medrent.'

Ym mis Ebrill 1878, adroddodd arolygydd fod 'trefn a disgyblaeth foddhaol ar yr ysgol newydd hon, ac ymddengys fod ansawdd yr addysg yn deg iawn'. Ond roedd gan Mr Airey broblemau. 'Ambell noson pan fyddai arian yn ei logell, elai i'r tafarn [Tafarn Jem], a byddai'n feddw chwîl ymhen ychydig o amser. Drannoeth yn yr ysgol, fyddai'r hwyl ddim yn dda.

'Roedd y llogell yn wag, y pen yn sâl, a rhannau o'r corff yn ddolurus, fel effaith 'pugilistic power' Mrs Airey'. Wynebai'r ysgol anawsterau eraill, gan gynnwys absenoldeb oherwydd salwch, tywydd garw ac anghenion cystadleuol ffermio.

'Heddiw, dywedodd yr athro wrth y disgyblion', meddai dyddlyfr yr ysgol yn 1887, 'na ddylid siarad Cymraeg rhagor ar dir yr ysgol o fewn ei horiau agor'. Dechreuodd y naws wrth-Gymraeg newid pan ddaeth O.M. Edwards, arloeswr cyhoeddiadau Cymraeg i blant, yn brif arolygydd ysgolion i Gymru yn 1907. Er bod y rhan fwyaf o addysg yn dal i fod yn Saesneg, roedd disgwyl i ysgolion roi mwy o sylw i ddarllen ac ysgrifennu Cymraeg. Yn Esgairdawe, mynnodd yr athrawes rhwng 1933 a 1942, Miss A.S. Reeves, weld sgiliau Cymraeg, ac mae'n bosibl fod y cardiau darllen darluniedig yn dyddio o'i chyfnod. Fe'u dyluniwyd yn 1927 gan Ellen Evans, arloeswraig addysg cyfrwng Cymraeg a Phrifathrawes Coleg Hyfforddi'r Barri. Hi oedd un o awduron adroddiad dylanwadol i'r llywodraeth, *Welsh in Education and Life* (1927), a chyhoeddodd straeon i blant yn y Gymraeg, gan baratoi'r ffordd i'r gyfrol boblogaidd *Llyfr Mawr y Plant*, a ymddangosodd gyntaf yn 1931. Yn 1949, adroddodd yr arolygydd mai Cymraeg bellach oedd cyfrwng addysg yn Ysgol Esgairdawe.

Agorwyd yr ysgol gyfrwng Cymraeg (breifat) gyntaf yn Aberystwyth yn 1939 gan Ifan ab Owen Edwards, sylfaenydd Urdd Gobaith Cymru [90]. Nid tan 1947 y sefydlwyd yr ysgol gynradd gyfrwng Cymraeg gyntaf i'w hariannu gan y wladwriaeth, Ysgol Dewi Sant, Llanelli.

Llyfr Mawr y Plant (Llyfrgell Genedlaethol Cymru)

88 Celfi Bryn-mawr
1930au

Bu'r dirwasgiad a ddilynodd yn fuan yn sgil y Rhyfel Byd Cyntaf yn gwasgu'n galed ar Gymru. Arafodd y galw am gynnyrch ei ddau brif ddiwydiant, glo a haearn, ac roedd amaeth hefyd yn anwadal.

Wrth i'r pyllau glo a'r gweithfeydd haearn yn yr ardal gau o 1925, dioddefodd Bryn-mawr, yn uchel ar ymyl ogleddol maes glo de Cymru, lefelau cynyddol o amddifadedd. Rhwng 1932 a 1939, roedd y gyfradd ddiweithdra yno'n uwch nag mewn unrhyw le arall yng Nghymru, gyda 90% o'i dynion yswiriedig yn ddi-waith.

Gan fod llywodraethau yn amharod i roi help llaw i leoedd fel Bryn-mawr, doedd dim dewis ond i'r bobl eu hunain ac i grwpiau o'r tu allan liniaru tlodi ac adfywio'r economi. O 1926, daeth grwpiau o aelodau Cymdeithas y Cyfeillion (Crynwyr) o Loegr i Drealaw, Bryn-mawr a threfi glofaol eraill â chymorth. Ni chawsant groeso bob amser. Yn aml caent eu hystyried yn ddosbarth canol, yn estron ac yn anghydnaws â'r rhwydweithiau cymdeithasol, gwleidyddol a chrefyddol a gynhaliai'r gymuned.

Ond ym Mryn-mawr, dyfalbarhaodd y Crynwyr, dan eu harweinydd galluog Peter Scott. Sylweddolasant fod eu cymorth elusennol cychwynnol, sef darparu bwyd a dillad ac adeiladu pwll nofio newydd, yn annigonol. Yr hyn oedd ei angen oedd 'ymosodiad ar ddiweithdra' ei hun. Felly dechreuodd 'Arbrawf Bryn-mawr'. Yn 1928, cychwynnodd Scott ac eraill arolwg economaidd a chymdeithasol, dan arweiniad Hilda Jennings, a gyhoeddwyd yn 1934 fel *Brynmawr: A Study of a Distressed Area*. Fe'i lluniwyd nid gan ymchwilwyr allanol, ond ar y cyd gan ryw 150 o drigolion Bryn-mawr. Disgrifiodd adolygydd yr adroddiad fel 'camp unigryw mewn ymdrechu ar y cyd' ac fel 'arbrawf mewn hunanddadansoddi'.

Yn 1929, ailagorodd Scott a'i gydweithwyr ffatri gwneud esgidiau a oedd wedi bod ar gau ers 1926. Yn yr un flwyddyn, daeth saer celfi ifanc o Lundain, Paul Matt, a ddechreuodd ffatri ddodrefn newydd, gan gyflogi deuddeg gweithiwr yn ogystal â phrentisiaid. Roedd y dyluniadau yn syml o ran steil, yn unol â gwerthoedd y Crynwyr a chwaeth fodernaidd gyfoes. Dywedodd maniffesto'r ffatri, 'rydym yn bod i ddarparu cyflogaeth greadigol ar gyfraddau cyflog cyfwerth â chyfraddau undeb llafur i ddynion a bechgyn y byddai eu tynged fel arall yn segurdod a rhwystredigaeth. Ymdrechwn i gynhyrchu dodrefn hardd o ansawdd uchel a dyluniad da'.

Gwerthwyd celfi i Grynwyr, sefydliadau cefnogol eraill a chwsmeriaid dosbarth canol ar draws Prydain. Yn ogystal â desg Merthyr a chadair Harlech (yn y llun), gallent brynu cypyrddau llyfrau, seldau, byrddau, cistiau dillad a biwros. Dyblodd gwerthiannau bob blwyddyn am bum mlynedd. Yn 1938, gwnaethpwyd cadair ar gyfer Eisteddfod Genedlaethol Caerdydd, oedd yn hynod blaen o'i chymharu â'i rhagflaenwyr cywrain.

Yn 1939, roedd diweithdra ym Mryn-mawr yn dal yn 70%. Er gwaethaf y cyfan a gyflawnodd, roedd effaith yr Arbrawf ar swyddi yn ymylol. Rhoes yr Ail Ryfel Byd ddiwedd ar ffatri Bryn-mawr, ond hefyd daeth â diweithdra mawr i ben yn y dref. Ar ôl 1945, cynigiodd y diwydiannau dur a thecstilau lawer o swyddi newydd yn yr ardal. Ym Mryn-mawr, adeiladodd James Forrester, arglwydd Llafur a dyn busnes, a fu'n gwirfoddoli gyda'r Crynwyr ym Mryn-mawr o 1931, ffatri rwber fawr, gyda chymorth grant o'r llywodraeth. Cynlluniwyd adeilad concrit arloesol gan yr Architects Co-operative Partnership ac Ove Arup, gyda chyfleusterau lles ac eraill, oedd, yn groes i'r arfer, yn osgoi gwahaniaethu cymdeithasol rhwng rheolwyr a gweithwyr. Ni fu'r ffatri yn llwyddiant mawr; fe'i caewyd yn 1982 a dymchwelwyd yr adeilad yn 2001.

89 Can cwrw Felinfoel
1935

Roedd gweithio'n y diwydiannau trymion yn waith sychedig. Nid oedd gan lowyr, gweithwyr tunplat a llafurwyr yn Llanelli brinder llefydd i yfed ynddynt ar ôl eu gwaith. Yn 1896, dywedwyd bod 45 tafarn o fewn 225 llath i eglwys y plwyf. I ddechrau, cyflenwai tafarnau eu cwrw eu hunain, ond cyn hir datblygodd bragdai masnachol. Dechreuodd Bragdy Buckley yn y ddeunawfed ganrif, ac ychydig y tu allan i'r dref, sefydlwyd Bragdy Felinfoel yn 1878.

David John a sefydlodd Fragdy Felinfoel. Bu'n gweithio fel glöwr a gweithiwr tunplat cyn prydlesu hen dafarn goets yn y pentref, y King's Head. O 1872, bragai ei gwrw ei hun yno, i ddechrau i'w gwsmeriaid, yna ar gyfer tafarnau eraill. Roedd y fenter hon mor llwyddiannus fel y cododd e adeilad newydd sylweddol yn 1878, gyferbyn â'r dafarn ac ar draws afon Lliedi. Cynhyrchai'r ffatri newydd gwrw, yn ogystal â dŵr mwynol 'Trebuan Spring' a chwrw sinsir.

Goroesodd Bragdy Felinfoel nifer o heriau, nid y lleiaf o du'r mudiad dirwestol, a oedd yn gryf yn Llanelli. O 1838, cyhoeddodd a golygodd David Rees, gweinidog grymus Capel Als yn y dref, *Y Dirwestwr Deheuol*, cylchgrawn a ddadleuodd yr achos yn erbyn yfed alcohol, a welwyd fel afiechyd cymdeithasol a moesol. Yn ddiweddarach yn y ganrif, daeth llwyrymwrthod yn rhan annatod o'r meddwl Anghydffurfiol a rhyddfrydol. Cafodd yr ymgyrchwyr gryn lwyddiant yn 1881 gyda Deddf Cau Tafarnau ar y Sul (Cymru), y statud gyntaf ers yr unfed ganrif ar bymtheg oedd a wnelo â Chymru yn unig. Ym mis Awst 1882, cynhaliodd dros 4,000 o bobl Wrthdystiad Dirwest Mawr yn Llanelli, gyda gorymdaith filltir o hyd, i ddathlu pasio'r Ddeddf a chau tafarnau ar y Saboth.

Ond parhau i yfed a wnaeth y gweithwyr. Ffynnai Bragdy Felinfoel. Buddsoddodd mewn cwmnïau lleol, Gwaith Haearn a Thunplat Dafen, a Gwaith Tunplat Dewi Sant ym Mynea. Erbyn hyn, cawsai Llanelli'r llysenw 'Tinopolis', fel y ganolfan wneud tunplat flaenllaw ym Mhrydain **[48]**. Roedd y cysylltiad rhwng bragu a thunplat yn allweddol i ddatblygiad masnachol y cwrw can cyntaf i'w gynhyrchu yn Ewrop gan Fragdy Felinfoel. Ym mis Ionawr 1935, dyfeisiodd dau gwmni o'r Unol Daleithiau ffordd o wneud can a allai wrthsefyll pwysedd uchel ac osgoi halogi blas y cwrw. Dilynodd Felinfoel yn fuan wedyn, gan ddefnyddio tunplat o waith Dewi Sant a Chwmni Metal Box. Ymddangosodd ei ganiau cyntaf ar 3 Rhagfyr 1935. Cyhoeddodd pennawd papur newydd lleol, 'Dyfodiad cwrw can: proses hanesyddol ym Mragdy Felinfoel. Gobaith newydd i'r diwydiant tunplat'.

Yr enw ar y caniau hanner peint cyntaf oedd 'caniau Brasso' oherwydd eu bod yn edrych yn debyg i duniau metel polish Brasso. Roedd ganddynt ran uchaf gonigol a chap potel safonol ('corc coron'). Rhestrodd y label lliw hufen fanteision y can: seliwyd y cwrw, cadwyd ei flas, caewyd golau niweidiol allan; roedd caniau yn ysgafn i'w cario, llanwent ychydig o le, ac nid oedd angen talu adnau a'u dychwelyd. Cyn hir, disodlwyd label lliw hufen gan label goch, ac ymddangosodd draig Felinfoel.

Ar y dechrau, gweddol oedd gwerthiant caniau Felinfoel. Yn ystod yr Ail Ryfel Byd, cynhyrchwyd rhagor, wrth i flychau cardbord, pob un yn dal dwsin o ganiau, gael eu hanfon at filwyr Prydeinig dramor, yn enwedig yn y Dwyrain Canol a'r Dwyrain Pell. Heddiw, bragir cwrw ar gyfer caniau yn Felinfoel o hyd, yn yr adeilad gwreiddiol, gan yr un cwmni teuluol.

90 Faciwîs yn y Drenewydd
1939

Rhwng 1925 a 1939, gadawodd bron i 400,000 o bobl Gymru er mwyn dianc rhag diweithdra a thlodi. Pan ddechreuodd yr Ail Ryfel Byd, cododd y boblogaeth yn sylweddol, o dros 200,000 rhwng 1939 a 1941, wrth i grwpiau newydd gyrraedd, gan gynnwys milwyr, adrannau'r llywodraeth, merched Byddin y Tir, a rhan o'r BBC. Y grŵp mwyaf oedd plant a anfonwyd fel faciwîs o ddinasoedd a threfi oedd mewn perygl o gael eu bomio gan awyrennau Almaenig. Erbyn 1945, roedd tua 110,000 o blant wedi'u hanfon i Gymru fel rhan o raglen ledled y DU.

Paratowyd cynlluniau manwl ar gyfer y mudo yn 1938. Hyd yn oed cyn cyhoeddi'r rhyfel ar 3 Medi 1939, daeth trenau â phlant o Lerpwl a mannau eraill i Gymru, y dynodwyd y rhan fwyaf ohoni yn ardal dderbyn. Cofnodwyd un grŵp yn cyrraedd gorsaf y Drenewydd gan y ffotograffydd newyddion Geoff Charles ar 1 neu 2 Medi. Cofiodd Eric Jackson, 'Ynghyd â faciwîs eraill o Ionic Street School yn Rock Ferry [Penbedw], daethom i'r Drenewydd. Roedd gan bob un ohonom label ag enw a chyfeiriad arno, wedi'i osod ar ein dillad allanol, mygydau nwy gorfodol yn hongian am ein gyddfau ac, wrth gwrs, cês bach gyda'n holl olud bydol - ein ychydig ddillad.'

Roedd y faciwîs yn byw gyda theuluoedd lleol ac yn mynychu ysgolion lleol. Gallai'r effeithiau cymdeithasol a seicolegol ar y plant, llawer ohonynt o slymiau dinesig, fod yn ddifrifol. Roedd bod ar wahân i'w teuluoedd yn ddigon drwg. I rai plant, roedd bod mewn pentrefi Cymraeg eu hiaith yn ddryslyd. Roedd hi'n anodd i eraill ddygymod â'r bywyd araf ac arferion Anghydffurfiol eu cartrefi newydd. Fel y cofiodd Beryl Mathias, a gludwyd o Swydd Gaint i orllewin Cymru, 'dysgodd ein gwersi gwybodaeth grefyddol fod uffern oddi tanodd ... ond

gwyddwn nad oedd - roedd uffern yn y ficerdy hwnnw ac roedd y ddwy fenyw wyneb-galed yna'n ddisgyblion y diafol'. Ond croesawyd eraill yn gynnes ac fe wnaethon nhw gymryd at eu hamgylchoedd newydd yn gyflym. Symudodd Barbara Warlow Davies o Lerpwl a'i bomiau i fferm yn Nhalgarreg yng Ngheredigion, i fyw gydag 'Anti Rachel, a ofalai amdanaf yn well nag unrhyw fam, a dysgu sgiliau sy gennyf o hyd'. Cymhathwyd Barbara yn gyflym: 'cyn hir roedd fy Nghymraeg wedi gwella cymaint fel siaradwn â nhw fel brodores'.

Weithiau, roedd cyflwr corfforol gwael ac ymddygiad gwyllt y plant yn syndod i'r teuluoedd Cymreig a'u derbyniodd nhw. Roedd llau pen yn gyffredin. Tynnodd *The Lancet* sylw at wlychu gwely mynych: 'bob bore, llanwyd pob ffenestr â dillad gwely'n hongian allan i sychu yn yr haul. Dyma olygfa lawen, ond mae'r trigolion yn ddigalon'. Poenai rhai am effaith bosibl y mewnfudwyr ar yr iaith Gymraeg. Yn hydref 1939, ysgrifennodd W.J. Gruffydd am bentref yn Arfon, 'bore dydd Sadwrn, y peth cyntaf a glywais oedd plant bach yn ceisio parablu Saesneg' gyda'r faciwîs oedd newydd gyrraedd. Ei ofn am blant niferus o Lerpwl yn disgyn ar Aberystwyth a berswadiodd Ifan ab Owen Edwards i sefydlu ysgol cyfrwng Cymraeg yn y dref ym mis Medi 1939 **[87]**. Er hynny, arhosodd llai o'r faciwîs yng Nghymru na'r disgwyl cychwynnol.

Roedd Geoff Charles yn ffotonewyddiadurwr dawnus a thoreithiog. Bu'n gweithio i bapurau newydd yng ngogledd a chanolbarth Cymru o ganol y 1930au i'r 1970au, gan ddogfennu bywyd pob dydd yn fanwl. Cofnododd ei luniau nid yn unig ddyfodiad y faciwîs, ond eu cynnydd wedyn, yn yr ysgol, ar deithiau cerdded gwledig, yn chwarae pêl-droed, mewn partïon Nadolig, ac yn gwrando ar y dyn hyrdi-gyrdi.

91 Car tegan Corgi
1956

Perchennog ffatri deganau yn Nuremberg oedd Philipp Ullmann. Fel Iddewon eraill yn yr Almaen, pryderodd yn arw pan ddaeth Adolf Hitler i rym ym mis Ionawr 1933, a ffodd i Brydain. Yn Northampton, gyda pherthynas a chyd-ffoadur, Arthur Katz, sefydlodd Cwmni Mettoy Cyf. a dechrau cynhyrchu teganau metel o ddalenni tun wedi'u lithograffu. Ffynnodd y busnes.

Pan ddechreuodd y rhyfel yn erbyn yr Almaen ym mis Medi 1939, gofynnodd y llywodraeth i Mettoy ddefnyddio eu harbenigedd i helpu'r ymdrech ryfel. Daeth cynhyrchu teganau i ben yn 1941, a dechreuodd y ffatri wneud rhannau o duniau petrol, ffiwsiau i sieliau, storgelloedd gynnau Sten a Bren, a ffrwydron tir. Pan adeiladodd y Weinyddiaeth Gyflenwad ffatri newydd yn Fforest-fach yn Abertawe, gwahoddwyd Mettoy i ddod yno a gwneud rhagor o arfau.

Wedi i'r rhyfel ddod i ben yn 1945, aeth Mettoy yn ôl i wneud teganau. Agorodd y cwmni ffatri newydd fawr yn Fforest-fach yn 1949. Erbyn hyn, roedd ganddi beiriannau mowldin chwistrellu effeithiol a gallai fasgynhyrchu teganau.

Atgyfnerthwyd llwyddiant Mettoy gan y gyfres o gerbydau tegan Corgi, a lansiwyd yn 1956. Cyfeiriai'r enw Corgi at y cŵn Cymreig brodorol oedd gan y teulu brenhinol. Y car cyntaf a gynhyrchwyd oedd salŵn Ford Consul, a werthwyd yn ei flwch Corgi nodweddiadol. Dilynodd dwsinau o fodelau eraill, nid yn unig ceir ond hefyd bysiau, tractorau a thanceri petrol. Roedd y peirianwyr, 'Tecnocratiaid Corgi', yn adnabyddus am fanylder eu gwaith a'u harloesedd. Yn fuan, roedd gan geir ffenestri plastig – felly'r slogan 'Yr Un â Ffenestri' – a nodweddion newydd eraill, fel bonedi a chistiau a allai agor, teiars rwber, symudiad ffrithiol a hongiad. 'Campweithiau o beirianneg Lilipiwtaidd' oedd un disgrifiad ohonynt. Roedd cynyrchiadau arbennig yn boblogaidd, fel Aston Martin DB5 James Bond yn 1965. Bu Corgis yn llwyddiant ysgubol ymhlith y genhedlaeth o blant a aned ym Mhrydain ar ôl yr Ail Ryfel Byd. Ar ddiwedd y 1950au, roeddent yn cael eu hallforio i dros gant o wledydd. Yn 1968, roedd 3,500 o bobl yn cael eu cyflogi yn Fforest-fach.

Menywod oedd mwyafrif y gweithlu, yn gweithio ar y rhesi cydosod – ychydig oedd yn rheolwyr neu'n staff technegol. Wrth gofio am eu dyddiau yn Fforest-fach, gwerthfawrogai merched y cyfeillgarwch a'r undod yn y ffatri. I Cynthia Rix, 'cariad fy mywyd oedd Mettoy. Roedd tegwch yno, roedd agosatrwydd yno'. Roedd yn gas gan eraill yr undonedd a'r ddisgyblaeth. Poenai Annest Wiliam am ei chydweithwragedd pan ddeuai'r dyn amser-a-symud: 'roedd rhaid iddynt i gyd fywiogi, roedd fel prawf, arholiad personol'.

Oherwydd cwymp gwerthiant, cystadleuaeth gan gynhyrchwyr rhatach dramor a methiant eu cyfrifiadur Dragon 32, caeodd Mettoy ei ffatri yn Fforest-fach yn 1983. Bu'r ffatri deganau fawr arall yng Nghymru, Triang ym Merthyr Tudful, eisoes ynghau ers pum mlynedd.

Dros y blynyddoedd, mae ceir 'go iawn' wedi cael eu gwneud yng Nghymru – rhannau ceir (mae Ford yn cynhyrchu peiriannau ym Mhen-y-bont ar Ogwr ers 1980) a cheir cyfan. Rhwng 1959 a 1973, cynhyrchodd cwmni Gilbern, partneriaeth rhwng cigydd o Gymru a pheiriannydd o'r Almaen, geir GT o'i ganolfan yn Llanilltud Faerdref, ac mae Aston Martin yn bwriadu cynhyrchu ceir moethus yn Sain Tathan yn 2019.

Gweithwragedd Mettoy (Amgueddfa Abertawe)

92

Baner Cyfrinfa Penrhiw-ceibr
1960au

Ar ôl 'blynyddoedd y locustiaid' y 1930au, gyda'r pyllau'n cau, y profion moddion a'r tlodi, gallai glowyr Cymru obeithio am ddyddiau gwell. Gwladolodd y llywodraeth Lafur y diwydiant glo yn 1947, gan roi terfyn ar oruchafiaeth y cwmnïau glo mawr. Bu cynnydd mewn buddsoddi yn y diwydiant, a gwellhaodd cyflogau ac amodau. Tystiodd Eisteddfod y Glowyr a Gala'r Glowyr, a sefydlwyd ar ôl y Rhyfel, i fywiogrwydd parhaol diwylliant cyfunol y glowyr.

Symbol gweladwy o'r diwylliant hwnnw oedd y faner. Byddai baneri yn cael eu cario mewn digwyddiadau diwylliannol a chymdeithasol, ac mewn gorymdeithiau a gwrthdystiadau. Ym mis Chwefror 1935, roedd glowyr ac eraill wedi cario baneri yn ystod protest fawr yn erbyn toriadau gan y llywodraeth yn y budd-dal diweithdra, pan gerddodd 50,000 o bobl, mewn gorymdaith ddwy filltir i lawr Cwm Cynon i Aberpennar. 'Roedd ael y byd yn boeth', ysgrifennodd y nofelydd Gwyn Thomas, a oedd yno, 'ac roeddem ni allan i'w ffanio â baneri'. Yn y 1950au, dechreuodd cyfrinfeydd wneud baneri. Cynlluniodd glowyr o sawl cyfrinfa yng Nghwm Cynon, gan gynnwys Penrhiw-ceibr, faner sy'n dwyn y slogan 'Mewn gwybodaeth mae nerth' a'r ddelwedd o löwr yn dal llyfr a glôb. Yn y 1960au, comisiynodd Cyfrinfa Penrhiw-ceibr faner newydd, fwy trawiadol, gyda'r un ddyfais.

Roedd y llyfrau yn cynrychioli dysg. Ond roeddent hefyd yn cyfeirio at y llyfrgelloedd, dros gant ohonynt erbyn 1934, a adeiladwyd gan y glowyr i hybu eu haddysg a'u gwerthfawrogiad diwylliannol. Fe'u disgrifiwyd fel 'un o'r rhwydweithiau mwyaf o sefydliadau diwylliannol a grëwyd gan weithwyr yn unrhyw le yn y byd'. Roedd gan

y llyfrgelloedd le anrhydeddus yn yr 'institiwtau glowyr' newydd. Erbyn y 1920au, gallai'r mwyafrif o drefi a sawl pentref yn y maes glo ymfalchïo mewn institiwt, a weithredai fel canolfan i'r gymuned leol gyfan. Adeiladwyd 'institiwt y gweithiwr a'r neuadd gyhoeddus' ym Mhenrhiw-ceibr yn 1888 gyda chymorth ariannol gan berchnogion Glofa Penrikyber. Yn ddiweddarach, daeth yn eiddo i'r glowyr. Yn ogystal â sinema, ystafelloedd cyfarfod a biliards, roedd llyfrgell ac ystafell ddarllen. Roedd y rheiny mor ddatblygedig erbyn 1903 nes i'r pentref wrthod cynnig o £700 gan Andrew Carnegie i adeiladu llyfrgell gyhoeddus.

Cynhwysai'r llyfrgelloedd lyfrau cyffredinol, ond hefyd deunydd gwleidyddol ac economaidd mwy radical. Cofiodd Aneurin Bevan [86], 'roeddwn yn arbennig o ffodus yn ansawdd y llyfrgell [yn Institiwt Tredegar] a adeiladwyd gan geiniogau'r glowyr ... darparent inni'r economegwyr a'r athronwyr uniongred, a'r llyfrau Marcsaidd sylfaenol'. Mentrai rhai glowyr tu hwnt i hunan-addysg, gan fynychu dosbarthiadau, rhai lleol a rhai preswyl, a drefnwyd gan Gynghrair y Plebs, Cymdeithas Addysg y Gweithwyr, Coleg Ruskin, y Coleg Llafur Canolog a Choleg Harlech. Fel Bevan, aeth nifer ohonynt ymlaen i fod yn arweinwyr undeb a gwleidyddion.

Mae'r glôb ar y faner yn atgof o draddodiad rhyngwladol y maes glo. Rhoddodd glowyr De Cymru gymorth i Sbaen yn ystod Rhyfel Cartref Sbaen (1936-39) a bu 122 ohonynt yn ymladd gyda'r Brigadau Rhyngwladol i amddiffyn y Weriniaeth.

**Baner Cyfrinfeydd Aberpennar a Phenrhiw-ceibr
(Prifysgol Abertawe, Llyfrgell Glowyr De Cymru)**

SOUTH WALES AREA N.U.M
PENRHIWCEIBER LODGE
"KNOWLEDGE IS POWER"

93

Rheng flaen Pont-y-pwl
c1978

Os mai pêl-droed oedd y gêm tîm fwyaf poblogaidd yng ngogledd Cymru [81], rygbi a deyrnasai yn y de. Gêm y dosbarth uchaf yn Lloegr ydoedd, felly hefyd yng Nghymru i ddechrau – roedd colegau Llanymddyfri a Llanbedr Pont Steffan yn arloeswyr yn y 1850au. Ond fe'i mabwysiadwyd yn gyflym gan weithwyr yn y trefi diwydiannol. Ymledodd clybiau lleol o 1871. Yn 1881, sefydlwyd Undeb Rygbi Cymru a chwaraeodd Cymru ei gêm ryngwladol gyntaf, yn erbyn Lloegr yn Blackheath.

'Oes aur' gyntaf rygbi Cymru oedd rhwng 1900 a 1911, pan enillodd Cymru chwe Choron Driphlyg. Ym mis Rhagfyr 1905, trechodd Cymru Seland Newydd [68], buddugoliaeth a welwyd fel symbol o Gymru Edwardaidd hyderus a llwyddiannus. Rhwng y ddau ryfel byd, adlewyrchai cyflwr rygbi ddirywiad economaidd a chymdeithasol y wlad. Syrthiodd y boblogaeth, gostyngodd y torfeydd, ac aeth chwaraewyr 'i'r gogledd' i chwarae Rygbi'r Gynghrair yn Swydd Gaerhirfryn a Swydd Efrog.

Ar ôl yr Ail Ryfel Byd, adfywiodd rygbi. O'r 1960au, adenillodd tîm Cymru rywfaint o'i hwyl gynharach. Cefnogwyd diddordeb y cyhoedd gan raglenni teledu a chaneuon a jôcs Max Boyce. Yn 1967, roedd gan John Hughes farchnad barod pan ddechreuodd gynhyrchu ffigyrau ceramig o chwaraewyr rygbi, yn bennaf o Gymru, yn ei weithdy yn Nhrefforest ger Pontypridd. Mowldiodd a phaentiodd y ffigyrau resin gyda llaw, a'u galw'n 'Groggs'. Yn 1971, prynodd dafarn leol wag fel stiwdio a siop, a thyfodd y busnes, yn arbennig wrth i rygbi Cymru ddechau ar ei ail oes aur, rhwng 1969 a 1980.

Sylfaen llwyddiant tîm Cymru'r 1970au – enillodd dair Camp Lawn a chwe Choron Driphlyg – oedd y rhwydwaith cryf o glybiau dan arweiniad hyfforddwyr talentog fel Carwyn James yn Llanelli. Gallai hanerwyr dawnus fel Barry John, Gareth Edwards a Phil Bennett ddibynnu ar bac nerthol o flaenwyr. Ar flaen y pac roedd tri o chwaraewyr Pont-y-pŵl, Graham Price, Bobby Windsor a Charlie Faulkner (bu Windsor a Faulkner yn weithwyr dur). Ym Mhont-y-pŵl, mynnai Ray Prosser, hyfforddwr y clwb rhwng 1969 a 1987, fod y chwaraewyr yn hollol ffit, a mowldiodd dîm pwerus a enillodd bencampwriaeth answyddogol y clybiau bum gwaith. Cyfunodd 'rheng flaen Pont-y-pŵl' gryfder a disgyblaeth i drechu'r rhan fwyaf o baciau eraill. Rhwng 1975 a 1979, chwaraeodd y tri gyda'i gilydd dros Gymru bedair gwaith ar bymtheg, gan ennill ar bob achlysur ond pedwar, a chwaraeon nhw dros y Llewod Prydeinig.

Roedd nodweddion y tri yn eu gwneud yn Groggs da, gyda'u hwynebau creithiog, ôl eu brwydrau ar y cae rygbi. (Honnodd John Hughes ei bod hi'n anos gwneud cymeriadau 'golygus'.) Gareth Edwards yw'r ffigwr sydd wedi gwerthu orau, a chynhyrchir mwy o Groggs o chwaraewyr rygbi nag o unrhyw grŵp arall o hyd. Erbyn hyn, Richard Hughes, mab John, sydd yn eu cynhyrchu. Ond pan werthodd ffigur Gareth Bale fwy nag unrhyw chwaraewr rygbi – y tro cyntaf i hynny ddigwydd gyda phêl-droediwr o Gymru - roedd newid yn amlwg ar droed yn statws a phoblogrwydd cymharol y ddwy gêm.

Yn 1995, daeth Rygbi'r Undeb yn gêm broffesiynol, ac am resymau ariannol ailstrwythurwyd clybiau Cymru. Yn y diwedd, dim ond pedwar rhanbarth a phob un ohonynt ar arfordir de Cymru, a oroesodd ar y lefel uchaf. Mae nifer y gwylwyr wedi gostwng. Bellach mae Pont-y-pŵl yn chwarae yn y drydedd haen o glybiau. Yn y cyfamser, mae pêl-droed wedi denu mwy o ddilynwyr, yn enwedig ar ôl i glwb o Gymru ymuno ag Uwch Gynghrair Lloegr yn 2011, a llwyddiant tîm Cymru ym Mhencampwriaeth Ewrop 2016.

GRAHAM PRICE   BOBBY WINDSOR CHARLIE FAULKNER

94. Ffrog Laura Ashley
1970au

Am ganrifoedd, roedd gwlân yn allweddol i economi Sir Drefaldwyn. Prif gynnyrch melinau'r Drenewydd, Llanidloes a threfi eraill oedd gwlanen rad, sef brethyn meddal wedi'i wehyddu o wlân wedi'i gribo. Esblygodd melinau ar raddfa fwy, gan allforio eu cynnyrch i Loegr a thramor (croesodd brethyn yr Iwerydd fel dillad ar gyfer caethweision). Erbyn 1831, roedd poblogaeth y Drenewydd wedi codi i 4,550 ac roedd Cyfnewidfa Wlanen newydd yn cael ei hadeiladu. Bu dirwasgiad yn y 1830au, a achosodd galedi a gwrthdaro cymdeithasol [61], ond ailgododd y diwydiant. Gwlanen oedd wrth wraidd y busnes archebu drwy'r post cyntaf ym Mhrydain, a adeiladwyd gan Pryce Pryce-Jones yn y Drenewydd o'r 1870au. Ond yn y diwedd, ni allai Sir Drefaldwyn gystadlu â melinau Gogledd Lloegr, ac erbyn 1900, ychydig oedd ar ôl o'r diwydiant.

Pan ddaeth Laura Ashley â'i busnes tecstilau bach i Fachynlleth yn 1961, diau mai ei nod oedd chwilio am weithwyr rhad yn hytrach nag adfywio diwydiant tecstilau'r sir, ond arweiniodd ei phenderfyniad at adfywiad bach. Ganed Laura Mountney yn Nowlais yn 1925. Er y magwyd hi yn Surrey, byddai'n dychwelyd i Ddowlais ar wyliau yn rheolaidd, a chofiai wylio ei hen fodrybedd yn gwneud cwiltiau ar ffrâm cwiltio [72]. Wedi'i hysbrydoli gan y rhain a chan y patrymau traddodiadol a ddarganfu yn ei hymchwil, dechreuodd argraffu sgarffiau a llieiniau sychu llestri ar ei bwrdd cegin ym Mhimlico, gyda help ei gŵr Bernard, a weithredai'r argraffydd sgrin sidan. Dechreuodd y rhain werthu, a darbwyllodd Laura Bernard i symud i Gymru.

Yn fuan, roedd y tŷ yn Stryd Maengwyn, Machynlleth yn rhy fach, ac yn 1966, prynodd yr Ashleys le newydd yng Ngharno, pentref bach 18 milltir i'r dwyrain. Yma, cymeron nhw adeilad gwag yr orsaf reilffordd drosodd, a'i droi'n ffatri i wneud llieiniau cotwm, smociau, ffrogiau, blowsys ac eitemau eraill. Cyflogon nhw dros gant o bobl. Yn ôl un gweithiwr, 'gwnaethon nhw anadlu bywyd nôl i'r pentref', a fu'n dioddef o ddiffyg swyddi ers amser. Ffynnodd y busnes, diolch i sgiliau creadigol Laura a chraffter busnes Bernard. Agorwyd siop Laura Ashley yn Llundain yn 1968. Erbyn hyn, roedd chwaeth ffasiwn merched yn symud i ffwrdd o'r ffrogiau byrion, lliwiau llachar a deunyddiau artiffisial o'r 1960au cynnar tuag at yr olwg fwy rhydd a gwledig a ddisgrifiwyd gan Laura fel 'cysur hiraeth'. Roedd hi'n gyflym i fanteisio ar yr ymdeimlad newydd, gan chwilota am ddyluniadau Fictoraidd, fel y rhai a ddarganfu yn llyfr patrwm Owen Jones, *The Grammar of Ornament* (1856), a'u hadnewyddu ar ffurf fodern. Tyfodd y cwmni'n gyflym. Agorodd yr Ashleys ragor o ffatrïoedd, gan gynnwys rhai yn y Drenewydd a Machynlleth, ac erbyn 1985, roeddent yn berchen ar 220 o siopau ar draws y byd.

Yn ei blynyddoedd cynnar, rheolid ffatri Carno yn gadarn gan yr Ashleys. Roedd y cyflog yn isel a gwaharddwyd undebau llafur, ond roedd yr amodau gwaith, mynnai Laura, yn 'famofalus'. Roedd yr oriau'n hyblyg i ganiatáu gofal plant, daeth yr wythnos waith i ben amser cinio ddydd Gwener, roedd gweithio gartref yn bosibl, a darparwyd bysiau i gludo'r gweithwyr.

Ar ôl i Laura Ashley farw mewn damwain yn 1985, dechreuodd y cwmni ddirywio, er gwaethaf arallgyfeirio i ddodrefn ac addurniadau mewnol. Roedd chwaeth wedi newid eto, ac nid oedd brand Laura Ashley yn hudolus mwyach. Yn 1998, cymerwyd y cwmni drosodd gan fusnes o Falaysia ac edwinodd ei ymrwymiad i Gymru. Caeodd ffatri Carno yn 2005.

95 SuperTed
c1980

Nid tedi cyffredin mo SuperTed. Gorweddai mewn angof ag ofn y tywyllwch arno, ond rhoddodd Y Fam Natur bwerau goruwchnaturiol iddo. Wedi sibrwd y gair hud cyfrin fe'i trawsnewidiwyd yn archarwr, gyda chlogyn coch ac esgidiau roced, yn barod i ymuno â'i gyfaill Smotyn ac i frwydro yn erbyn ei elynion drwg, Dai Texas, Clob a Sgerbwd.

Mae SuperTed yn anarferol am reswm arall. Ymddangosodd gyntaf mewn cyfres o straeon amser gwely a grëwyd yn 1978 gan Mike Young, a aned yn y Barri, i helpu ei lysfab ifanc i fynd i gysgu. Ar ôl cyfres o lyfrau llwyddiannus, sefydlodd Young ac eraill gwmni Siriol Productions, i wneud cartwnau byw o anturiaethau SuperTed. Cytunodd Siriol i'w gynhyrchu yn Gymraeg i Sianel Pedwar oedd newydd ei sefydlu. Cartŵn SuperTed oedd y rhaglen gyntaf i'w darlledu pan ddechreuodd rhaglenni S4C ar 1 Tachwedd 1982 – yn rhannol fel symbol o benderfyniad y sianel newydd i apelio at gynulleidfaoedd ifanc.

Bu llawer o'r farn na fyddai sianel deledu Gymraeg byth yn gweld golau dydd. Dechreuodd Radio Cymru, yr orsaf radio gyntaf gwbl Gymraeg, yn 1977. Ond roedd yr ymgyrch i ddarbwyllo'r llywodraeth i sefydlu gwasanaeth teledu Cymraeg, a ystyriwyd yn hanfodol pe bai'r Gymraeg yn mynd i oroesi fel iaith fyw, yn hir ac yn anodd. Ar ôl etholiad cyffredinol 1979, torrodd y llywodraeth Geidwadol addewid yn ei maniffesto i sefydlu sianel o'r fath. Roedd yr ymateb yng Nghymru yn chwyrn. Dechreuodd protestwyr ymgyrch o anufudd-dod sifil, gan gynnwys gwrthod talu ffioedd trwydded deledu ac ymosod ar drosglwyddyddion teledu. Bygythiodd Gwynfor Evans, Llywydd Plaid Cymru, ymprydio hyd angau oni bai bod y llywodraeth yn ildio. Ond yn y diwedd, ildiodd y llywodraeth a chytuno i sefydlu a

chyllido'r sianel newydd oherwydd ei bod yn ofni'r ymateb cyhoeddus pe bai Gwynfor Evans yn marw.

Cyn iddo ymddangos yn gyntaf ar y teledu, cafodd SuperTed ei gynhyrchu fel tegan meddal. Glas oedd ei liw gwreiddiol, gyda chlogyn, gwregys ac esgidiau coch. Ond rhybuddiodd Warner Brothers y byddai Mike Young yn torri eu hawlfraint, gan fod archarwr arall yn gwisgo'r un lliwiau. Aeth yr achos i'r llys, ac am ychydig troes SuperTed yn ddu. Ar ôl i Young ennill yr achos, newidiodd ei arth ei liw eto, i goch. Y SuperTed coch a ddaeth yn enwog, mewn sawl iaith, wrth iddo amgylchynu'r ddaear yn ystod y blynyddoedd nesaf.

I S4C, a weithiai mewn iaith leiafrifol ond a oedd yn awyddus i wneud marc rhyngwladol, roedd animeiddio'n gyfrwng deniadol. Gyda thrac sain newydd, gallai ffilm animeiddiedig groesi ffiniau ieithyddol a chenedlaethol heb rwystr. Comisiynodd y sianel gyfresi newydd gan gynnwys *Wil Cwac Cwac*, *Sam Tân* a *Gogs*. Yn ddiweddarach, gwnaed gweithiau hirach, mwy uchelgeisiol, yn aml fel cyd-gynyrchiadau â gwledydd eraill, megis *Shakespeare: Y Dramâu wedi'u Hanimeiddio,* a'r *Canterbury Tales*. Cynhyrchodd Siriol fersiwn animeiddiedig o *Under Milk Wood* gan Dylan Thomas, a Cartŵn Cymru *Y Mabinogi*. Enillodd y ffilmiau hyn ac eraill enw da yn rhyngwladol. Wrth i gronfeydd S4C grebachu, dirywiodd animeiddio Cymreig, ond mae animeiddwyr a'u hyfforddwyr yn dal i weithio yng Nghaerdydd.

Yng Nghaerdydd y dechreuodd animeiddio yng Nghymru, yn 1925. Creodd Sid Griffiths, tafluniwr sinema, Jerry the Tyke, ci cartŵn drygionus ond cyfrwys. Roedd ei ffilmiau tawel byrion yn ddyfeisgar ac yn ddeallusol chwareus: dangosa rhai ohonynt Jerry mewn deialog gyda'i greawdwr.

96

Bathodynnau Streic y Glowyr
1984-85

Wedi i'r glowyr gael eu trechu yn yr anghydfod glo yn 1984-1985, darfu, i bob pwrpas, ddiwydiant yr oedd ei bresenoldeb a'i ddylanwad yn amlycach na dim mewn rhannau o Gymru am ganrif, a daeth dylanwad pwerus y mudiad llafur diwydiannol i ben.

Roedd llywodraeth Margaret Thatcher yn benderfynol o ddiddymu cymorthdaliadau glo, o agor y diwydiant i rym y farchnad fyd-eang, ac o ddinistrio grym Undeb Cenedlaethol y Glowyr (NUM). Ar ôl dod yn Brif Weinidog yn 1979, dywedodd Thatcher yn breifat wrth weinidog, 'Dinistriwyd y llywodraeth Geidwadol ddiwethaf gan streic y glowyr. Bydd gennym un arall, a ni fydd yn ennill'. Penododd y llywodraeth Ian MacGregor, cyfarwyddwr diwydiannol ag enw am fod yn ddidrugaredd, i gadeirio Glo Prydain. Gwnaeth hi hefyd bentyrru storau o lo, newid y gyfraith ar gyflogaeth a nawdd cymdeithasol ar draul streicwyr, a pharatoi'r heddlu i ddelio â'r gwrthwynebiad a ddisgwylid. Croesawodd Arthur Scargill yntau, arweinydd yr NUM, y gwrthdaro fel cyfle i drechu llywodraeth elyniaethus.

Pan gyhoeddodd y llywodraeth gau ugain pwll glo, galwodd Scargill am streic ym mis Mawrth 1984. Nid oedd mwyafrif o blaid – roedd y rhan fwyaf o'r 20,000 o lowyr Cymru yn erbyn – ond aeth y streic yn ei blaen. Er iddynt fod braidd yn gyndyn yn y dechrau, roedd glowyr de Cymru yn gadarnach na neb yn eu cefnogaeth. Roedd y gwrthdaro yn hir, yn chwerw ac weithiau'n dreisgar. Trechwyd y glowyr yn llwyr yn y pen draw, wrth i'r llywodraeth ddefnyddio ei holl nerth economaidd, cyfreithiol a gorfodol i ennill y dydd.

Roedd glowyr Cymru yn amddiffyn eu swyddi ond hefyd eu diwylliant a'u cymunedau. Yn eu tro, cefnogai'r cymunedau'r streicwyr. Daeth merched lleol at ei gilydd i gasglu a dosbarthu bwyd, a denu rhagor o gefnogaeth.

Yn Nhrecelyn, bu Dot Phillips yn arwain grŵp cymorth o fenywod. Mewn cyfweliad yn 2014, cofiodd â balchder sefydlu ceginau cawl i lowyr y ddwy lofa leol, De Celynen a Gogledd Celynen, codi arian, a siarad mewn cyfarfodydd ledled y wlad. 'Fydda i byth yn anghofio', ysgrifennodd yn gynharach, 'y teimlad 'na o agosatrwydd'.

Tyfodd grwpiau cymorth ymhell y tu allan i'r meysydd glo. Yng Nghymru, daeth help oddi wrth weithwyr chwarel, ffermwyr, eglwysi a grwpiau lleiafrifol ethnig. Sefydlwyd grwpiau cymorth yn Rhydychen, Lerpwl, Bryste a dinasoedd eraill yn Lloegr, a daeth help o dramor. Cofnoda'r ffilm *Pride* (2014) y cymorth a roddwyd i lowyr yng nghwm Dulais gan grŵp hoyw a lesbiaidd yn Llundain dan adain Mark Ashton a Mike Jackson. Enw un o'u gigiau codi arian oedd 'Pits and Perverts', ymadrodd a fenthyciwyd, yn ôl y sôn, o bapur newydd y *Sun*. O'r grwpiau undod a ddechreuwyd yn ystod y streic, cododd cenhedlaeth newydd o weithredwyr cymunedol, yn enwedig menywod, a gyfrannodd at sawl mudiad cymdeithasol wedyn.

Roedd y bathodyn yn symbol o hunaniaeth ac undod drwy'r streic. Cynhyrchwyd cannoedd o fathodynnau gwahanol yn ystod y flwyddyn, llawer ohonynt gan gyfrinfeydd undeb unigol. Ar fathodyn enamel Penrhiw-ceibr, a werthwyd i godi arian, ymddangosodd yr arwyddair 'mewn gwybodaeth mae nerth' oedd yn gyfarwydd ar faneri'r gyfrinfa **[92]**. Dychwelodd y streicwyr gorchfygedig i'w gwaith ym mis Mawrth 1985. O fewn misoedd, caeodd Glo Prydain sawl pwll yng Nghymru, gan gynnwys Penrhiw-ceibr a dau bwll Celynen. Caeodd Glo Prydain waith glo'r Tŵr ger Hirwaun yn 1994, ond fe'i prynwyd gan y gweithwyr a'i ailgychwyn, dan arweiniad Tyrone O'Sullivan. Caeodd Glofa'r Tŵr, y pwll dwfn olaf yng Nghymru, yn 2008.

RHYMNEY VALLEY MINERS SUPPORT GROUP
1984 1985
CYDLYNIAD

DIG DEEP FOR THE MINERS!

TRELEWIS DRIFT · SOUTH WALES AREA
NUM
1984 STRIKE

G.C.G.L WOMEN SUPPORT THE MINERS

UPPER RHONDDA CENTRE
MINERS STRIKE 1984-85

SUPPORT THE MINERS
NUM
STOP PIT CLOSURES

GARW VALLEY
STRIKE 1984-85

LADY WINDSOR
MINERS STRIKE
1984 1985
SOUTH NUM WALES

nga
SOLIDARITY WITH THE MINERS
1984-85 STRIKE

MARDY
NUM
1984
LAST PIT IN THE RHONDDA

NAVIGATION
OAKDALE LODGE
52 WEEKS SOLIDARITY
N.U.M.
1984/85 STRIKE

PENRIKYBER
A PIT WORTH SAVING

97 Record gyntaf Catatonia
1993

Ers 1899, pan recordiodd Madge Breeze *Hen Wlad fy Nhadau* [68], mae llawer o gantorion ac offerynwyr o Gymru wedi recordio nifer cynyddol o recordiadau cerddorol. Recordiwyd cerddoriaeth glasurol yn helaeth, yn ogystal â cherddoriaeth draddodiadol. Rhwng 1910 a 1914, defnyddiai Ruth Herbert Lewis ffonograff 'Gem' Bell Edison i wneud dros 150 o recordiadau arloesol ar silindrau cwyr o gerddorion gwerin traddodiadol Cymreig yn y maes yn Sir y Fflint, Sir Ddinbych a mannau eraill. Helpodd y gyfansoddwraig ddawnus ifanc Morfydd Llwyn Owen i'w trawsgrifio.

Mae hanes hir hefyd i recordio cerddoriaeth boblogaidd. Am flynyddoedd lawer, roedd yn llifo mewn dwy ffrwd gyfochrog. Gallai cantorion a grwpiau Saesneg eu hiaith ddenu cynulleidfa yn aml y tu hwnt i Gymru. Byddai cerddoriaeth perfformwyr Cymraeg yn teithio'n fwy lleol, ond tyfodd rhwydwaith bywiog i ddiwallu eu hanghenion yng Nghymru – cwmnïau recordio fel Sain, Fflach ac Ankst, lleoliadau a gwyliau fel Clwb Ifor Bach a'r Sesiwn Fawr, a chylchgronau fel *Sothach* ac *Y Selar*. Enillodd bandiau radical fel Datblygu ac Anrhefn ddilynwyr cwlt, ambell waith y tu allan i Gymru.

Dechreuodd y patrwm hwn newid yn y 1990au, wrth i gerddorion cyfrwng Cymraeg osod eu bryd ar gynulleidfaoedd ehangach a oedd yn fwy parod i roi cynnig ar wahanol fathau o gerddoriaeth. Un o'r bandiau cyntaf i groesi'r ffin oedd Catatonia, dan arweiniad Cerys Matthews a Mark Roberts, a fu'n gitarydd a phrif leisydd gyda'r band Cymraeg Y Cyrff. Chwaraeodd y band eu gig cyntaf yng Nghlwb Ifor Bach. Ym mis Mai 1993, rhyddhaodd Crai, cangen o Sain, eu record CD gyntaf, EP â phum cân. Gwnaeth Rhys Mwyn o Crai roi o'r neilltu ei amheuon cychwynnol am gynnwys 'For Tinkerbell', cân Saesneg am golli diniweidrwydd, yn gân gyntaf ar

y record. Roedd dwy gân Saesneg arall, 'High Mercurial Heights' a 'Sweet Catatonia', a dwy yn Gymraeg, 'Gyda Gwên' a 'Dimbran'. Ysgrifennwyd y caneuon oll gan Roberts a Matthews. Gwnaeth llais Cerys Matthews, yn dawel ac yn ddengar un eiliad, yn gras ac yn gryg y nesaf, ynghyd â sain gitâr rymus y band a'r geiriau trofaus, ddal sylw DJs ac ysgrifenwyr mewn cylchgronau. Felly hefyd y llun ar glawr yr EP a ddangosai geriwb diniwed y daeth Rolant Dafis ar ei draws mewn siop Hypervalue.

Cyrhaeddodd ail albwm Catatonia, *International Velvet*, a ryddhawyd yn 1997, gynulleidfa fawr gan werthu dros 900,000 o gopïau mewn 22 mis. Cyhoeddwyd pump o'i ganeuon yn llwyddiannus fel recordiau sengl, gan gynnwys 'Mulder and Scully' a 'Road Rage'.

Daeth bandiau Cymraeg 'dwyieithog' eraill yn enwau cyfarwydd tua'r un pryd. Daeth y Super Furry Animals, yr oedd Gruff Rhys yn brif ganwr a gitarydd iddynt, yn adnabyddus am eu seicedelia amharchus, tra roedd Gorky's Zygotic Mynci o Gaerfyrddin yn cymysgu caneuon Cymraeg a Saesneg ac yn denu dilynwyr cwlt. I'r holl fandiau hyn, roedd y ffordd tuag at gydnabyddiaeth ehangach eisoes wedi ei arloesi gan y Manic Street Preachers o'r Coed Duon. Roedd eu sain yn fwy croch, a chanent am boen personol yn ogystal â gwrthsafiad gwleidyddol. Goroesodd y band ddiflaniad ei brif ganwr, Richey Edwards, yn 1995, a dalient i ryddhau albymau yn y 2010au.

Mae cerddorion Cymreig yn dal i recordio'n helaeth, o fewn eu traddodiadau eu hunain ac mewn cydweithrediad â cherddorion o wahanol ddiwylliannau. Mae'r delynores Catrin Finch wedi rhyddhau recordiadau gyda'r canwr kora o Senegal Seckou Keita, a recordiodd y gantores Gwyneth Glyn gyda'r canwr o India Tauseef Akhtar.

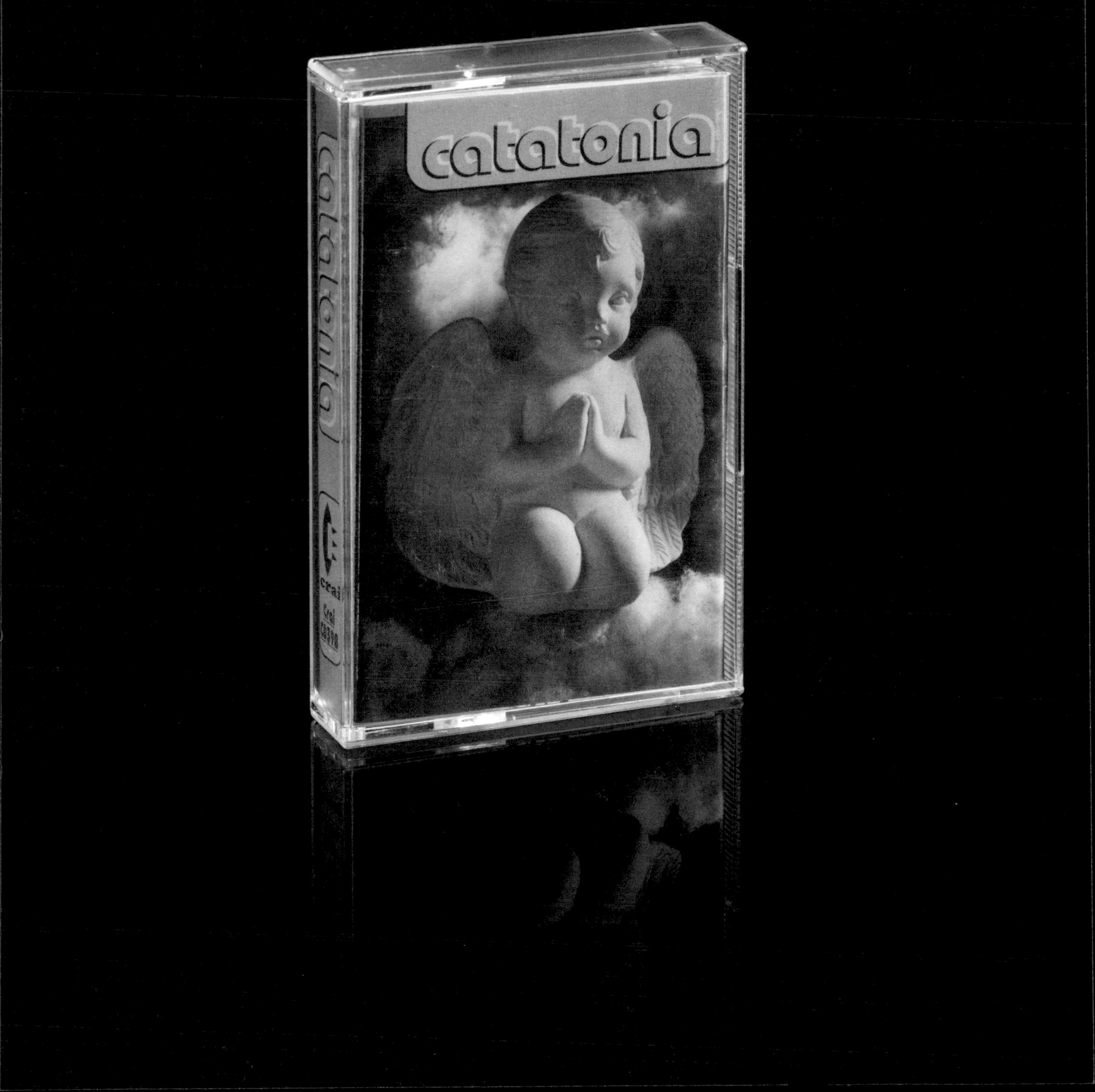
catatonia
catatonia
crai

98 Poster ymgyrch 'Ie'
1997

Methodd Cymru Fydd, mudiad o fewn y Blaid Ryddfrydol â'r ymgais fodern gyntaf i ddod â hunanlywodraeth i Gymru, yn 1896. Dros y can mlynedd nesaf, aeth pob ymdrech i adfywio'r syniad i'r gwellt. Nod Plaid Cymru, a sefydlwyd yn 1925 fel Plaid Genedlaethol Cymru, oedd annibyniaeth wleidyddol, a daeth y Blaid Ryddfrydol ymhen amser i ffafrio datganoli pŵer. Ond parhaodd y Ceidwadwyr yn unoliaethol eu hagwedd, ac roedd y Blaid Lafur, er gwaethaf ymgyrchoedd gan unigolion fel E.T. John, Jim Griffiths ac S.O. Davies, yn erbyn datganoli, o leiaf tan ganol y 1970au. Yn y refferendwm a gynhaliwyd ym mis Mawrth 1979, roedd bron i 80% o'r pleidleiswyr yn erbyn sefydlu Cynulliad Cenedlaethol.

Erbyn 1997, bu cryn newid. Bu llywodraethau Ceidwadol mewn grym yn San Steffan yn ddi-dor am ddeunaw mlynedd, ond nid oedd y mwyafrif o bleidleiswyr Cymru erioed wedi pleidleisio drostynt. Roedd eu diffyg hawl i gynrychioli Cymru'n glir, a'u polisïau'n wrthun i lawer **[96]**. Daeth Plaid Lafur Cymru, a dra-arglwyddiaethai'n etholiadol yn y wlad, yn argyhoeddedig fod datganoli grym yn angenrheidiol. Cyflawnodd llywodraeth Lafur Tony Blair, a ddaeth i rym ym mis Mai 1997, ei addewid i gynnal ail refferendwm i benderfynu a ddylid sefydlu Cynulliad i Gymru. Fe'i galwyd ar gyfer 18 Medi 1997.

Codwyd consensws trawsbleidiol pwerus, heb gynnwys y Ceidwadwyr, o blaid datganoli. Ei bensaer oedd Ron Davies, Ysgrifennydd Gwladol Cymru yn y llywodraeth newydd. Denodd ymgyrch 'Ie dros Gymru', a ffurfiwyd cyn yr etholiad cyffredinol ym mis Chwefror 1997, lawer o gefnogwyr y tu allan i wleidyddiaeth, gan gynnwys chwaraewyr rygbi, awduron, cerddorion (gan gynnwys Catatonia **[97]** a'r Stereophonics), ac artistiaid gweledol. Un o'r artistiaid amlycaf oedd yr arlunwraig o Geredigion, Mary Lloyd Jones. Peintiodd hi ddwy faner fawr yn ei harddull nodweddiadol, sy'n defnyddio clytiau afreolaidd a symudol o liwiau llachar ac yn aml ddarnau o destun – yn yr achos hwn y neges syml 'Ie / Yes'. Dangoswyd y baneri mewn ralïau ac yn Eisteddfod Genedlaethol y Bala. Cynhyrchodd hefyd bosteri gyda'r geiriau 'Say Yes for Wales / Dywedwch Ie dros Gymru' (rhodd gan Ron Davies yw'r copi yn Storiel).

Roedd yr ymgyrchoedd 'Na', dan arweiniad y Ceidwadwyr ac anghytunwyr yn y Blaid Lafur, yn wannach ac yn llai trefnus, ond rhannwyd y farn boblogaidd yn gyfartal. Yn yr Alban, lle cynhaliwyd refferendwm datganoli tebyg ar 11 Medi, roedd Confensiwn Cyfansoddiadol trawsbleidiol wedi ennyn diddordeb y cyhoedd dros ddatganoli ers 1989, a ni fu amheuaeth erioed am y canlyniad yna. Yng Nghymru, dim ond hanner yr etholaeth a bleidleisiodd. Roedd y canlyniad yn aneglur nes cyhoeddi'r canlyniadau yn y sir derfynol, Sir Gaerfyrddin. Enillodd 'Ie' o drwch blewyn, 6,721 o bleidleisiau.

Ar ôl y refferendwm, sefydlwyd Cynulliad Cenedlaethol Cymru gan Ddeddf Llywodraeth Cymru. Dechreuodd ei chwe deg o aelodau, wedi'u hethol yn rhannol gan gynrychiolaeth gyfrannol, ar eu gwaith ym mis Mai 1999. Datgelodd y defnydd o'r arddodiad 'for', yn hytrach nag 'of', yn yr enw Saesneg 'National Assembly for Wales' lawer am ei darddiad 'o'r brig i lawr' a'i ddiffyg perchnogaeth gan y bobl. Aeth sawl blwyddyn heibio cyn y gallai'r mwyafrif o bobl uniaethu â'r corff newydd. I ddechrau, nid oedd ganddo unrhyw bwerau deddfu na'r gallu i godi trethi – pwerau a ddatganolwyd iddo o San Steffan yn raddol dros y blynyddoedd. Ond yn araf, torrodd ei gŵys ei hun **[100]**. Fel ysgrifennodd Ron Davies yn 1999, 'Proses yw datganoli. Nid yw'n ddigwyddiad ac nid ychwaith yn daith ag iddi bwynt terfyn penodol'.

DWEDWCH IE DROS GYMRU

Mary Lloyd Jones

99 Raspberry Pi *Marc 1, model B, adolygiad 2*
2011

Roedd y cyfrifiadur wedi'i rwydweithio yn allweddol i Gymru ar ddechrau'r unfed ganrif ar hugain. Gyda'i allu i brosesu swmp o wybodaeth a chysylltu â miliynau o gyfrifiaduron eraill a chronfeydd data, trawsnewidiwyd bywyd economaidd a chymdeithasol. Llyw lloeren, peiriannau chwilio, siopa ar-lein, llyfrgelloedd digidol, rhwydweithio cymdeithasol – doedd dim sôn am yr·un o'r rhain ond ychydig o flynyddoedd ynghynt.

Wrth i swyddi traddodiadol ddarfod, achosodd yr economi wybodaeth newydd gynnydd yn y galw am sgiliau cyfrifiadurol a thrin gwybodaeth. Ond ar ddiwedd y 1990au, roedd addysg mewn cyfrifiadureg bron wedi diflannu o ysgolion Prydain, wedi'i disodli gan bwyslais cul ar ddefnyddio rhaglenni sylfaenol fel prosesu geiriau a thaenlenni. Ar ddiwedd y 2000au, bu adwaith. Dechreuodd diwydiant ac athrawon ddweud y dylid adfer sgiliau rhaglennu ac egwyddorion cyfrifiadurol i'r cwricwlwm. Yng Nghymru, hyrwyddodd Computing at School a Technocamps astudiaethau cyfrifiadurol mewn ysgolion, gan ychwanegu at y pwysau.

Yn 2012, dadorchuddiodd Eben Upton, cyfrifiadurwr ym Mhrifysgol Caergrawnt a anwyd ym Mhont-y-pŵl, gyfrifiadur rhad a syml â'r nod o helpu plant i ddysgu sut i godio. Y Raspberry Pi oedd ei enw. Nid oedd ei fwrdd cylched elfennol yn fwy na cherdyn credyd o ran maint, ond roedd yn bwerus, a gellid ei gysylltu â bysellfwrdd, llygoden, sgrin, camera a'r rhyngrwyd. Yn anad dim, roedd yn gwbl raglenadwy. Gallai codwyr ei ddefnyddio i reoli dronau, dyfeisio gemau fideo, adeiladu gorsafoedd tywydd, gwneud robotiaid a chreu miloedd ar filoedd o ddyfeisiau eraill. Synnodd Upton at y galw mawr am Raspberry Pis, oddi wrth arbenigwyr cyfrifiadur yn ogystal â dysgwyr, ac o wledydd datblygol a datblygedig fel ei gilydd. Ar y dechrau, fe'u gwnaed yn Tsieina, ond yn 2012,

darbwyllodd peirianwyr yn Sony ym Mhencoed ger Pen-y-bont ar Ogwr Sefydliad Raspberry Pi y gallai Sony eu cynhyrchu'n well yng Nghymru – gan wrthdroi'r duedd arferol o allforio swyddi diwydiannol i wledydd cyflog isel.

Denwyd Sony i Ben-y-bont ar Ogwr yn 1973, pryd roedd llywodraeth y DU yn dechrau perswadio cwmnïau mawr tramor i fuddsoddi yng Nghymru (sefydlwyd Awdurdod Datblygu Cymru yn 1976). Canolbwyntiai'r ffatri ar gynhyrchu setiau teledu ac ar ei hanterth bu'n cyflogi dros 4,000 o weithwyr. Dros amser, fodd bynnag, gostyngodd y galw a chaeodd ffatri Pen-y-bont ar Ogwr yn 2005. Ond bu canolfan Pencoed yn arbenigo mewn technolegau digidol ac roedd eisoes yn gwneud offer fel camerâu arbenigol pan ddechreuodd contract Raspberry Pi.

Ers 2012, mae Sony wedi gwneud dros 15m o gyfrifiaduron Raspberry Pi, gan ddefnyddio robotiaid datblygedig i wneud prosesau cynhyrchu yn gyflymach ac yn fwy cywir. Mae ar weithwyr sy'n cyflawni tasgau heriol angen sgiliau peirianneg uwch – gwrthdroad i'r patrwm yn y ffatri deledu gynt, oedd yn defnyddio mwy o weithwyr rhes gyfosod, ond ychydig o staff â sgiliau uwch i wneud ymchwil a datblygu.

'Pan ddechreuon ni Raspberry Pi', medd Eben Upton, 'freuddwydion ni erioed y bydden ni'n gwerthu dros ddeg miliwn o unedau, ac yn sicr ni ddychmygon ni y gallen ni adeiladu'r unedau hynny yn ne Cymru. A finnau'n hala fy hafau ym Mhont-y-pŵl fel plentyn, roedd tystiolaeth o'm hamgylch o dreftadaeth ddiwydiannol de Cymru; un o uchafbwyntiau fy mywyd bu gallu cyfrannu mewn ffordd fach i gynnal y dreftadaeth honno.' Cefnoga ei Sefydliad Raspberry Pi weithdai lleol, 'Raspberry Jams', a rhaglen fawr i annog plant i ymddiddori mewn rhaglennu cyfrifiadurol, trwy sefydlu 'clybiau codio' mewn ysgolion ledled Cymru, Prydain a thramor.

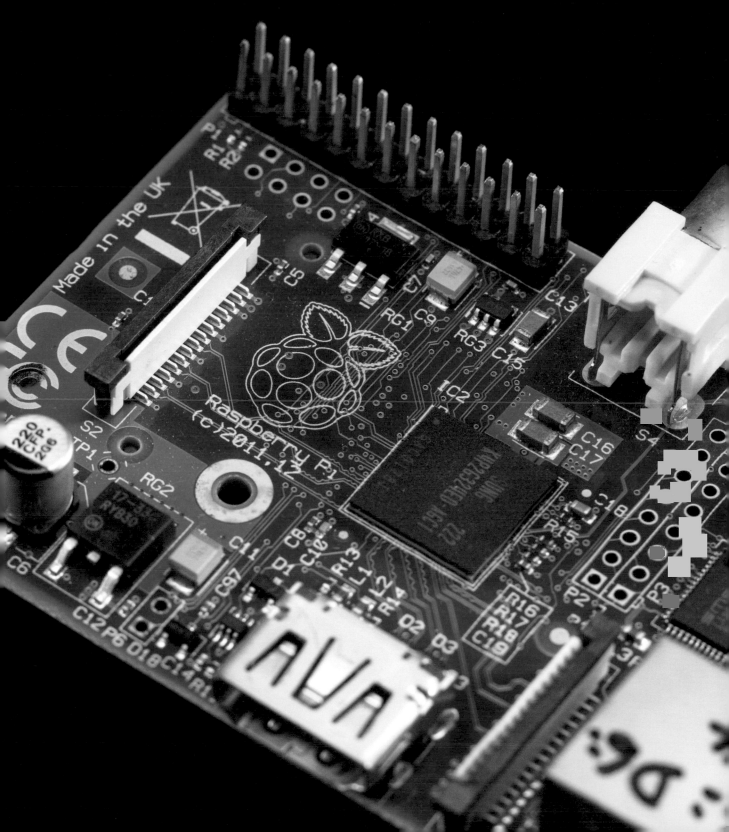

100

Arwydd Llwybr Arfordir Cymru
2012

Ym mis Mehefin 2005, cyhoeddodd Rhodri Morgan, Prif Weinidog Cymru, gynllun ar gyfer prosiect uchelgeisiol, yr oedd un o'i weinidogion, Jane Davidson, yn frwd o'i blaid, i agor llwybr cyhoeddus yr holl ffordd ar hyd arfordir Cymru. 'Mae manteision economaidd mynediad i arfordir Cymru yn amlwg', meddai, 'a thwristiaeth yw'r prif ddiwydiant mewn llawer o'n trefi glan môr. Ond gall annog a galluogi mwy o bobl i fwynhau hamdden gorfforol ar yr arfordir hefyd helpu ein hymdrechion i ddod yn genedl fwy iach a ffit'. Ym mis Mai 2012, agorwyd Llwybr Arfordir Cymru, yn 1,400km o hyd. Gyda hynny, Cymru oedd y wlad â'r llwybr di-dor hiraf ar hyd ei harfordir.

Roedd adeiladu'r Llwybr yn dasg fawr i Gomisiwn Cefn Gwlad Cymru a'i bartneriaid, oedd yn cynnwys awdurdodau lleol Cymru, y Parciau Cenedlaethol, Llywodraeth Cymru, a Ramblers Cymru, a fu'n ymgyrchu drosto ac a osododd lawer o'i gamfeydd a'i glwydi. Lle nad oedd hawliau tramwy eisoes yn bod, sicrhaodd y cynllunwyr fynediad trwy drafod â thirfeddianwyr. Adeiladwyd 250 o gamfeydd, 1,282 o glwydi, 159 o bontydd a 169 o lwybrau pren. Codwyd arwyddion cyfeirio, sy'n hawdd eu hadnabod oherwydd eu lliwiau glas a melyn a chragen wen â chynffon ddraig.

Roedd rhannau o'r Llwybr eisoes yn eu lle, yn enwedig Llwybr Arfordir Sir Benfro. Un dyn oedd yn gyfrifol am fodolaeth hwnnw, y naturiaethwr Ronald M. Lockley. Rhwng 1927 a 1940, bu'n byw ar ynys Sgogwm, ger arfordir Sir Benfro, lle sefydlodd yr arsyllfa adar gyntaf yn y DU. Roedd yn awdur toreithiog a luniodd ysgrifau dylanwadol am aderyn drycin Manaw a'r gwningen, ac yn 1938 gyda Julian Huxley, gwnaeth un o'r ffilmiau natur dogfennol cyntaf ym Mhrydain, *The Private Life of the Gannets*. Wedi i Barc Cenedlaethol Arfordir Penfro gael ei sefydlu yn 1952, cafodd Lockley y syniad o lwybr arfordirol. Archwiliodd y llwybr ei hun ac ysgrifennu adroddiad i'r Comisiwn Cefn Gwlad. Aeth dwy flynedd ar bymtheg heibio cyn agor y Llwybr yn 1970.

Mantais arall i gynllunwyr Llwybr Arfordir Cymru oedd y ffaith bod yr Ymddiriedolaeth Genedlaethol eisoes yn berchen ar dros 150 milltir o'r arfordir, a gronasent yn raddol ers cychwyn ei rhaglen 'Menter Neptune' yn 1965.

Gwariwyd £15m wrth greu'r Llwybr, gyda grant sylweddol gan yr Undeb Ewropeaidd. Cyn hir, canfu ymchwilwyr fod ei fuddion lawer yn fwy na'i gost. Yn 2014, bu 43.4m o ymweliadau â'r Llwybr, a 41% ohonynt gan bobl o'r tu allan i Gymru, a gwariwyd £401m gyda busnesau lleol. Agorwyd 71km o lwybr newydd i bobl ag anawsterau symud. Mae economegwyr yn amcangyfrif fod y manteision iechyd o gerdded y Llwybr yn cyfateb i £11.3m y flwyddyn.

Un o nifer o fesurau arloesol yw Llwybr Arfordir Cymru a wnaed gan lywodraethau Cymru ers sefydlu'r Cynulliad Cenedlaethol. Ymhlith mentrau eraill, roedd y gwaharddiad ar ysmygu mewn mannau cyhoeddus, tocynnau bws am ddim i bobl dros 60 oed, presgripsiynau am ddim, cynlluniau ailgylchu gwastraff, a chyfundrefn 'caniatâd tybiedig' o roi organau. Mae polisïau ar addysg ac iechyd wedi gwyro oddi wrth rai Lloegr, wrth i lywodraethau Cymru geisio cadw gwasanaethau cyhoeddus yn rhydd o fuddiannau preifat a masnachol. Ond parha llawer o feysydd llywodraeth, fel yr heddlu a'r llysoedd, polisi ynni, darlledu a'r rhan fwyaf o drethu dan reolaeth llywodraeth y DU. Ychydig o allu sydd gan lywodraethau Cymru i ddylanwadu ar berfformiad economi Cymru, sydd eto i ddod â'r gwelliannau mewn ffyniant a lles yr oedd llawer yn gobeithio amdanynt pan gychwynnodd y Cynulliad.

Llwybr Arfordir
Coast Path

Aberarth 1
Llanon 4

Llwybr Arfordir Cymru
Wales Coast Path

MAP O LEOLIADAU

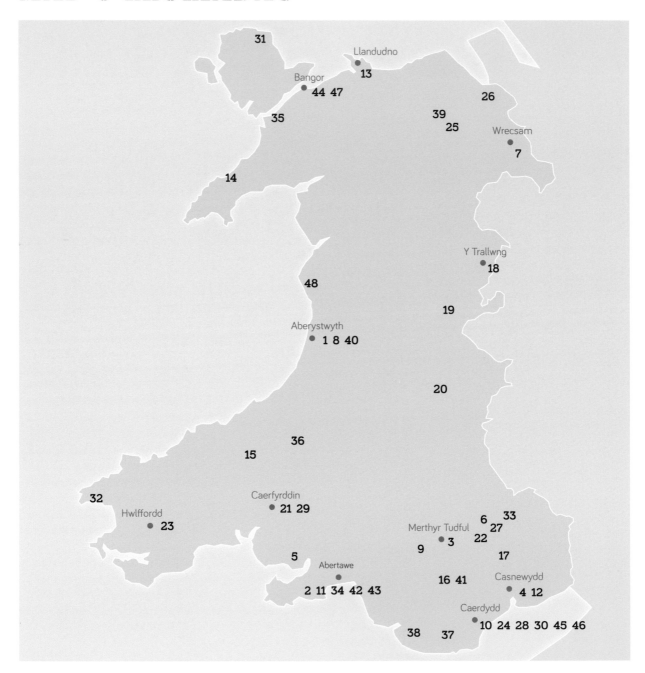

31

Llandudno
● 13

Bangor
● 44 47

26

39
25

Wrecsam
● 7

35

14

Y Trallwng
● 18

48

19

Aberystwyth
● 1 8 40

20

36

15

32

Caerfyrddin
● 21 29

Hwlffordd
● 23

6 33
Merthyr Tudful 27
● 3 22
9 17

5

16 41

Casnewydd
● 4 12

Abertawe
●
2 11 34 42 43

Caerdydd
●
10 24 28 30 45 46

38   37

RHESTR O LEOLIADAU

DIOLCHIADAU

Mae llawer o sefydliadau a phobl wedi cyfrannu'n uniongyrchol i wneud y llyfr hwn.

Bu curaduron amgueddfeydd, archifwyr a llyfrgelloedd bob tro'n barod eu cymwynas ac yn llawn gwybodaeth, tra bu haneswyr a llawer o arbenigwyr eraill yn hael wrth gynnig gwybodaeth ac yn arolygu drafftiau. Rydym yn arbennig o ddiolchgar i:

Will Adams, David Anderson, Martin Angove, Gwenllian Ashley, Jeremy Atkinson, David Austin, Richard Bebb, Elisabeth Bennett, Edward Besly, Oliver Blackmore, Helen Bradley, Eva Bredsdorff, Sara Brown, Alun Burge, Barry Burnham, Noel Chanan, Claire Clancy, Kim Collis, Mary-Ann Constantine, Geoff Cook, Jane Davidson, Ceri Davies, Ken Davies, Ann Dorsett, Sara Downs, Susan Edwards, Garethe El-Tawab, Gavin Evans, Neil Evans, Stuart Evans, Janet Fletcher, Hywel Francis, Lynn Francis, Michael Freeman, Janet Fletcher, Phil Garratt, Hollie Gaze, Ralph Griffiths, Rhidian Griffiths, Helen Gwerfyl, Adam Gwilt, Helen Hallesy, Simon Hancock, Trevor Herbert, Stephanie Hines, Sue Hodges, Deian Hopkin, Alan Vaughan Hughes, Iestyn Hughes, Sioned Hughes, Richard Hughes, Richard Ireland, E. Wyn James, Heather James, Les James, Lowri Jenkins, Angela John, Aled Gruffydd Jones, Dinah Jones, Gareth Jones, Jen Jones, Meinir Pierce Jones, Robert Protheroe Jones, Janet Karn, Viv Kelly, Hilary a Paul Kennelly, John Koch, Katrina Legg, Maredudd ap Huw, Mark Lewis, Morwenna Lewis, Menna Morgan, Prys Morgan, David Morris, Karen Murdoch, Rhys Mwyn, Sue Newham, Eve Nicholson, D. Huw Owen, Elen Phillips, Benjamin Price, Phil Prosser, Siân Rees, Mark Redknap, Andrew Renton, Leigh Richardson, Sarah Roberts, Elfed Rowlands, Val Rowlands, Jane Rutherfoord, Rachel Silverson, Elen Wyn Simpson, Moyra Skenfield, Ian Smith, Mark Soady, Peter Stead, Richard Suggett, Hazel Thomas, Huw Thomas, M. Wynn Thomas, Ceri Thompson, Steve Thompson, Linda Tomos, Will Troughton, Geraint Tudur, Eben Upton, Richard Vroom, Peter Wakelin, Elizabeth Walker, Sue Walker, Chris West, Alison Weston, Deborah-Anne Wildgust, Eurwyn Wiliam, Emma Williams, Vivienne Williams, Siân Williams, Kate Woodward ac Archif Menywod Cymru: lleisiaumenywodffatri.cymru.
Mae Steve Burrow ac Iwan ap Dafydd yn haeddu diolch arbennig am eu cymorth amhrisiadwy wrth gydlynu'r gwaith ar wrthrychau a leolir yn Amgueddfa Cymru a Llyfrgell Genedlaethol Cymru.

Bu staff Gwasg Gomer yn gwarchod y llyfr bob cam o'r ffordd, o'i enedigaeth a'i fagwraeth hyd iddo ymddangos yn y byd. Rydym yn ddiolchgar yn arbennig i Meirion Davies, Cathryn Ings, Ceri Wyn Jones, Ashley Owen, Sue Roberts ac Elinor Wyn Reynolds. Dyluniodd Rebecca Ingleby Davies y llyfr â dyfeisgarwch a gofal. Diolch i Aled Davies am wirio proflenni.

Rydym yn ddiolchgar i'r sefydliadau cof i gyd a roes ganiatâd inni dynnu lluniau o'u gwrthrychau i'w cynnwys yn y llyfr. Gwnaed pob ymdrech i gysylltu â deiliaid hawlfraint. Diolch i'r canlynol am gael atgynhyrchu eitemau: National Museums Scotland (Pen Byrllysg Maesmor, A. M. Heath (A. J. Cronin, *The Citadel*), Sarah Williams (David Jones, 'Cara Walia derelicta'), Orion Publishing Group (R.S. Thomas, 'Llanrhaeadr ym Mochnant'), Wayne Thomas, NUM (baner Cyfrinfa Penrhiw-ceibr), Gwyneth Lewis ('Bedydd yn Llanbadarn'), Mary Lloyd Jones ('Ie / Yes'), Sain a Rolant Dafis ('For Tinkerbelle'), Twm Morys ('Séance Watcyn Wynn'), Llyfrgell Genedlaethol Cymru ac Amgueddfa Cymru.

MYNEGAI